应用统计

主　编　**赵　静　卯　越　杨　雪**
副主编　**曹淑娟　陈汉军　高仙立**

清华大学出版社
北　京

内 容 简 介

本教材系统地介绍了应用统计学的基本概念、原理和方法. 全书共 3 篇 7 章,内容有统计推断篇(包括统计学的基本概念及抽样分布、参数估计、假设检验),线性统计模型篇(包括方差分析与试验设计、回归分析)和多元统计分析篇(包括聚类分析与判别分析、主成分分析与因子分析). 各章配有知识图谱、R 软件源程序和延伸阅读电子资料;每章配有两组习题,A 组提升学生的理论基础水平,B 组训练学生的应用能力. 书后附有概率论基础知识、分位数表和习题的部分参考答案.

本教材既可作为高等院校理工类、经管类各专业研究生或高年级学生学习应用统计课程的参考教材,也可供在自然科学、社会科学、工程技术等诸多领域中用到统计科学的工作者参考.

图书在版编目(CIP)数据

应用统计 / 赵静,卯越,杨雪主编. -- 北京 :清华大学出版社,2025.9.
ISBN 978-7-302-70291-7
Ⅰ. C8
中国国家版本馆 CIP 数据核字第 20254U3P75 号

责任编辑:苗庆波
封面设计:常雪影
责任校对:薄军霞
责任印制:杨 艳

出版发行:清华大学出版社
  网   址:https://www.tup.com.cn,https://www.wqxuetang.com
  地   址:北京清华大学学研大厦 A 座   邮   编:100084
  社 总 机:010-83470000   邮   购:010-62786544
  投稿与读者服务:010-62776969,c-service@tup.tsinghua.edu.cn
  质量反馈:010-62772015,zhiliang@tup.tsinghua.edu.cn
印 装 者:天津安泰印刷有限公司
经   销:全国新华书店
开   本:185mm×260mm   印   张:14.25   字   数:342 千字
版   次:2025 年 9 月第 1 版   印   次:2025 年 9 月第 1 次印刷
定   价:49.80 元

产品编号:110546-01

前言

．．．．．．．．．．．．．．．
．．．．．．．．．．．．．．．

随着工业 5.0 的推进和数据驱动决策的发展，工科类专业领域和工程实践中面临着如何有效分析产生的大量数据的挑战，对数据分析和决策支持日益依赖，应用统计的需求不断增加．为提高工科各专业研究生应用统计理论和方法解决实际问题的能力，提升应用数据思维、统计思维和统计模型开展专业科学研究的水平，服务现代化和高质量发展建设，特编写此教材．

"应用统计"是高等院校培养理工类、经管类各专业研究生的一门重要的公共基础课程，在自然科学、社会科学、工程技术等领域有着广泛的应用．本教材秉承理论与实践相结合的原则，力求在深度与广度上兼顾，既确保基础知识的扎实，又注重在实际中的应用．

本教材具有以下特色：(1)融入思政元素．响应时代需求，秉承"价值塑造、能力培养、知识传授"三位一体的教学理念，精心设计，提升学生统计素养和教材育人功能．如绪论中简要介绍了统计学发展史和统计学家的贡献，加强对学生统计文化精神的滋养和科技报国情怀的熏陶．(2)重视知识体系的构建．对统计基本理论和方法进行模块化，形成特色鲜明的统计推断篇、线性统计模型篇和多元统计分析篇；各章附有知识图谱和小结，便于学生掌握核心知识点和梳理知识点之间的关系，形成系统完备的知识体系．(3)案例驱动，强调实用性．通过实际案例分析帮助学生理解统计理论和统计方法在实际中的应用．部分例题选择了年鉴中最新数据进行分析，有一定的时效性．(4)强化统计分析软件训练．每一章都配有 R 软件训练项目，并附有相应的 R 软件源程序供参考，使学生能够在学习统计理论和方法的同时，掌握实际操作技能．(5)重点章节配有慕课，辅助课程学习，扫二维码即可进行学习．(6)精选延伸阅读材料．结合当前学科交叉融合的背景，立足学生需求和能力发展规律，每章精选延伸阅读材料，提升学生问题解决能力和科学创新素养．

本教材由天津工业大学"应用统计"课程教学团队编写．具体编写分工如下：绪论、第 1 章和第 2 章由赵静编写；第 3 章由曹淑娟编写；第 4 章由陈汉军编写；第 5 章由杨雪编写；第 6 章和第 7 章由卯越编写，其中的部分案例和延伸阅读由高仙立编写；全书由赵静统稿．研究生石梦田、李杰参与了习题参考答案、附录和附表的编写．教材的编写和出版得到天津工业大学研究生院和天津工业大学数学科学学院的大力支持和帮助，在此致以衷心的感谢！

清华大学出版社刘杨、苗庆波同志为本教材出版做了许多细致认真的工作，我们表示诚挚的感谢！

由于编者学识有限，书中不妥之处，敬请读者批评指正．

本教材配套慕课教程已在学堂在线上线，扫码可观看学习．

学堂在线配套慕课

编　者

2025 年 6 月

目 录

第 1 篇 统计推断

第 2 篇　线性统计模型

第 3 篇　多元统计分析

二维码目录

绪　论

什么是统计学?《不列颠百科全书》上定义:"统计学是关于收集和分析数据的科学和艺术."

统计学是一门关于数据的学科,它涉及数据的收集、处理、分析和解释,旨在通过数据解决实际问题.这门学科利用数学模型,特别是以概率论为理论基础,来分析和解释受到随机因素影响的数据,从而作出推断和预测.统计学不仅是一门科学,而且是一门艺术,它涉及如何有效地收集和解释数据,以便为决策提供支持和参考.

统计学家弗朗西斯·高尔顿说:"统计学处理各种复杂现象的能力是非凡的,它是追求科学的人从荆棘丛生的困难阻挡中开辟道路的最好工具."统计学的应用范围广泛,从社会、经济、管理、教育到自然科学、工程技术和医疗卫生,以及工商业和政府决策,几乎涵盖了所有领域,各种事物所具有的内在数量规律性都可以借助统计方法加以探索.

0.1　统计学的产生和发展

0.1.1　统计学发展史

统计活动源远流长,人类社会有了数的概念,统计就开始了.但统计学作为一门独立的学科,多数人认为,大概兴起于 17 世纪,其发展大致经历了 17 世纪中叶至 19 世纪初的古典统计学萌芽时期、19 世纪初至 20 世纪初的近代统计学形成时期和 20 世纪以来的现代统计学发展时期三个阶段.

17 世纪中叶,欧洲各国为了适应经济发展的不同需要,从不同领域开始了统计学的奠基工作,相继形成了统计学的两大来源:国势学派和政治算术学派.国势学派,又称记述学派,产生于 17 世纪的德国,创始人是赫尔曼·康令.该学派主要用文字记述国家的显著事项来说明管理国家的方法;特点是偏重事物质的解释而不注重数量的分析,它为统计学的发展奠定了经济理论基础.另一代表人物戈特弗里德·阿亨瓦尔提出"统计学"(statistik)一词,并定义其为国家显著事项的学问,转译成英文 statistics,为人们接受沿用至今.政治算术学派,产生于 17 世纪中叶的英国,代表人物是威廉·配第,1676 年他的代表作《政治算术》的问世,标志着统计学的诞生.《政治算术》是一部用数量方法研究社会问题的著作.配第用"数字、重量和尺度"研究的方法为统计学的产生与发展奠定了方法论基础.另一位代表人物约翰·格朗特,1662 年他发表了《关于死亡公报的自然和政治观察》,首次提出通过大量观察,可以发现新生儿性别比例具有稳定性等人口规律,被认为是人口统计学的创始人.

19 世纪初至 20 世纪初是近代统计学形成时期,这一时期建设和完善了统计学的理论体系,并逐渐形成了以传统政治、经济现象描述为主要内容的社会统计学和以随机现象的推断统计为主要内容的数理统计学两大学派.社会统计学派产生于 19 世纪后半叶的德国,首倡者是克尼斯,主要代表人物还有恩格尔和梅尔.他们认为统计学是一门社会科学,是研究社会现象变动原因和规律性的实质性学科;强调统计研究必须以事物的质为前提和认识事物质的重要性,研究方法采用大量观察法.比利时人雅克·凯特莱认为,统计学既研究社会现象又研究自然现象,是一门独立的方法论科学.他把概率论引入统计学,根据大数定律,利用统计观察资料研究随机现象的数量规律性,开创了统计理论和实际应用的新领域,促进了数量研究由"算术水平"向"数理"阶段迅速转化,为数理统计学的形成和发展奠定了基础.凯特莱是承前启后的重要人物,按其贡献可以认为他是古典统计学的完成者、近代统计学的先驱,也是数理统计学派的奠基人.

19 世纪末以来,欧洲自然科学的飞跃发展,促进了数理统计学的发展.进化论和能量守恒定律的出现促进了描述统计的完善,描述统计学派发展到顶峰.描述统计学主要研究资料的系统收集、整理、表述和计算,是以弗朗西斯·高尔顿为先导,以卡尔·皮尔逊为代表的用于对生物资料进行分析提出的一系列统计方法.以大量观察和正态分布为基础关于总体分布曲线的研究,确立了"大样本"统计理论,奠定了"描述统计学"的体系.20 世纪 20 年代以后,在细胞学的发展推动下,统计学迈进推断统计的新阶段.推断统计学研究如何根据部分观察资料对总体情况作出具有一定可靠性的推断.20 世纪 50 年代,是推断统计学发展最迅速的时期.这期间有影响的理论和大师很多,如世纪初的威廉·戈赛特(笔名 Student)提出 t 分布理论,他提出的小样本理论成为统计推断思想的一块基石;20 世纪 20 年代,艾尔默·费歇尔提出 F 分布理论,他在抽样分布、方差分析、试验设计等方面都有卓越的建树,成为推断统计学的真正创立者;20 世纪 30 年代的乔治·奈曼、埃贡·皮尔逊等提出区间估计及假设检验等理论.20 世纪 50 年代,经过几代大师的努力,推断统计的基本框架已经建成,并逐渐成为 20 世纪的主流统计学.

自 20 世纪五六十年代以来,统计决策、多元统计、时间序列、贝叶斯统计等都取得了重要进展.统计学发展史简图如图 0.1 所示.通过简单回顾统计学发展历史,可以看出,随着人们认识的不断深化、社会实践需要的推动,统计学不断地丰富和完善.它经历了从意义和概念不甚明确的阶段,到作为一门独立学科的转化;从数量研究的"算术"水平,到需要较丰富数学知识的"数理"阶段的转化;从大量观察消除误差干扰以达到对客观现象规律认识的大样本理论,到控制实验次数提高数据质量的小样本推断的转化;从社会科学领域的实质性科学到自然科学领域通用性方法论学科的转化.

0.1.2　我国的统计学教育

我国的统计学教育是从 20 世纪初清朝末年开始的,已有 100 多年的历史,大致可以分为三个阶段.第一阶段,20 世纪初至解放之初,是我国统计学科建立时期.这一时期的特点是学习借鉴欧美统计理论和方法,主要是作为课程在理、工、农、医、商和社会科学等学科专业开设.第二阶段,解放之初到改革开放之初(1951—1978 年).这一时期我国统计学科深受苏联的影响,将统计学一分为二,认为概率论与数理统计方法属于数学,社会经济统计属

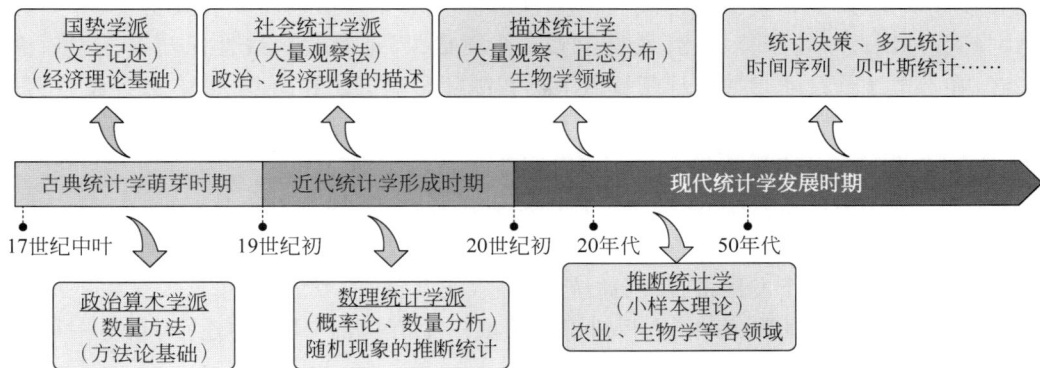

图 0.1　统计学发展史简图

于社会科学.第三阶段,改革开放之初至今,是我国统计学从拨乱反正到"大统计",再到统计一级学科的建设时期,为追赶国际先进水平打下基础.国际科学界只存在一门统计学(即数理统计学),它是现代各国广泛应用的一门统计科学,也是我国对自然科学和社会、经济科学进行科学研究的一种必要的科学方法、技术(戴世光).目前,统计学学科在本科生层次、研究生层次上成为一级学科,设在理学门类下,既可以授理学学位,也可以授经济学学位;在我国科研科技统计专业目录上、在我国教育专业目录上成为一级学科,在形式上与国际统计学已经接轨,极大地促进国际学术交流和学生国际交流.

　　我们来了解一下我国著名统计学家的代表——生物统计学家吴定良先生,他师从卡尔·皮尔逊,创造了相关系数计算法和相关率显著性查表.他的突出成就为统计学界所认同,1931年,吴定良和英国著名统计学家费歇尔等21人同时被推选为国际统计学会会员,他是该学会历史上第一位中国会员,成为我国首位有国际影响的统计学家.他既重视统计理论和方法的研究,又强调理论联系实际.1956年,他用回归分析及其他科学方法成功鉴定了方志敏烈士的遗骸.

　　在数理统计和概率论方面第一个具有国际声望的中国数学家许宝騄先生,被视为奈曼最优秀的学生,被外国学者称赞为"20世纪最深刻、最富有创造性的统计学家之一".1933年,他在清华大学获得理学学士学位,随后赴英攻读博士学位.博士毕业后,他谢绝了美国多所高校的聘任,回到北京大学担任教授.他在国际统计学界颇负盛名,他的肖像和国际其他著名统计学家的照片一起悬挂在斯坦福大学统计系的走廊上.许宝騄先生在北京大学设立了国内第一个统计学学习班,培养了一大批有影响力的统计人才.他研究兴趣广泛,涉及统计学的各主要领域,包括次序统计量、参数估计、矩阵微分和假设检验等.他最先发现线性假设的似然比检验(F 检验)的优良性,给出了多元统计中若干重要分布的推导,推动了矩阵论在多元统计中的应用.他的研究方法后来被称为"许方法".在他的引导下,我国统计学各方向涌现出很多研究成果.他自幼体弱,后来又感染肺结核,但一直带病坚持工作,开展教学和科研活动.1970年,许宝騄先生病逝于北京大学,但床头依然摆放着旧的钢笔和未完成的手稿.许宝騄先生热爱祖国,刻苦勤奋,取得了一系列原创性的理论成果,并将这些成果应用到我国的实际生产与生活中,大大地促进了我国统计学科的发展.

　　国际著名数理统计学家、中国科学院院士陈希孺先生,一生致力于我国数理统计学的研究和教育事业,研究领域主要为线性模型、U 统计量、参数估计与非参数密度、回归统计和判据等数理统计学若干分支,并取得了多项重要成果. 他是我国线性回归大样本理论的开拓者,在参数统计及非参数统计领域做了具有国际影响的工作. 他在非参数计量,特别是极重要的 U 统计量的研究中获得 U 统计量分布的非一致收敛速度,具有国际领先水平,被 20 世纪 90 年代国际上几本专著和美国统计科学大百科全书所引述. 陈希孺先生在其《数理统计学简史》的序中说道:"统计学不只是一种方法或技术,还含有世界观的成分——它是看待世界上万事万物的一种方法. 我们常讲某事从统计观点看如何如何,指的就是这个意思. 但统计思想也有一个发展过程. 因此统计思想(或观点)的养成,不单需要学习一些具体的知识,还能够以发展的眼光,把这些知识连缀成一个有机的、清晰的途径,获得一种历史的厚重感."

科学成就离不开精神支撑. 一代代统计学家胸怀祖国、服务人民的爱国精神,勇攀高峰、敢为人先的创新精神,追求真理、严谨治学的求实精神和淡泊名利、潜心研究的奉献精神,将激励我们不断攻坚克难、奋力前行.

0.2 现代统计学的性质和特点

现代统计学已成为与数学和一系列实质性学科互有交叉的综合性、通用性的方法论学科.

统计学有以下特点:①数量性. 统计的语言是数字,统计学是研究数量问题的学问. ②总体性. 数量有个体数量和总体数量之别,统计学主要研究后者,它对大量同类现象的数量方面进行综合反映. ③不确定性. 由于受到偶然随机因素的影响,客观事物的实际数量表现存在一定程度的"不可确知性",也就是不确定性. 在现代统计学中,处理不确定性问题是统计学的主要课题和任务. ④统计方法有归纳推断的特点. 统计对总体的认识有两条途径:一是全面调查,对构成总体的全部事物逐一进行调查,取得全面资料;二是抽样调查,从总体中抽取部分事物组成样本,然后依据样本观察结果对总体进行推断. 对于前者,运用算术方法和统计描述手段就可达到目的,后者相对比较复杂,需要运用概率论知识和数理统计方法. 实际中,全面调查和非全面调查的抽样调查都会用到,但由于全面调查受到诸多因素的约束,从经济性、时效性、实用性和可行性方面考虑,利用样本资料进行推断的优势比较明显. 统计方法的归纳推断性主要是相对推断统计而言的,同逻辑学意义上的归纳推断有着明显的区别. 统计推断不是从假设、命题出发,按严格的逻辑推理程序进行推断,而是基于观察到的样本情况,对总体的可能情况作出判断.

统计学不是数学,它同数学其他分科相比有其特殊性,首先,统计学有较强的应用背景. 要正确使用统计方法,不仅要有数学基础,而且要懂得相关学科的知识,具备一定的实际经验和良好的判断力. 其次,统计学主要研究不确定性问题. 最后,现代统计学的本质是归纳推断,与数学演绎方式有较大的差别. 统计学与各专门学科存在必然的联系. 这个联系体现为统计学能为各个专门学科中带有普遍性的数据收集、整理、分析和解释活动提供方法与理论指导,帮助它们更精确、更深入地进行认识. 但统计方法只是定量分析的工具而已,不涉及各门学科中的具体问题.

目前,统计学已经发展成包括理论统计学和应用统计学庞大的学科体系. 理论统计学侧重于从数学学科中汲取营养,研究数学方法和基础原理,以解决统计学自身发展中重点问题为目标;应用统计学从实际问题的背景出发,着重介绍如何使用统计方法.按应用的学科性质不同,应用统计学分为应用于社会科学的应用统计学和应用于理工科的应用统计学.依统计方法的构成,现代统计学分为描述统计和推断统计,描述统计是资料的系统收集、整理、表述和计算,是统计学的基础;推断统计由样本数据推断总体数量特征,是现代统计学的核心.本书第 1 篇介绍统计推断,主要包括参数估计和假设检验;第 2 篇介绍线性统计模型,主要包括方差分析和回归分析模型;第 3 篇介绍多元统计分析,主要包括聚类分析、判别分析、主成分分析和因子分析.

应用统计方法需注意哪些问题呢?统计学的研究对象是数据,首先,我们要保证数据资料的准确性和有效性.其次,统计学是一门科学,在应用统计方法前要清楚统计方法的适应对象和条件.针对不同的问题、不同的资料,有选择地运用不同的处理方法.统计方法用样本资料进行推断,并不总是保证不犯错误.因此,对统计分析结果应有正确的认识,要给出合理的解释.最后,统计学是一门艺术,要灵活使用统计方法,有时依赖人的判断甚至灵感.不能以教条式的态度看待统计方法,生搬硬套一些公式和方法.

0.3

第1篇 统计推断

"统计推断"是统计学研究的核心问题,它是根据样本对总体的分布或数字特征等作出合理的推断,并为决策提供科学依据.统计推断广泛应用于自然科学、社会科学、医学、工程等领域.英国统计学家费歇尔认为常用的统计推断有三种基本形式:抽样分布、参数估计和假设检验.

第1章 统计学的基本概念及抽样分布

在概率论中,所研究的随机变量、概率分布都是假设已知的,在此前提下研究它的性质、特点和规律性.但是对一个具体的随机变量来说,如何判断它服从哪种分布?如果知道它服从的分布类型又如何确定它的参数?这是统计学要研究的内容.看下面的例子.

例 1.1 某公司要采购一批产品,每件产品可能是正品,也可能是次品,该批产品的次品率为 p,次品率的大小决定了该批产品的质量,它直接影响采购行为的经济效应.人们会对 p 提出一些问题.如 p 的大小如何? p 大概落在什么范围内?能否认为满足设定要求 $p < 0.05$?

在此类问题中,我们需要对这批次品率未知的产品进行研究.有些情况下,我们不可能对每件产品进行检测,判断它是正品还是次品,如一些破坏性的试验,或者需要花费大量时间、人力和物力的试验.我们只能从中随机抽取少量产品进行检测分析,对此批产品的次品率进行推断.

统计学是以概率论为理论基础,根据试验或观察得到的数据来研究随机现象,对研究对象的客观规律性作出合理估计和判断的一门数学学科.其内容包括:如何收集和整理数据资料,即试验的设计和研究;如何对所得的数据资料进行分析、研究,对研究对象的性质、特点作出推断,即统计推断.本篇着重讨论统计推断.本章首先介绍总体、随机样本和统计量等基本概念,其次介绍抽样分布,为后面的学习作准备.

1.1 统计学的基本概念

1.1.1 总体与样本

我们把研究对象的全体所构成的集合称为总体或母体,将总体中的每一个元素称为个体.

例 1.2 研究某厂生产的一批电子元件的寿命.这批电子元件寿命指标的全部可能取值就构成一个总体,每个电子元件寿命的取值就是个体.

例 1.3 考察在某种工艺条件下织出的 8000 匹布的疵点数.这 8000 匹布中每匹布疵点数的全部可能取值就构成一个总体,每匹布各自的疵点数是个体.

在实际中我们所研究的往往是总体中个体的某种数量指标,如电子元件的寿命 X,布匹的疵点数 Y 等,它们都是随机变量.设随机变量 X 的分布函数为 $F(x)$.如果我们主要关心的是数量指标 X,为方便起见,可以把这个数量指标 X 的可能取值的全体看作总体,并且称这一总体为具有分布函数 $F(x)$ 的总体.这样就把总体与随机变量联系起来,这种联系也可以推广到 k 维,$k \geqslant 2$.如某种合金钢的硬度和韧度,某儿童群体的身高和体重等,我们可以把两个指标所构成的二维随机向量 (X,Y) 可能取值的全体看作一个总体,简称二维总体.二维随机向量 (X,Y) 在总体上有联合分布函数 $F(x,y)$,称此总体为具有分布函数 $F(x,y)$ 的总体.

从总体中选取一些个体进行观测的过程称为抽样.假如从总体 X 中抽取 n 个个体,这 n 个个体为 $(X_1,X_2,\cdots,X_n)$,称其为样本或子样,n 称为样本容量.在一次抽样后,把样本的观测值 $(x_1,x_2,\cdots,x_n)$ 称为样本值或子样值.从总体中抽取样本有多种方法,但都希望抽到的样本能很好地代表总体,能对总体作较可靠的推断.最常用的方法是简单随机抽样法,它采用机会均等原则,满足以下两点:①独立性:样本中各个体 $X_1,X_2,\cdots,X_n$ 之间相互独立;②代表性:样本中各个体 $X_1,X_2,\cdots,X_n$ 与总体 X 同分布.

用简单随机抽样法得到的样本称为简单随机样本,简称样本.以后所提的样本均为简单随机样本.简单随机样本是有放回地抽取得到的样本,而在实际工作中,我们的抽样多数是无放回地抽样,从理论上来讲不再是简单随机样本.由于总体中个体数目很大,抽取一些个体对总体影响不大,可近似看成有放回地抽样,其样本仍可看成独立同分布的.简单随机抽样有很多好处,除了随机选取排除了观察者的偏见,小样本还能减少成本,小样本的数据质量更容易监控.

设总体 X 的分布函数为 $F(x)$,$(X_1,X_2,\cdots,X_n)$ 是来自总体 X 的一个样本,则样本的联合分布函数为

$$
\begin{aligned}
F(x_1,x_2,\cdots,x_n) &= P\{X_1 \leqslant x_1,X_2 \leqslant x_2,\cdots,X_n \leqslant x_n\} \\
&\overset{独立性}{=} P\{X_1 \leqslant x_1\}P\{X_2 \leqslant x_2\}\cdots P\{X_n \leqslant x_n\} \\
&\overset{代表性}{=} P\{X \leqslant x_1\}P\{X \leqslant x_2\}\cdots P\{X \leqslant x_n\} \\
&= F(x_1)F(x_2)\cdots F(x_n) \\
&= \prod_{i=1}^{n} F(x_i).
\end{aligned}
$$

当总体 X 是离散型随机变量,且分布律为 $P\{X=x^{(i)}\}=p(x^{(i)})$,$i=1,2,\cdots$,则样本的联合分布律为

$$
\begin{aligned}
P\{X_1=x_1,X_2=x_2,\cdots,X_n=x_n\} &\overset{独立性}{=} P\{X_1=x_1\}P\{X_2=x_2\}\cdots P\{X_n=x_n\} \\
&\overset{代表性}{=} P\{x=x_1\}P\{x=x_2\}\cdots P\{x=x_n\} \\
&= p(x_1)p(x_2)\cdots p(x_n) \\
&= \prod_{i=1}^{n} p(x_i),
\end{aligned}
$$

其中 $x_1,x_2,\cdots,x_n$ 的每一值都在 X 的所有可能取值 $x^{(1)},x^{(2)},\cdots$ 中.

当总体 X 是连续型随机变量,且分布密度函数为 $f(x)$ 时,则样本的联合分布密度函数为

$$f(x_1,x_2,\cdots,x_n)\overset{\text{独立性}}{=\!=}f_{X_1}(x_1)f_{X_2}(x_2)\cdots f_{X_n}(x_n)$$

$$\overset{\text{代表性}}{=\!=}f_X(x_1)f_X(x_2)\cdots f_X(x_n)$$

$$=\prod_{i=1}^{n}f(x_i).$$

例 1.4 $(X_1,X_2,\cdots,X_n)$是来自 X 的样本,$X\sim B(1,p)$,求 $P\{X_1=x_1,X_2=x_2,\cdots,X_n=x_n\}$.

解 因为 $X\sim B(1,p)$,所以 $P\{X=k\}=p^k(1-p)^{1-k},k=0,1$. 故

$$P\{X_1=x_1,X_2=x_2,\cdots,X_n=x_n\}=\prod_{i=1}^{n}P\{X=x_i\}=\prod_{i=1}^{n}p^{x_i}(1-p)^{1-x_i}$$

$$=p^{\sum\limits_{i=1}^{n}x_i}(1-p)^{n-\sum\limits_{i=1}^{n}x_i}.$$

例 1.5 $(X_1,X_2,\cdots,X_n)$是来自 X 的样本,$X\sim E(\lambda)$,求 $f(x_1,x_2,\cdots,x_n)$.

解 因为 $X\sim E(\lambda)$,则其概率密度函数为 $f(x)=\begin{cases}\lambda e^{-\lambda x}, & x>0,\\ 0, & x\leqslant 0.\end{cases}$ 故

$$f(x_1,x_2,\cdots,x_n)=\prod_{i=1}^{n}f(x_i)=\begin{cases}\prod\limits_{i=1}^{n}\lambda e^{-\lambda x_i}, & x_i>0\\ 0, & \text{其他}\end{cases}=\begin{cases}\lambda^n e^{-\lambda\sum\limits_{i=1}^{n}x_i}, & x_i>0,\\ 0, & \text{其他}.\end{cases}$$

1.1.2 样本分布

样本分布刻画了样本中数据的分布情况.得到样本数据后,先对样本作简单的归整,表和图的加工形式可以方便明了地初步了解样本的分布.通常的形式有频数频率分布表、经验分布函数和直方图.

1. 频数频率分布表

做法:(1)把数据按从小到大的次序排列;

(2)把相同的数据合并,并指出其频数;

(3)计算频率:频数除以样本容量.

例 1.6 从织布车间抽取 10 匹布,检查每批的疵点数,得到样本$(0,1,0,2,0,3,1,2,0,1)$.

频数分布表:

X_i	0	1	2	3
m	4	3	2	1

频率分布表:

X_i	0	1	2	3
p	0.4	0.3	0.2	0.1

2. 经验分布函数

设$(X_1,X_2,\cdots,X_n)$是来自总体 X 的一个样本,样本值为$(x_1,x_2,\cdots,x_n)$,对任意实数 x,记 $M(x)$ 为 $x_1,x_2,\cdots,x_n$ 中"$\leqslant x$"的个数,称 $F_n(x)=\dfrac{M(x)}{n}$ 为样本的**经验分布函数**.

经验分布函数给出了样本值中小于或等于任意 x 的数值的频率,它描绘了样本中各种数据的分布情况.

例 1.6 续　样本的经验分布函数:$F_{10}(x) = \begin{cases} 0, & x < 0, \\ 0.4, & 0 \leqslant x < 1, \\ 0.7, & 1 \leqslant x < 2, \\ 0.9, & 2 \leqslant x < 3, \\ 1, & x \geqslant 3, \end{cases}$ 图像如图 1.1 所示.

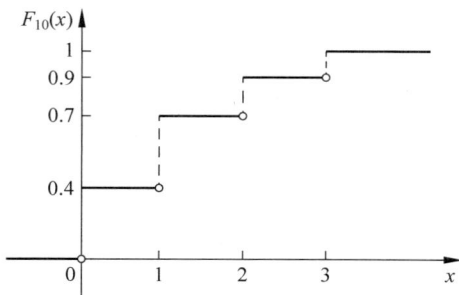

图 1.1　经验分布函数图像

经验分布函数与分布函数具有相同的性质:非降性,右连续性,$F_n(-\infty) = 0$,$F_n(+\infty) = 1$. 如果样本是 n 维随机变量,那么对每一组样本值就可作一个经验分布函数. 这样,经验分布函数 $F_n(x)$ 是随机变量. 考察当 $n \to +\infty$ 时,$F_n(x)$ 的极限. 对固定的 x,$F(x)$ 表示事件 $\{X \leqslant x\}$ 的概率,而 $F_n(x)$ 表示 n 次试验事件 $\{X \leqslant x\}$ 发生的频率. 格利汶科给出了下面的关系式:对于任意 x,有

$$P\left\{\lim_{n \to +\infty} \operatorname{Sup}_{-\infty < x < +\infty} |F_n(x) - F(x)| = 0\right\} = 1.$$

由此可见,当 n 很大时,$F_n(x)$ 是 $F(x)$ 很好的近似,这是统计中用样本估计总体的理论依据.

3. 直方图

直方图是用于近似连续型总体密度函数的曲线. 假设 $(x_1, x_2, \cdots, x_n)$ 是连续型总体的样本值,构造直方图的步骤:

步骤 1:找出样本观察值中的最小值 $x_{(1)}$、最大值 $x_{(n)}$;

步骤 2:取 $a \leqslant x_{(1)}$,$b \geqslant x_{(n)}$,分组数 m,组距 $\dfrac{b-a}{m}$;

步骤 3:计算样本值落入每个 $(a_i, a_{i+1}]$ 中的频数 m_i;

步骤 4:以 $(a_i, a_{i+1}]$ 为底,$h_i = m_i$ 为纵轴的矩形.

这样一排竖着的长方形所构成的图形就叫直方图. 若以高 $h_i = \dfrac{m_i}{n} \cdot \dfrac{m}{b-a}$ 为纵轴的矩形沿直方图边缘的曲线就是连续型总体的密度函数曲线的近似曲线,当样本容量越大且分组较密时,近似程度也就越高.

例 1.7　某市某年 110 名 7 岁男童的身高(cm)资料如下,请作直方图.

121.4	119.2	124.7	125.0	115.0	112.8	120.2	<u>110.2</u>	120.9	120.1
125.5	120.3	122.3	118.2	116.7	121.7	116.8	121.6	120.2	122.0
121.7	118.8	121.8	124.5	121.7	122.7	116.3	124.0	119.0	124.5
121.8	124.9	130.0	123.5	128.1	119.7	126.1	131.3	123.8	116.7
122.2	122.8	128.6	122.0	132.5	122.0	123.5	116.3	126.1	119.2
126.4	118.4	121.0	119.1	116.9	131.1	120.4	115.2	118.0	122.4
120.3	116.9	126.4	114.2	127.2	118.3	127.8	123.0	117.4	123.2
119.9	122.1	120.4	124.8	121.1	114.4	120.5	120.0	122.8	116.8
125.8	120.1	124.8	122.7	119.4	128.2	124.1	127.2	120.0	122.7
118.3	127.1	122.5	116.3	125.1	124.4	112.3	121.8	127.0	113.5
118.8	127.6	125.2	121.5	122.5	129.1	122.6	<u>134.5</u>	118.3	132.8

解 取 $x_{(1)} = 110, x_{(n)} = 136, m = 13$, 组距 $\dfrac{b-a}{m} = \dfrac{136-110}{13} = 2$. 直方图如图 1.2 所示.

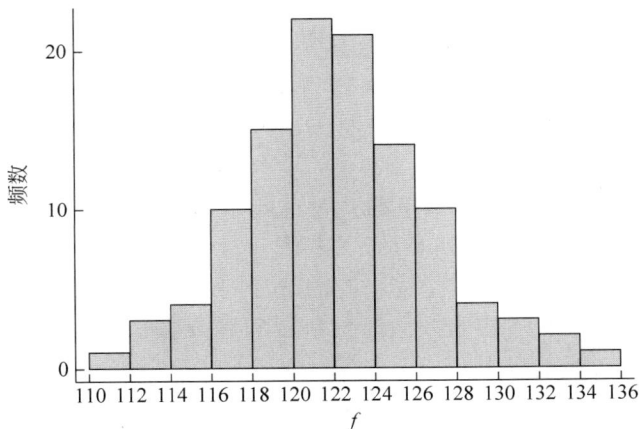

图 1.2 直方图

1.1.3 统计量

样本是统计推断的依据. 在应用时,往往不是直接使用样本本身,而是针对不同的问题构造样本的函数,利用样本的函数进行统计推断.

设 $(X_1, X_2, \cdots, X_n)$ 是来自总体 X 的一个样本,$g(X_1, X_2, \cdots, X_n)$ 是 $X_1, X_2, \cdots, X_n$ 的函数,若 g 中不含任何未知参数,则称 $g(X_1, X_2, \cdots, X_n)$ 为**统计量**,记作 $T = g(X_1, X_2, \cdots, X_n)$.

统计量是一个随机变量. 设 $(x_1, x_2, \cdots, x_n)$ 是相应于样本 $(X_1, X_2, \cdots, X_n)$ 的样本值,则称 $g(x_1, x_2, \cdots, x_n)$ 是统计量 $g(X_1, X_2, \cdots, X_n)$ 的观察值. 下面列出几个常用的统计量.

(1) 样本均值: $\overline{X} = \dfrac{1}{n}\sum\limits_{i=1}^{n} X_i$.

(2) 样本方差: $S^2 = \dfrac{1}{n}\sum\limits_{i=1}^{n}(X_i - \overline{X})^2$.

（3）样本修正方差：$S^{*2} = \dfrac{1}{n-1}\sum\limits_{i=1}^{n}(X_i - \overline{X})^2$.

（4）样本修正标准差：$S^* = \sqrt{S^{*2}}$.

（5）样本 k 阶原点矩：$A_k = \dfrac{1}{n}\sum\limits_{i=1}^{n}X_i^k$.

（6）样本 k 阶中心矩：$B_k = \dfrac{1}{n}\sum\limits_{i=1}^{n}(X_i - \overline{X})^k$.

（7）顺序统计量：把 $X_1, X_2, \cdots, X_n$ 按从小到大的顺序重新排列，得到 $X_{(1)}, X_{(2)}, \cdots,$ $X_{(n)}$ 为顺序统计量. 其中, $X_{(1)}$ 为最小顺序统计量; $X_{(n)}$ 为最大顺序统计量; $X_{(i)}$ 为第 i 个顺序统计量.

（8）样本中位数：$M_e = \begin{cases} X_{\left(\frac{n+1}{2}\right)}, & n \text{ 为奇数,} \\ X_{\left(\frac{n}{2}+1\right)}, & n \text{ 为偶数.} \end{cases}$ 或 $M_e = \begin{cases} X_{\left(\frac{n+1}{2}\right)}, & n \text{ 为奇数,} \\ \dfrac{1}{2}\left[X_{\left(\frac{n}{2}\right)} + X_{\left(\frac{n+1}{2}\right)}\right], & n \text{ 为偶数.} \end{cases}$

样本中位数刻画了样本的位置特征.

（9）样本极差：$X_{(n)} - X_{(1)}$. 样本极差刻画了样本的分散特征,较粗糙,但计算简单.

1.2　抽样分布

统计量是对总体分布和总体所含参数进行推断的基础. 统计量的概率分布称为**抽样分布**. 一般确定一个统计量的分布是困难的. 关于统计量的分布,有两类问题：一是统计量的精确分布,它对小样本问题(样本容量较小时的统计问题)的研究很重要；二是统计量的极限分布,它对大样本问题(样本容量较大时的统计问题)的研究很有用处. 本节介绍来自正态总体的几个常用统计量的分布.

1.2.1　χ^2 分布

定义 1.1　设 $(X_1, X_2, \cdots, X_n)$ 是来自 $X \sim N(0,1)$ 的样本,则称统计量 $\chi^2 = \sum\limits_{i=1}^{n} X_i^2$ 为服从自由度为 n 的 χ^2 分布,记作 $\chi^2 \sim \chi^2(n)$.

$\chi^2(n)$ 分布的密度函数为

$$f(x, n) = \begin{cases} \dfrac{1}{2^{\frac{n}{2}}\Gamma\left(\dfrac{n}{2}\right)} x^{\frac{n}{2}-1} \mathrm{e}^{-\frac{x}{2}}, & x > 0, \\ 0, & x \leqslant 0. \end{cases}$$

其中 $\Gamma\left(\dfrac{n}{2}\right)$ 是 Γ 函数 $\Gamma(\gamma) = \displaystyle\int_0^{+\infty} x^{\gamma-1} \mathrm{e}^{-x} \mathrm{d}x$ 在 $\dfrac{n}{2}$ 处的值. 该分布的密度函数图像如图 1.3 所示.

性质 1.1　（1）若 $\chi^2 \sim \chi^2(n)$,则 $E(\chi^2) = n, D(\chi^2) = 2n$；

（2）（可加性）若 $X \sim \chi^2(m), Y \sim \chi^2(n), X \setminus Y$ 相互独立,则 $X + Y \sim \chi^2(m+n)$；

（3）若 $\chi^2 \sim \chi^2(n)$,则对任意 x,有

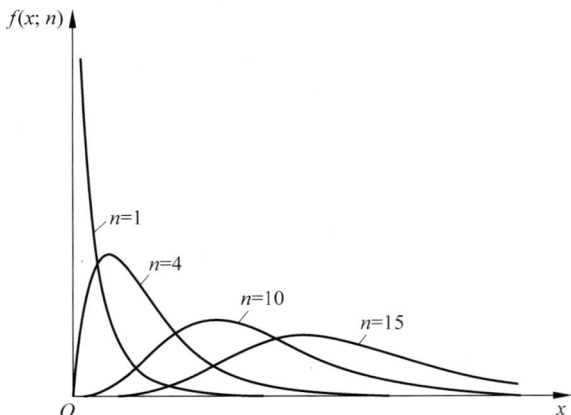

图 1.3 χ^2 分布的密度函数图像

$$\lim_{n \to +\infty} P\left\{\frac{\chi^2 - n}{\sqrt{2n}} \leqslant x\right\} = \frac{1}{\sqrt{2\pi}} \int_{-\infty}^{x} e^{-\frac{t^2}{2}} dt.$$

证明 （1）若 $\chi^2 \sim \chi^2(n)$，则 $\chi^2 = \sum\limits_{i=1}^{n} X_i^2$，且 $X_1, X_2, \cdots, X_n$ 独立同服从于 $N(0,1)$，

$$E(\chi^2) = E\left(\sum_{i=1}^{n} X_i^2\right) = \sum_{i=1}^{n} E(X_i^2) = nE(X^2) = n(D(X) + E^2(X)) = n,$$

$$D(\chi^2) = D\left(\sum_{i=1}^{n} X_i^2\right) = \sum_{i=1}^{n} D(X_i^2) = nD(X^2) = n(E(X^4) - E^2(X^2)) = 2n.$$

（2）因为 $X \sim \chi^2(m), Y \sim \chi^2(n)$，则

$$X = X_1^2 + X_2^2 + \cdots + X_m^2, \quad Y = X_{m+1}^2 + X_{m+2}^2 + \cdots + X_{m+n}^2,$$

且 $X_1, X_2, \cdots, X_m, X_{m+1}, X_{m+2}, \cdots, X_{m+n}$ 独立同服从于 $N(0,1)$. 于是

$$X + Y = X_1^2 + X_2^2 + \cdots + X_m^2 + X_{m+1}^2 + X_{m+2}^2 + \cdots + X_{m+n}^2 \sim \chi^2(m+n).$$

（3）略. 由 χ^2 分布的定义和独立同分布的中心极限定理可证. 此性质说明 χ^2 分布的极限分布是正态分布.

定义 1.2 设连续型随机变量 X 的分布函数为 $F(x)$，概率密度函数为 $f(x)$，对于给定的 $\alpha(0 < \alpha < 1)$，若 x_α 满足 $P\{X > x_\alpha\} = \alpha$，则称 x_α 为此分布的上 α 分位数. 这里 $P\{X > x_\alpha\} = \int_{x_\alpha}^{+\infty} f(x) dx$. 若 y_α 满足 $P\{X \leqslant y_\alpha\} = \alpha$，则称 y_α 为此分布的下 α 分位数，简称 α 分位数，分位数有时也称分位点、临界值. 这里 $P\{X \leqslant y_\alpha\} = \int_{-\infty}^{y_\alpha} f(x) dx$.

下面给出标准正态分布的上侧分位数的定义.

定义 1.3 设随机变量 $X \sim N(0,1)$，对于任意 $\alpha(0 < \alpha < 1)$，若存在 u_α，使 $P\{X > u_\alpha\} = \alpha$，则称 u_α 为标准正态分布的上 α 分位数.

关于标准正态分布的上分位数有如下关系：① $\Phi(u_\alpha) = 1 - \alpha$；② $\mu_\alpha = -\mu_{1-\alpha}$.

给定 α，查附表 1 可得 u_α，如 $u_{0.05} = 1.645, u_{0.025} = 1.96$.

定义 1.4 设随机变量 $\chi^2 \sim \chi^2(n)$，对于任意的 $\alpha(0 < \alpha < 1)$，若存在 $\chi_\alpha^2(n)$，使

$P\{\chi^2 > \chi_\alpha^2(n)\} = \alpha$,则称 $\chi_\alpha^2(n)$ 为 χ^2 **分布的上 α 分位数**.

$\chi_\alpha^2(n)$ 可查附表 2 得到. 当 $n > 45$ 时,查不到 $\chi_\alpha^2(n)$ 的值,此时可利用近似公式 $\chi_\alpha^2(n) \approx n + \sqrt{2n}\, u_\alpha$,计算 $\chi_\alpha^2(n)$,其中 u_α 是标准正态分布的上 α 分位数.

1.2.2　t 分布

定义 1.5　设 $X \sim N(0,1)$,$Y \sim \chi^2(n)$,X 与 Y 相互独立,则称 $T = \dfrac{X}{\sqrt{Y/n}}$ 服从自由度为 n 的 t 分布,记作 $T \sim t(n)$.

t 分布的密度函数为

$$f(x,n) = \frac{\Gamma\left(\dfrac{n}{2} + 1\right)}{\sqrt{n\pi}\,\Gamma\left(\dfrac{n}{2}\right)} \left(1 + \frac{x^2}{n}\right)^{-\frac{n+1}{2}}, \quad x \in \mathbf{R}.$$

易知该密度函数是偶函数,其图像关于 y 轴对称. 密度函数中含有一个参数 n,其图像如图 1.4 所示. t 分布是依自由度而变的一组曲线,自由度越低,曲线越平坦,较标准正态分布顶部略低而尾部稍高,当自由度 $n \geq 45$ 时,t 分布可用 $N(0,1)$ 分布近似.

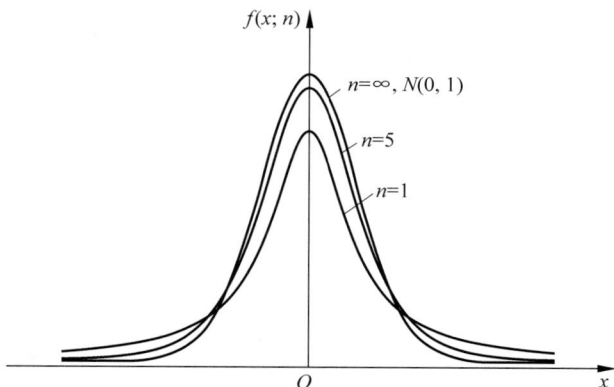

图 1.4　t 分布的密度函数图像

t 分布亦称学生氏(student)分布,它是由英国统计学家戈塞特发现的. 1908 年,戈塞特在 *Biometrika* 杂志上以 student 为笔名发表了关于此分布的论文:均值的或然误差. 1908 年以前,统计学的用武之地先是社会统计,尤其是人口统计,后来是生物统计问题,这些问题所分析的数据一般都是大量的、自然采集的,所用的方法多以中心极限定理为依据,最终归结到正态分布. 20 世纪,受人工控制的试验条件下所得数据的统计分析问题日渐引起人们的注意,此时的数据量一般不大,故仅依赖中心极限定理的传统方法开始受到质疑,先驱就是戈塞特和费歇尔. t 分布的发现在统计学史上具有划时代的意义,打破了正态分布一统天下的局面,开创了小样本统计推断的新纪元. 事实上,戈塞特的证明存在漏洞,费歇尔于 1922 年给出了完整证明,并编制了 t 分布的分位数表.

定义 1.6　设随机变量 $T \sim t(n)$,对于任意的 α $(0 < \alpha < 1)$,若存在 $t_\alpha(n)$,使 $P\{T > t_\alpha(n)\} = \alpha$,则称 $t_\alpha(n)$ 为 **t 分布的上 α 分位数**.

关于 t 分布的上侧分位数有如下关系：① $t_\alpha(n) = -t_{1-\alpha}(n)$；② $t_\alpha(n) \approx u_\alpha(n \geqslant 45)$.

1.2.3　F 分布

定义 1.7　设 $X \sim \chi^2(m)$，$Y \sim \chi^2(n)$，X、Y 相互独立，$F = \dfrac{X/m}{Y/n}$，则称 F 服从自由度为 (m, n) 的 F 分布，记作 $F \sim F(m, n)$.

F 分布的密度函数为

$$f(x, m, n) = \begin{cases} \dfrac{\Gamma\left(\dfrac{m+n}{2}\right)}{\Gamma\left(\dfrac{m}{2}\right)\Gamma\left(\dfrac{n}{2}\right)} \left(\dfrac{m}{n}\right)^{\frac{m}{2}} x^{\frac{m}{2}-1} \left(1 + \dfrac{mx}{n}\right)^{-\frac{m+n}{2}}, & x > 0, \\ 0, & x \leqslant 0. \end{cases}$$

该分布密度函数的图像如图 1.5 所示.

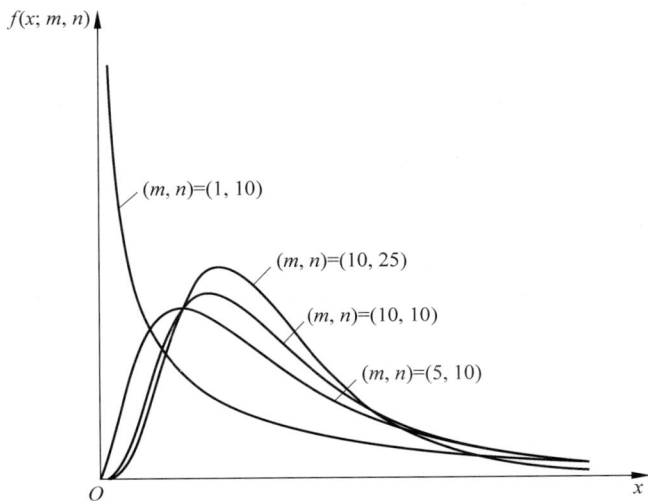

图 1.5　F 分布密度函数的图像

定义 1.8　当随机变量 $F \sim F(m, n)$，对于任意 $\alpha(0 < \alpha < 1)$，若存在 $F_\alpha(m, n)$，使 $P\{F > F_\alpha(m, n)\} = \alpha$，则称 $F_\alpha(m, n)$ 为 **F 分布的上 α 分位数**.

性质 1.2　(1) 若 $F \sim F(m, n)$，则 $\dfrac{1}{F} \sim F(n, m)$；

(2) 若 $T \sim t(n)$，则 $T^2 \sim F(1, n)$；

(3) $F_{1-\alpha}(m, n) = \dfrac{1}{F_\alpha(n, m)}$.

证明　(1) 因为 $F \sim F(m, n)$，故 $F = \dfrac{X/m}{Y/n}$，且 $X \sim \chi^2(m)$，$Y \sim \chi^2(n)$，X、Y 相互独立，

所以，由 F 分布的定义，可得 $\dfrac{1}{F} = \dfrac{Y/n}{X/m} \sim F(n, m)$.

(2) 因为 $T \sim t(n)$，所以 $T = \dfrac{X}{\sqrt{Y/n}}$，且 $X \sim N(0,1)$，$Y \sim \chi^2(n)$，X、Y 相互独立. 从而

$T^2 = \dfrac{X^2}{Y/n} = \dfrac{X^2/1}{Y/n}$. 又 $X \sim N(0,1)$，所以 $X^2 \sim \chi^2(1)$. 故 $T^2 \sim F(1,n)$.

(3) 设 $F \sim F(m,n)$，则

$$1 - \alpha = P\left\{F > F_{1-\alpha}(m,n)\right\} = P\left\{\dfrac{1}{F} < \dfrac{1}{F_{1-\alpha}(m,n)}\right\} = 1 - P\left\{\dfrac{1}{F} > \dfrac{1}{F_{1-\alpha}(m,n)}\right\},$$

所以 $P\left\{\dfrac{1}{F} > \dfrac{1}{F_{1-\alpha}(m,n)}\right\} = \alpha$. 又 $\dfrac{1}{F} \sim F(n,m)$，所以 $P\left\{\dfrac{1}{F} > F_{\alpha}(n,m)\right\} = \alpha$. 故 $F_{1-\alpha}(m,$

$n) = \dfrac{1}{F_{\alpha}(n,m)}$.

例 1.8 求 $F_{0.99}(3,5)$.

解 查表没有 $F_{0.99}(3,5)$. 查附表 4 可知，$F_{0.01}(5,3) = 28.24$. 利用性质 1.2(3) 可得

$$F_{0.99}(3,5) = \dfrac{1}{F_{0.01}(5,3)} = \dfrac{1}{28.24}.$$

1.3 抽样分布定理

本节给出正态总体的样本均值 $\overline{X}$ 和样本修正方差 S^{*2} 相关的定理.

定理 1.1（单正态总体的抽样分布定理） 设 $(X_1, X_2, \cdots, X_n)$ 是来自总体 $X \sim N(\mu, \sigma^2)$ 的样本，则

(1) $\dfrac{\overline{X} - \mu}{\sigma/\sqrt{n}} \sim N(0,1)$；(2) $\dfrac{(n-1)S^{*2}}{\sigma^2} \sim \chi^2(n-1)$；(3) $\overline{X}$ 与 S^{*2} 独立；(4) $\dfrac{\overline{X} - \mu}{S^*/\sqrt{n}} \sim t(n-1)$.

证明 (1) 因为 $\overline{X} \sim N\left(\mu, \dfrac{\sigma^2}{n}\right)$，所以 $\dfrac{\overline{X} - \mu}{\sigma/\sqrt{n}} \sim N(0,1)$.

(2)、(3) 的证明略.（定理的证明见参考文献[4]）

(4) 由 (1) 知 $\dfrac{\overline{X} - \mu}{\sigma/\sqrt{n}} \sim N(0,1)$，由 (2) 知 $\dfrac{(n-1)S^{*2}}{\sigma^2} \sim \chi^2(n-1)$，由 (3) 知 $\overline{X}$ 与 S^{*2} 独立，故由 t 分布定义知

$$\dfrac{\dfrac{\overline{X} - \mu}{\sigma/\sqrt{n}}}{\sqrt{\dfrac{(n-1)S^{*2}}{\sigma^2}/(n-1)}} = \dfrac{\overline{X} - \mu}{S^*/\sqrt{n}} \sim t(n-1).$$

定理 1.2（两独立正态总体的抽样分布定理） 设 $(X_1, X_2, \cdots, X_m)$ 是来自 $X \sim N(\mu_1, \sigma_1^2)$ 的样本，$(Y_1, Y_2, \cdots, Y_n)$ 是来自 $Y \sim N(\mu_2, \sigma_2^2)$ 的样本，X、Y 相互独立，则

(1) $\dfrac{(\overline{X} - \overline{Y}) - (\mu_1 - \mu_2)}{\sqrt{\dfrac{\sigma_1^2}{m} + \dfrac{\sigma_2^2}{n}}} \sim N(0,1)$；

(2) $\dfrac{S_X^{*2}/\sigma_1^2}{S_Y^{*2}/\sigma_2^2}\sim F(m-1,n-1)$;

(3) 当 $\sigma_1^2=\sigma_2^2=\sigma^2$ 时，$\dfrac{(\overline{X}-\overline{Y})-(\mu_1-\mu_2)}{S_w\sqrt{\dfrac{1}{m}+\dfrac{1}{n}}}\sim t(m+n-2)$，其中 $S_w^2=$

$\dfrac{(m-1)S_X^{*2}+(n-1)S_Y^{*2}}{m+n-2}$ 为混合样本方差.

证明 (1) 因为 $\overline{X}\sim N\Big(\mu_1,\dfrac{\sigma_1^2}{m}\Big)$，$\overline{Y}\sim N\Big(\mu_2,\dfrac{\sigma_2^2}{n}\Big)$，且 X、Y 相互独立，所以

$$\overline{X}-\overline{Y}\sim N\Big(\mu_1-\mu_2,\dfrac{\sigma_1^2}{m}+\dfrac{\sigma_2^2}{n}\Big),$$

故

$$\dfrac{(\overline{X}-\overline{Y})-(\mu_1-\mu_2)}{\sqrt{\dfrac{\sigma_1^2}{m}+\dfrac{\sigma_2^2}{n}}}\sim N(0,1).$$

(2) 因为 $\dfrac{(m-1)S_X^{*2}}{\sigma_1^2}\sim\chi^2(m-1)$，$\dfrac{(n-1)S_Y^{*2}}{\sigma_2^2}\sim\chi^2(n-1)$，且 X、Y 相互独立，则根据 F 分布的定义可得

$$\dfrac{\dfrac{(m-1)S_X^{*2}}{\sigma_1^2}/(m-1)}{\dfrac{(n-1)S_Y^{*2}}{\sigma_2^2}/(n-1)}=\dfrac{S_X^{*2}/\sigma_1^2}{S_Y^{*2}/\sigma_2^2}\sim F(m-1,n-1).$$

(3) 当 $\sigma_1^2=\sigma_2^2=\sigma^2$ 时，由(1)知

$$\dfrac{(\overline{X}-\overline{Y})-(\mu_1-\mu_2)}{\sigma\sqrt{\dfrac{1}{m}+\dfrac{1}{n}}}\sim N(0,1).$$

由(2)知，$\dfrac{(m-1)S_X^{*2}}{\sigma^2}\sim\chi^2(m-1)$，$\dfrac{(n-1)S_Y^{*2}}{\sigma^2}\sim\chi^2(n-1)$，且 X、Y 相互独立，则由 χ^2 分布的可加性可得

$$\dfrac{(m-1)S_X^{*2}+(n-1)S_Y^{*2}}{\sigma^2}\sim\chi^2(m+n-2).$$

根据 t 分布定义易得

$$\dfrac{\dfrac{(\overline{X}-\overline{Y})-(\mu_1-\mu_2)}{\sigma\sqrt{\dfrac{1}{m}+\dfrac{1}{n}}}}{\sqrt{\dfrac{(m-1)S_X^{*2}+(n-1)S_Y^{*2}}{\sigma^2}/(m+n-2)}}=\dfrac{(\overline{X}-\overline{Y})-(\mu_1-\mu_2)}{S_w\sqrt{\dfrac{1}{m}+\dfrac{1}{n}}}\sim t(m+n-2),$$

其中 $S_w^2 = \dfrac{(m-1)S_X^{*2} + (n-1)S_Y^{*2}}{m+n-2}$.

1.4 统计分析软件训练

统计分析软件功能强大,具有完整的数据输入、编辑、统计分析等功能,只要了解统计分析的原理,只需告诉软件系统要做什么,即可得到需要的统计分析结果.常用的统计分析软件有 R 软件、SPSS 软件和 Excel 软件等.本教材主要介绍 R 软件的安装和使用,通过实际案例训练学生运用统计分析软件解决实际问题.

1. 软件的介绍

R 软件是一套完整的数据处理、计算和制图软件系统,具有简便而强大的编程语言:可操纵数据的输入和输出,可实现分支、循环、用户自定义等功能.R 是免费的自由软件,它有 UNIX、Linux、MacOS 和 Windows 版本,均可免费下载和使用.

2. 软件的安装

单击 R 主页:https://cran.r-project.org/,找到 R 软件的各个版本的安装程序和源代码.单击进入相应的版本;再单击 base,单击下载安装程序,按照提示一步步安装即可.安装完成后,程序会创建 R 程序组并在桌面上创建 R 主程序的快捷方式,通过快捷方式运行 R,便可调出 R 的主窗口.

3. 软件的使用

R 的界面简单朴素,有不多的几个菜单和快捷按钮.快捷按钮下面的窗口是命令输入窗口,它也是部分运算结果的输出窗口,主窗口上方的文字是刚运行 R 时出现的一些说明和指引.符号">"是 R 命令提示符,后面可输出命令;符号">"是光标.R 软件一般采用交互的工作方式,在命令提示符后输入命令,回车后便会输出结果.

训练项目 1 统计量的计算

软件训练案例 1 现有某班 22 名同学某门课程的考试成绩,见表 1.1.试计算该组数据的样本均值、顺序统计量、样本中位数、样本方差、样本标准差.

表 1.1 某班某门课程的考试成绩 分

学　　生	平时成绩	期末成绩	总成绩＝平时成绩×0.3＋期末成绩×0.7
学生 1	62	67	66
学生 2	74	82	80
学生 3	95	74	80
学生 4	90	78	82
学生 5	80	60	66
学生 6	70	85	81
学生 7	97	80	85
学生 8	68	72	71
学生 9	79	86	84

续表

学　　生	平时成绩	期末成绩	总成绩＝平时成绩×0.3＋期末成绩×0.7
学生 10	67	48	54
学生 11	92	82	85
学生 12	79	84	83
学生 13	83	74	77
学生 14	79	95	90
学生 15	71	81	78
学生 16	78	80	79
学生 17	84	60	67
学生 18	60	43	48
学生 19	78	97	91
学生 20	95	69	77
学生 21	64	63	63
学生 22	84	85	85

1. 样本均值

采用 mean()函数来计算样本均值.

下面是用 mean()函数来计算总成绩的平均成绩的具体操作步骤.

```
> score < - c(66,80,80,82,66,81,85,71,84,54,85,83,77,90,78,79,67,48,91,77,63,85)    ＃将学
生分数生成向 score;
> score.mean < - mean(score)          ＃调用函数 mean()计算平均成绩;
> score.mean                          ＃显示平均成绩;
[1] 76
```

mean()函数的调用方法为

$$mean(x, trim = 0, na.rm = FALSE)$$

其中,x 是样本数据,trim 是为了去掉样本数据排序后前后两端观察值的比例,系统默认值为 0. na.rm 是逻辑变量,取值为 TRUE 或 FALSE,na.rm＝TRUE 表示样本数据中允许有缺失值.

2. 顺序统计量

采用 sort()函数给出样本数据的顺序统计量.

下面用 sort()函数来计算顺序统计量.

```
> score < c(66,80,80,82,66,81,85,71,84,54,85,83,77,90,78,79,67,48,91,77,63,85)    ＃将学生
分数生成向量 score;
> sort.score < - sort(score)    ＃调用函数 sort()计算顺序统计量;
> sort.score                    ＃显示顺序统计量;
[1] 48 54 63 66 66 67 71 77 77 78 79 80 80 81 82 83 84 85 85 85 90 91
```

sort()函数的调用方法为

$$sort(x, decreasing = FALSE, index.return = FALSE)$$

其中,x 是样本数据,decreasing＝FALSE（TRUE）时,给出由小到大(由大到小)的顺序统计量;index. return 用来确定是否返回控制排序的下标值,当 index. return＝TRUE 时,函数的返回值是一个列表,该列表的第一个变量 $x 是排序的顺序统计量,第二个变量 $ix 是排序顺序的下标对应的值.例如,计算由大到小的顺序统计量,并给出排序后的对应下标值,具体操作步骤如下.

```
> sort. score = sort(score,decreasing = TRUE, index. return = TRUE)
                              ♯计算由大到小的顺序统计量,并给出排序后的对应下标值;
> sort. score                 ♯显示顺序统计量;
 $x
[1] 91 90 85 85 85 84 83 82 81 80 80 79 78 77 77 71 67 66 66 63 54 48
 $ix
[1] 19 14 7 11 22 9 12 4 6 2 3 16 15 13 20 8 17 1 5 21 10 18
```

3. 样本中位数

采用 median() 函数给出样本数据的中位数.

下面用 median() 函数来计算总成绩的中位数.

```
> score <- c(66,80,80,82,66,81,85,71,84,54,85,83,77,90,78,79,67,48,91,77,63,85)
> score.median = median(score)           ♯调用函数 median()计算样本中位数;
> score.median                            ♯显示样本中位数;
[1] 79.5
```

4. 样本方差、样本标准差

分别采用 var() 函数和 sd() 函数计算样本数据的方差与标准差.

下面用 var() 函数和 sd() 函数来计算总成绩的方差与标准差.

```
> score <- c(66,80,80,82,66,81,85,71,84,54,85,83,77,90,78,79,67,48,91,77,63,85)  ♯将
学生分数生成向量 score;
> var. score = var(score)                 ♯调用函数 var()计算样本方差;
> var. score                              ♯显示样本方差;
[1] 125.1429
> sd. score = sd(score)                   ♯调用函数 sd()计算样本标准差;
> sd. score                               ♯显示样本标准差;
[1] 11.18673
```

训练项目 2　常用统计量的分布

R 软件中各种常用分布的名称和参数见表 1.2. 在各种分布的调用函数前加上相应的前缀即可实现相应的目标. 常用的前缀如下:

d:计算离散型随机变量的分布律或连续型随机变量的密度函数;

p:计算分布函数;

q:计算给定概率时的分位数;

r:产生对应分布的随机数.

表 1.2　R 软件中各种常用分布的名称和参数

中 文 名 称	英 文 名 称	调 用 函 数	参 数
二项分布	binomial	binom	size,prob
泊松分布	Poisson	pois	lambda
几何分布	geometric	geom	prob
柯西分布	Cauchy	cauchy	location,scale
指数分布	exponential	exp	rate
均匀分布	uniform	unif	min,max
正态分布	normal	norm	mean,sd
卡方分布	chi-squared	chisq	df
t 分布	student's t	t	df
F 分布	F	f	df1,df2

下面是计算标准正态分布密度函数、分布函数、分位数和产生标准正态分布的随机数的具体操作：

```
> x = 0.5
> q = c(0.9,2)
> p = 0.3
> n = 3
> dnorm(x,mean = 0,sd = 1)              #计算 x = 0.5 时的密度函数值,并显示计算结果;
[1] 0.3520653
> pnorm(q,mean = 0,sd = 1)              #计算 q = 0.9 和 q = 2 时的分布函数值,并显示计算结果;
[1] 0.8159399 0.9772499
> qnorm(p,mean = 0,sd = 1)              #计算 p = 0.3 时的分位数,并显示计算结果;
[1] - 0.5244005
> qnorm(p,mean = 0,sd = 1,lower.tail = FALSE)
[1] 0.5244005                           #计算 p = 0.3 时的上侧分位数,并显示计算结果;
> rnorm(n,mean = 0,sd = 1)              #生成 3 个标准正态分布的随机数,并显示生成结果;
[1] 1.6480559 - 0.7463192 1.110488
```

其中 lower.tail＝FALSE,分布函数计算公式为 $F(x)=P\{X>x\}$,lower.tail＝TRUE(系统默认值)表示使用的分布函数为 $F(x)=P\{X\leqslant x\}$.

训练项目 3　直方图、核密度估计图、经验分布函数图

1. 直方图、核密度估计图

对于数据分布,常用直方图进行描述.采用函数 hist()绘制直方图.

核密度估计图是用已知样本绘制平滑曲线估计连续型变量的密度.相较于直方图,核密度估计图能更好地刻画连续型变量的分布形状.采用函数 density()绘制核密度估计图.

利用 R 软件绘出训练项目 1 中 22 名同学总成绩的直方图和核密度估计图,并与正态分布的密度函数作对比,具体步骤如下.

```
> score <- c(66,80,80,82,66,81,85,71,84,54,85,83,77,90,78,79,67,48,91,77,63,85)
> hist(score,freq = FALSE)                    #绘出成绩的直方图
> lines(density(score),col = 'green',lty = 'solid',ylim = c(0,0.04))   #绘出成绩的核密度估计曲线
> x = seq(from = 40,to = 100,by = 0.01)        #生成从 40 到 100,间隔为 0.01 的向量
```

```
> lines(x,dnorm(x,mean(score),sd(score)),col = 'red',lty = 'dashed')    ♯绘出正态分布密度函数曲线
                        ♯前一个 x 表示绘图中的横坐标,后一个 x 表示需要计算密度函数值的点
```

学生成绩的直方图、核密度估计曲线和正态分布密度曲线如图 1.6 所示.

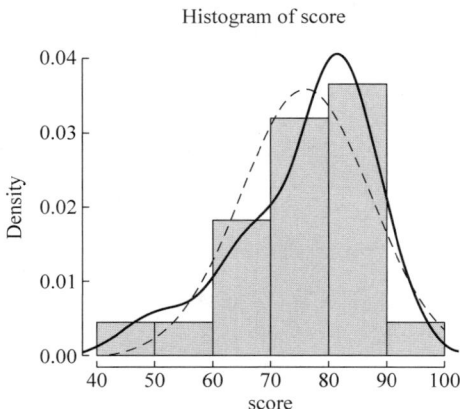

图 1.6 学生成绩的直方图、核密度估计曲线和正态分布密度曲线

2. 经验分布函数图

采用 plot(ecdf(x)) 函数绘制经验分布函数图.

绘出软件训练项目 1 中 22 名同学总成绩的经验分布图和相应的正态分布函数图,具体步骤如下.

```
> score < − c(66,80,80,82,66,81,85,71,84,54,85,83,77,90,78,79,67,48,91,77,63,85)
> plot(ecdf(score),verticals = TRUE,do.p = FALSE)        ♯绘出成绩的经验分布函数图
> x = seq(40,100,0.01)                     ♯生成从 40 到 100,间隔为 0.01 的向量
> lines(x,pnorm(x,mean(score)),sd(score)),col = 'red')    ♯绘出正态分布函数曲线
```

verticals 为逻辑变量,当取值为 TRUE 时,表示在经验分布图中要画竖线,当为 FALSE (系统默认值)时,不画竖线. do. p 为逻辑变量,当取值为 FALSE 时,在边界处不画圆点,系统默认值为 TRUE. 学生总成绩的经验分布曲线和正态分布密度曲线如图 1.7 所示.

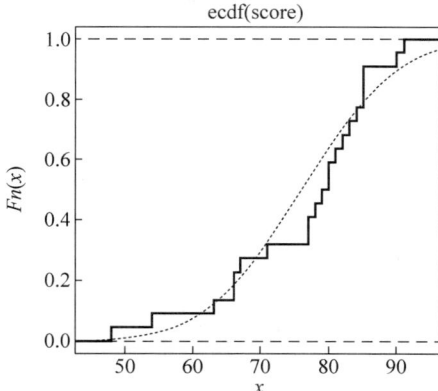

图 1.7 学生总成绩的经验分布曲线和正态分布密度曲线

小结

统计中往往研究有关对象的某一项数量指标,对这一数量指标进行试验或观察,将试验全部可能的观察值称为总体,每个观察值称为个体,总体中的每一个个体是某一随机变量 X 的值,因此一个总体对应一个随机变量 X. 我们将不区分总体与相应的随机变量 X,笼统地称为总体 X. 随机变量 X 服从什么分布,就称总体服从什么分布. 在实际中遇到的总体往往是有限总体,它对应一个离散型随机变量,当总体中包含的个体数量很大时,在理论上可以认为它是一个无限总体. 我们说某种型号的灯泡寿命总体服从指数分布,是指无限总体而言的,又如我们说某一年龄段的男童的身高服从正态分布,也是指无限总体而言的. 无限总体是人们对具体事物的抽象,无限总体的分布形式较为简明,便于在数学上进行处理,使用方便.

在相同的条件下,对总体 X 进行 n 次重复的、独立的观察,得到 n 个结果 $X_1, X_2, \cdots, X_n$,称 $(X_1, X_2, \cdots, X_n)$ 为来自总体 X 的简单随机样本,它具有两条性质:①独立性:样本中各个体 $X_1, X_2, \cdots, X_n$ 相互独立;②代表性:样本中各个体 $X_1, X_2, \cdots, X_n$ 与总体 X 同分布. 我们就是利用来自标本的信息来推断总体,得出有关总体分布的种种结论的.

样本 $(X_1, X_2, \cdots, X_n)$ 的函数 $g(X_1, X_2, \cdots, X_n)$,若不包含未知参数,则称为统计量. 统计量是一个随机变量,它完全由标本确定. 统计量是进行统计推断的工具. 样本均值和样本(修正)方差是最重要的统计量. 统计量的分布称为抽样分布. χ^2 分布、t 分布、F 分布是来自正态分布的抽样分布,称为统计学的三大分布,它们在数理统计中有着广泛的应用. 对于这三个分布,要掌握它们的定义和密度函数图像的轮廓,会使用分位点表写出分位点. 关于样本均值、样本(修正)方差,掌握两个抽样分布定理.

习题 1

A 组

1. 在总体 $N(52, 6.3^2)$ 中随机抽取一容量为 36 的样本,求样本均值 $\overline{X}$ 落在 $50.8 \sim 53.8$ 之间的概率.

2. 设总体 X 服从泊松分布 $X \sim P(\lambda)$,$(X_1, X_2, \cdots, X_n)$ 是来自总体 X 的样本,试求:(1) $(X_1, X_2, \cdots, X_n)$ 的联合分布律;

(2) $E(\overline{X}), D(\overline{X}), E(S^2), E(S^{*2})$.

3. 设 X_1, X_2, X_3, X_4 是来自总体 $X \sim N(0, 2^2)$ 的样本,求 a, b 使

$$a(X_1 - 2X_2)^2 + b(3X_3 - 4X_4)^2 \sim \chi^2(2).$$

4. 设 $X_1, X_2, \cdots, X_8$ 是来自总体 $X \sim N(\mu, \sigma^2)$ 的样本,求区间 $\left(\sum_{i=1}^{8} \dfrac{(X_i - \mu)^2}{4}, \right.$

$\left. \sum_{i=1}^{8} \dfrac{(X_i - \mu)^2}{2} \right)$ 长度的期望与方差.

5. 设 $X_1, X_2, \cdots, X_5$ 是来自 $X \sim N(0, \sigma^2)$ 的样本,求 a, b 使

(1) $a\dfrac{(X_1+X_2)^2}{X_3^2+X_4^2+X_5^2}\sim F(1,3)$;　　　(2) $b\dfrac{X_1}{\sqrt{X_2^2+X_3^2+X_4^2+X_5^2}}\sim t(4)$.

6. 设 $X_1,X_2,\cdots,X_n,X_{n+1}$ 是来自总体 $X\sim N(\mu,\sigma^2)$ 的样本,试求 a,使 $T=a\dfrac{X_{n+1}-\overline{X}_n}{S_n}\sim t(b)$,并指出分布的自由度 b.

B 组

1. 下列数据是 250 个零件的直径(单位:cm),画出直方图.

直径	9.25	9.75	10.25	10.75	11.25	11.75	12.25	12.75	13.25	13.75	14.25	14.75
频数	1	0	2	1	1	2	5	4	7	6	13	14
直径	15.25	15.75	16.25	16.75	17.25	17.75	18.25	18.75	19.25	19.75	20.25	20.75
频数	15	13	24	15	19	23	22	12	12	7	6	8
直径	21.25	21.75	22.25	22.75	23.25	23.75	24.25	24.75	25.25			
频数	6	4	2	2	0	3	0	0	1			

2. 为研究玻璃产品在集装箱托运过程中的损坏情况,随机抽取 20 个集装箱检查其产品损坏的件数,记录结果为

$$1,1,0,0,2,1,1,3,0,4,1,0,0,0,2,4,3,2,1,1$$

请写出样本频率分布和经验分布函数.

3. 若从某总体中抽取容量为 13 的样本:

$$-2.1,0,1.2,3.2,2.22,-4.2,3.21,0,-0.1,-2.1,-4,1.2,2.01$$

请写出这个样本的顺序统计量、样本中位数和极差.如果再抽取一个样本为 2.5 构成一个容量为 14 的样本,求样本中位数.

4. 某能力测试的得分服从正态分布 $N(62,25)$,随机抽取 10 人参加测试,若得分超过 70 就能获奖,求至少有一人获奖的概率.

5. 设抽样得到总体 X 的 100 个样本观测值见下表:

观测值 x_i	1	2	3	4	5	6
频数 n_i	15	21	25	20	12	7

试写出总体 X 的经验分布函数 $F_n(x)$.

第2章 参数估计

由样本观察值可得经验分布函数或直方图,从而获得分布函数的类型.但总体分布函数中往往含有未知参数,需要利用样本信息对总体的未知参数进行估计,这就是本章要研究的参数估计.参数估计主要研究当总体的分布类型已知,而其中的参数未知时,如何利用样本值对这些未知参数进行估计的问题.参数估计可分为点估计和区间估计.本章主要介绍点估计量的求法、点估计量优良性的评判标准以及总体均值和方差的区间估计.

2.1

2.2

2.1 点估计和估计量的求法

设总体 X 的分布函数形式已知,但其中参数未知,借助总体 X 的样本估计总体未知参数值的问题称为参数的点估计问题.先看一个实例.

例 2.1 用一个仪器测量一物体的长度,假定测量的长度服从 $N(\mu, \sigma^2)$,μ 和 σ^2 未知.现测量 6 次,测量值为 81.5,83.2,82.6,82.8,83.1,83.3(单位: mm),很自然地想到用样本均值和样本方差的数*值去估计总体均值 μ 与方差 σ^2.现由已知数据计算得到

$$\bar{x} = \frac{1}{6} \times (81.5 + 83.2 + 82.6 + 82.8 + 83.1 + 83.3) = 82.75,$$

$$s^2 = \frac{1}{6} \times [(81.5 - 82.75)^2 + (83.2 - 82.75)^2 + (82.6 - 82.75)^2 + (82.8 - 82.75)^2 +$$

$$(83.1 - 82.75)^2 + (83.3 - 82.75)^2]$$

$$\approx 0.443.$$

μ 的估计值是 82.75,σ^2 的估计值是 0.443.用 $\hat{\mu}, \hat{\sigma}^2$ 表示估计值,故 $\hat{\mu} = 82.75, \hat{\sigma}^2 = 0.443$.这是对参数 μ 和 σ^2 分别作点估计.

点估计问题的一般提法:设总体 X 的分布函数是 $F(x; \theta_1, \theta_2, \cdots, \theta_r)$,其中 $\theta_1, \theta_2, \cdots, \theta_r$ 是未知参数.$(X_1, X_2, \cdots, X_n)$ 是来自总体 X 的一个样本,$(x_1, x_2, \cdots, x_n)$ 是样本值.点估计问题就是构造统计量 $\hat{\theta}_i = \hat{\theta}_i(X_1, X_2, \cdots, X_n)$,用它的观察值 $\hat{\theta}_i(x_1, x_2, \cdots, x_n)$ 作为未知参数 θ_i 的近似值,称 $\hat{\theta}_i(X_1, X_2, \cdots, X_n)$ 为 θ_i 的估计量,$\hat{\theta}_i(x_1, x_2, \cdots, x_n)$ 为 θ_i 的估计值,$i = 1, 2, \cdots, r$.这种用 $\hat{\theta}_i$ 对参数 θ_i 作定值估计,称为参数的点估计.估计量是样本的函数,对于不同的样本值,θ_i 的估计值一般是不同的.下面介绍两种常用的构造估计量的方法:矩估计法和最大似然估计法.

2.1.1 矩估计法

有些总体分布中的未知参数与它的矩一致,如泊松分布 $P(\lambda)$ 中的未知参数 λ 就是总

体均值,正态分布 $N(\mu,\sigma^2)$ 中的未知参数 μ 和 σ^2 分别是总体均值与方差.有些总体分布中的未知参数与它的矩不一致,但二者之间有函数关系,如指数分布 $\mathrm{Exp}(\lambda)$ 的均值为 $1/\lambda$.因而,对总体分布的未知参数作估计,先要对矩作估计,用样本矩分别估计相应的总体矩.对于总体分布中参数与它的矩不一致的情形,用样本矩分别估计相应的总体矩,再利用未知参数和总体矩的关系可得未知参数的估计量.这种求估计量的方法称为**矩估计法**.

矩估计法是由英国统计学家卡尔·皮尔逊在 1894 年提出的,其理论依据:样本矩依概率收敛于总体矩,这就是说,只要样本容量 n 取得充分大,用样本矩作为相应总体矩的估计可以达到任意精确的程度.根据这一原理,矩估计法的基本思想就是用样本的 k 阶原点矩 $A_k=\dfrac{1}{n}\sum_{i=1}^{n}X_i^k$ 估计总体的 k 阶原点矩 $E(X^k)$;用样本的 k 阶中心矩 $B_k=\dfrac{1}{n}\sum_{i=1}^{n}(X_i-\overline{X})^k$ 估计总体的 k 阶中心矩 $E(X-E(X))^k$,由此得到未知参数的估计量.

例 2.2 已知 $X\sim P(\lambda)$,λ 未知,求 λ 的矩估计.

解 由 $E(X)=\lambda$,可得 λ 的矩估计 $\hat{\lambda}=\overline{X}$.

例 2.3 已知 $X\sim U[0,\theta]$,θ 未知,求 θ 的矩估计.

解 由 $E(X)=\dfrac{\theta}{2}$,有 $\overline{X}=\dfrac{\theta}{2}$,所以 θ 的矩估计 $\hat{\theta}=2\overline{X}$.

例 2.4 已知 X 的密度函数 $f(x)=\begin{cases}(\theta+1)x^\theta, & 0<x<1,\\ 0, & \text{其他},\end{cases}$ $\theta>0$ 未知,求 θ 的矩估计.

解 由 $E(X)=\displaystyle\int_{-\infty}^{+\infty}xf(x)\mathrm{d}x=\int_0^1 x(\theta+1)x^\theta\mathrm{d}x=\dfrac{\theta+1}{\theta+2}$,有 $\overline{X}=\dfrac{\theta+1}{\theta+2}$,解得 θ 的矩估计 $\hat{\theta}=\dfrac{1-2\overline{X}}{\overline{X}-1}$.

例 2.5 已知 $X\sim N(\mu,\sigma^2)$,μ,σ^2 未知,求 μ,σ^2 的矩估计.

解 由 $E(X)=\mu$,$D(X)=\sigma^2$,可得 $\hat{\mu}=\overline{X}$,$\hat{\sigma}^2=S^2$.

例 2.6 已知 X 的密度函数 $f(x)=\dfrac{1}{2\theta}\mathrm{e}^{-\frac{|x|}{\theta}}$,$x\in\mathbf{R}$,$\theta>0$ 未知,求 θ 的矩估计.

解 由于 $E(X)=\displaystyle\int_{-\infty}^{+\infty}xf(x)\mathrm{d}x=\int_{-\infty}^{+\infty}x\dfrac{1}{2\theta}\mathrm{e}^{-\frac{|x|}{\theta}}\mathrm{d}x=0$,与 θ 无关.计算 X 的方差,可得

$$D(X)=E(X^2)-E^2(X)=E(X^2)=\int_{-\infty}^{+\infty}x^2\dfrac{1}{2\theta}\mathrm{e}^{-\frac{|x|}{\theta}}\mathrm{d}x=2\theta^2,$$

所以 $S^2=2\theta^2$,易得 θ 的矩估计 $\hat{\theta}=\sqrt{\dfrac{1}{2}}S$.

综上可以看出矩估计法简单易算,特别是在对总体的数学期望及方差等数字特征作估计时,并不一定要知道总体的分布函数,一般通过建立方程或方程组,即可求出未知参数的估计量.矩估计法的缺点是,当样本不是简单随机样本或总体矩不存在时,矩估计法不能使用.另外,矩估计法可能不唯一,如泊松分布 $P(\lambda)$ 样本均值 $\overline{X}$ 和样本方差 S^2 都是参数 λ 的矩估计.

2.1.2 最大似然估计法

最大似然估计法最早是由德国数学家高斯在 1821 年针对正态分布提出的,但一般将之归功于费歇尔,因为费歇尔在 1922 年再次提出这种想法并证明了它的一些性质使此方法得到广泛应用.最大似然估计法的思想是使样本获得最大概率出现的参数值作为未知参数的估计值.如某事件出现的概率为 0.1 或 0.9,如果在一次试验中此事件出现了,我们自然会认为此事件出现的概率为 0.9,这种想法的依据是"概率最大的事件最有可能出现"的实际推断原理.最大似然估计法就是这个原理的具体应用.

下面通过一个实例介绍最大似然估计法.

例 2.7 已知一大批产品,它的废品率 θ 未知,现从中任取 100 件产品,发现其中有 10 件废品,试估计废品率 θ.

2.3

解 设 $X = \begin{cases} 0, & \text{产品为正品,} \\ 1, & \text{产品为废品,} \end{cases}$ 总体 $X \sim B(1,\theta)$,分布律为 $P\{X=x\}=\theta^x(1-\theta)^{1-x}$,

$x=0,1.(X_1,X_2,\cdots,X_{100})$ 是来自总体的样本,"抽取 100 件产品,其中有 10 件废品"相应样本值为 $(x_1,x_2,\cdots,x_{100})$,且 $\sum\limits_{k=1}^{100} x_k = 10$. 出现此样本值的概率为

$$P\{X_1=x_1,\cdots,X_{100}=x_{100}\}=\prod_{k=1}^{100} P\{X=x_k\}$$

$$=\prod_{k=1}^{100}\theta^{x_k}(1-\theta)^{1-x_k}=\theta^{\sum\limits_{k=1}^{100}x_k}(1-\theta)^{100-\sum\limits_{k=1}^{100}x_k}=\theta^{10}(1-\theta)^{90}.$$

此概率随废品率 θ 的不同而不同.选择使此概率达到最大的 θ 值作为废品率的估计值.

记 $L(\theta)=\theta^{10}(1-\theta)^{90}$,根据求极值的方法,令 $\dfrac{\mathrm{d}L(\theta)}{\mathrm{d}\theta}=0$,经计算可求出当 $\hat{\theta}=\dfrac{1}{10}$ 时,$L(\theta)=$

$P\{X_1=x_1,\cdots,X_{100}=x_{100}\}$ 达到最大.

此例求解的基本思想是:选择参数 θ 值使抽得的样本值出现的概率最大,用此值作为未知参数 θ 的估计值.这种求估计量的方法称为**最大似然估计法**.

下面分离散总体分布和连续总体分布两种情形介绍最大似然估计法.

1. 离散总体分布情形

设总体 X 的分布律为 $P\{X=x\}=p(x;\theta_1,\theta_2,\cdots,\theta_k),x=x^{(1)},x^{(2)},\cdots$其中 $\theta_1,\theta_2,\cdots,\theta_k$ 为待估参数.如果取得样本值 $(x_1,x_2,\cdots,x_n)$,出现此样本值的概率为 $L(\theta_1,\theta_2,\cdots,\theta_k)=$ $\prod\limits_{i=1}^{n} P\{X=x_i\}$,选择 $\theta_1,\theta_2,\cdots,\theta_k$,使 $L(\theta_1,\theta_2,\cdots,\theta_k)$ 达到最大,这样获得的 $\theta_1,\theta_2,\cdots,\theta_k$ 的值作为相应未知参数的估计值.求得的未知参数的估计量 $\hat{\theta}_1,\hat{\theta}_2,\cdots,\hat{\theta}_k$ 称为最大似然估计(量).$L(\theta_1,\theta_2,\cdots,\theta_k)$ 称为似然函数.

如果 $L(\theta_1,\theta_2,\cdots,\theta_k)$ 的偏导数存在,解方程组 $\dfrac{\partial L(\theta_1,\theta_2,\cdots,\theta_k)}{\partial \theta_i}=0,i=1,2,\cdots,k$,即可得到最大似然估计 $\hat{\theta}_i=\hat{\theta}_i(x_1,x_2,\cdots,x_n),i=1,2,\cdots,k$.有时利用对数函数是单调增函

数,解方程组

$$\frac{\partial \ln L(\theta_1,\theta_2,\cdots,\theta_k)}{\partial \theta_i}=0, \quad i=1,2,\cdots,k$$

求解较为方便. $\ln L(\theta_1,\theta_2,\cdots,\theta_k)$称为对数似然函数.

例 2.8 已知$X\sim P(\lambda)$, λ未知, $(X_1,X_2,\cdots,X_n)$是来自总体X的一个样本,求λ的最大似然估计.

解 设$(x_1,x_2,\cdots,x_n)$是相应于样本$(X_1,X_2,\cdots,X_n)$的一个样本值.总体X的分布律为

$$P\{X=k\}=\frac{\lambda^k}{k!}e^{-\lambda}, \quad k=0,1,2,\cdots$$

则似然函数为

$$L(\lambda)=\prod_{i=1}^{n}P\{X=x_i\}=\prod_{i=1}^{n}\frac{\lambda^{x_i}}{x_i!}e^{-\lambda}=\frac{\lambda^{\sum_{i=1}^{n}x_i}}{\prod_{i=1}^{n}x_i!}e^{-n\lambda}.$$

取对数得

$$\ln L(\lambda)=\sum_{i=1}^{n}x_i\ln\lambda-n\lambda-\ln\prod_{i=1}^{n}x_i!$$

令

$$\frac{d\ln L(\lambda)}{d\lambda}=\frac{\sum_{i=1}^{n}x_i}{\lambda}-n=0,$$

解得最大似然估计值为$\hat{\lambda}=\frac{1}{n}\sum_{i=1}^{n}x_i=\bar{x}$,最大似然估计量为$\hat{\lambda}=\frac{1}{n}\sum_{i=1}^{n}X_i=\bar{X}$.

2. 连续总体分布情形

设总体X的分布密度为$f(x;\theta_1,\theta_2,\cdots,\theta_k)$,其中$\theta_1,\theta_2,\cdots,\theta_k$为待估参数.若取得样本值$(x_1,x_2,\cdots,x_n)$,考虑概率

$$P\{x_1-dx_1<X_1\leqslant x_1,x_2-dx_2<X_2\leqslant x_2,\cdots,x_n-dx_n<X_n\leqslant x_n\}$$

$$=\prod_{i=1}^{n}P\{x_i-dx_i<X_i\leqslant x_i\}$$

$$\approx\prod_{i=1}^{n}[f(x_i;\theta_1,\theta_2,\cdots,\theta_k)dx_i]$$

$$=\Big[\prod_{i=1}^{n}f(x_i;\theta_1,\theta_2,\cdots,\theta_k)\Big]dx_1dx_2\cdots dx_n,$$

这里小的区间长度都是固定的量.选择$\theta_1,\theta_2,\cdots,\theta_k$的值使此概率达到最大,也就是使$\prod_{i=1}^{n}f(x_i;\theta_1,\theta_2,\cdots,\theta_k)$达到最大.令$L(\theta_1,\theta_2,\cdots,\theta_k)=\prod_{i=1}^{n}f(x_i;\theta_1,\theta_2,\cdots,\theta_k)$,选择$\theta_1,\theta_2,\cdots,\theta_k$的值使$L(\theta_1,\theta_2,\cdots,\theta_k)$达到最大,这样得到的$\theta_1,\theta_2,\cdots,\theta_k$的值作为相应未知

参数的估计值.求得的未知参数的估计量 $\hat{\theta}_1,\hat{\theta}_2,\cdots,\hat{\theta}_k$ 称为最大似然估计(量).$L(\theta_1,\theta_2,\cdots,\theta_k)$ 称为似然函数.

例 2.9 已知 $f(x)=\begin{cases}(\theta+1)x^\theta, & 0<x<1,\\ 0, & \text{其他},\end{cases}$ $\theta>0$ 未知,求 θ 的最大似然估计.

解 似然函数为

$$L(\theta)=(\theta+1)^n\left(\prod_{i=1}^n x_i\right)^{-\theta}, \quad 0<x_i<1,$$

其对数似然函数为

$$\ln(\theta)=n\ln(\theta+1)-\theta\sum_{i=1}^n \ln x_i,$$

令

$$\frac{\mathrm{d}\ln(\theta)}{\mathrm{d}\theta}=\frac{n}{\theta+1}-\sum_{i=1}^n \ln x_i=0,$$

解得最大似然估计值为 $\hat{\theta}=-1-\dfrac{n}{\sum_{i=1}^n \ln x_i}$,最大似然估计量为 $\hat{\theta}=-1-\dfrac{n}{\sum_{i=1}^n \ln X_i}$.

例 2.10 已知 $X\sim N(\mu,\sigma^2)$,μ,σ^2 未知,求 μ,σ^2 的最大似然估计.

解 X 的概率密度为

$$f(x)=\frac{1}{\sqrt{2\pi}\sigma}\mathrm{e}^{-\frac{(x-\mu)^2}{2\sigma^2}}, \quad -\infty<x<+\infty,$$

则似然函数为

$$L(\mu,\sigma^2)=\prod_{i=1}^n f(x_i)=\prod_{i=1}^n \frac{1}{\sqrt{2\pi}\sigma}\mathrm{e}^{-\frac{(x_i-\mu)^2}{2\sigma^2}}=(2\pi)^{-\frac{n}{2}}(\sigma^2)^{-\frac{n}{2}}\mathrm{e}^{-\frac{\sum_{i=1}^n(x_i-\mu)^2}{2\sigma^2}},$$

其对数似然函数为

$$\ln L(\mu,\sigma^2)=-\frac{n}{2}\ln(2\pi)-\frac{n}{2}\ln(\sigma^2)-\frac{1}{2\sigma^2}\sum_{i=1}^n(x_i-\mu)^2,$$

令

$$\begin{cases}\dfrac{\partial \ln L(\mu,\sigma^2)}{\partial \mu}=0\\ \dfrac{\partial \ln L(\mu,\sigma^2)}{\partial \sigma^2}=0\end{cases}$$

解得最大似然估计值为 $\begin{cases}\hat{\mu}=\bar{x},\\ \hat{\sigma}^2=s^2,\end{cases}$ 最大似然估计量为 $\begin{cases}\hat{\mu}=\bar{X},\\ \hat{\sigma}^2=S^2.\end{cases}$

注:正态分布均值和方差的最大似然估计与例 2.5 中求得的矩估计相同.

例 2.11 已知 $X\sim U[0,\theta]$,θ 未知,求 θ 的最大似然估计.

解 X 的概率密度为

$$f(x) = \begin{cases} \dfrac{1}{\theta}, & 0 \leqslant x \leqslant \theta, \\ 0, & \text{其他}. \end{cases}$$

则似然函数为

$$L(\theta) = \begin{cases} \dfrac{1}{\theta^n}, & 0 \leqslant x_{(1)} \leqslant x_{(n)} \leqslant \theta, \\ 0, & \text{其他}. \end{cases}$$

对于满足条件的 $0 \leqslant x_{(1)} \leqslant x_{(n)} \leqslant \theta$ 的 θ，有 $L(\theta) = \dfrac{1}{\theta^n} \leqslant \dfrac{1}{x_{(n)}^n}$. 故最大似然估计值为 $\hat{\theta} = x_{(n)}$，最大似然估计量为 $\hat{\theta} = X_{(n)}$.

注：该例说明用微分法求最大似然估计不一定是可行的，必须学会对一些特殊问题采用特殊的方法去处理. 此例中求得的最大似然估计和例 2.3 中求得的矩估计不同.

上面讨论了未知参数的最大似然估计，有时可能需要求未知参数的函数的最大似然估计，这时可利用下面的定理.

定理 2.1 设参数 θ 的最大似然估计为 $\hat{\theta}$，如果 $g(\theta)$ 是 θ 的连续函数，则 $g(\hat{\theta})$ 是 $g(\theta)$ 的最大似然估计.

最大似然估计法克服了矩估计法的一些缺点，它利用总体的样本和分布函数所提供的信息建立未知参数的估计量，同时它并不要求总体原点矩存在，因此最大似然估计量有比较良好的性质，但是求最大似然估计量一般要解似然方程，有时解似然方程很困难，只能用数值方法求似然方程的近似解.

2.2 估计量的评选标准

估计总体的参数，使用不同的估计方法得到的估计量可能不同，怎样衡量和比较估计量的好坏呢？下面介绍三个评价标准：无偏性、有效性和相合性.

2.2.1 无偏性

设 $\hat{\theta}$ 是 θ 的一个估计量. 在一次抽样中，其估计值与真值之间存在偏差 $\hat{\theta} - \theta$，这种偏差是随机的. 评价一个估计量是否合理，不能根据一次估计的好坏，而应根据多次试验得到的估计值的平均效果.

定义 2.1 若 $E(\hat{\theta}) = \theta$，则称 $\hat{\theta}$ 是 θ 的**无偏估计**；若 $E(\hat{\theta}) \neq \theta$，则称 $\hat{\theta}$ 是 θ 的**有偏估计**；若 $\lim\limits_{n \to +\infty} E(\hat{\theta}) = \theta$，则称 $\hat{\theta}$ 是 θ 的**渐近无偏估计**.

无偏性是对估计量的最基本要求. 如果一个总体抽取多个容量相同的样本，得到多个估计值，这些值的理论平均应等于被估参数. 这种要求在工程技术上是合理的.

例 2.12 $(X_1, X_2, \cdots, X_n)$ 是来自 X 的一个样本，证明 $A_k = \dfrac{1}{n} \sum\limits_{i=1}^{n} X_i^k$ 是 $E(X^k)$ 的无

2.4

偏估计.

证明 因为

$$E(A_k)=E\Big(\frac{1}{n}\sum_{i=1}^{n}X_i^k\Big)=\frac{1}{n}\sum_{i=1}^{n}E(X_i^k)=E(X^k),$$

故 $A_k=\dfrac{1}{n}\sum_{i=1}^{n}X_i^k$ 是 $E(X^k)$ 的无偏估计.

注：此例说明，无论总体 X 服从什么分布，样本 k 阶原点矩都是总体 k 阶原点矩的无偏估计.

例 2.13 设总体 X 的一阶矩和二阶矩存在，记 $E(X)=\mu,D(X)=\sigma^2,(X_1,X_2,\cdots,X_n)$ 是来自 X 的一个样本，证明 $\overline{X}$ 和 $S^{*2}=\dfrac{1}{n-1}\sum_{i=1}^{n}(X_i-\overline{X})^2$ 分别是 μ 和 σ^2 的无偏估计.

证明 因为

$$E(\overline{X})=E\Big(\frac{1}{n}\sum_{i=1}^{n}X_i\Big)=\frac{1}{n}\sum_{i=1}^{n}E(X_i)=\mu,$$

故 $\overline{X}$ 是 μ 的无偏估计.

因为

$$E(S^{*2})=E\Big(\frac{1}{n-1}\sum_{i=1}^{n}(X_i-\overline{X})^2\Big)=\frac{1}{n-1}\Big(E\Big(\sum_{i=1}^{n}X_i^2\Big)-nE^2(\overline{X})\Big)$$

$$=\frac{n}{n-1}(E(X^2)-E^2(\overline{X}))=\frac{n}{n-1}(D(X)+E^2(X)-D(\overline{X})-E^2(\overline{X}))$$

$$=\frac{n}{n-1}\Big(D(X)+E^2(X)-\frac{1}{n}D(X)-E^2(X)\Big)=D(X),$$

故 $S^{*2}=\dfrac{1}{n-1}\sum_{i=1}^{n}(X_i-\overline{X})^2$ 是 σ^2 的无偏估计.

注：由此例看出，$E(S^2)=E\Big(\dfrac{1}{n}\sum_{i=1}^{n}(X_i-\overline{X})^2\Big)=\dfrac{n-1}{n}\sigma^2$，$S^2$ 不是 σ^2 的无偏估计，而是 σ^2 的渐近无偏估计.

例 2.14 设 $(X_1,X_2,\cdots,X_n)$ 是来自 $X\sim P(\lambda)$ 的样本，证明 $\alpha\overline{X}+(1-\alpha)S^{*2}$ 是 λ 的无偏估计.

证明 由 $X\sim P(\lambda)$，可得

$$E(\overline{X})=E(X)=\lambda, \quad E(S^{*2})=D(X)=\lambda,$$

所以

$$E(\alpha\overline{X}+(1-\alpha)S^{*2})=\lambda,$$

故 $\alpha\overline{X}+(1-\alpha)S^{*2}$ 是 λ 的无偏估计.

注：由此例看出 $\alpha\overline{X}+(1-\alpha)S^{*2}$，$\overline{X}$ 和 S^{*2} 都是 λ 的无偏估计，所以一个未知参数的无偏估计量是不唯一的.

无偏性仅仅反映估计量在参数真值周围的波动，而没有反映"集中"的程度.我们自然希望估计量取值的"集中"程度要高，而方差是刻画"集中"程度的，因此在无偏的基础上还

要考虑方差,方差越小,越集中,估计量就越好.

2.2.2 有效性

现在比较 θ 的两个无偏估计量 $\hat{\theta}_1$ 和 $\hat{\theta}_2$,如果在样本容量 n 相同的情况下,$\hat{\theta}_1$ 的观察值较 $\hat{\theta}_2$ 更密集在真值 θ 的附近,我们认为 $\hat{\theta}_1$ 较 $\hat{\theta}_2$ 理想. 由于方差是随机变量取值与其数学期望的偏离程度,所以无偏估计以方差小者为好. 于是引出估计量的有效性概念.

定义 2.2 设 $\hat{\theta}_1$ 和 $\hat{\theta}_2$ 都是 θ 的无偏估计量,若对任意样本容量 n,$D(\hat{\theta}_1) \leqslant D(\hat{\theta}_2)$,则称 $\hat{\theta}_1$ 比 $\hat{\theta}_2$ **有效**.

考察 θ 的所有无偏估计量(要求二阶矩存在且有限),如果存在一个估计量 $\hat{\theta}_0$,它的方差达到最小,这样的估计量应当最好.

定义 2.3 若 θ 的所有二阶矩存在的无偏估计量中存在一个估计量 $\hat{\theta}_0$,使对任意无偏估计量 $\hat{\theta}$,有 $D(\hat{\theta}_0) \leqslant D(\hat{\theta})$,则称 $\hat{\theta}_0$ 是 θ 的**最小方差无偏估计**(**量**).

用定义判定一个估计量是否是最小方差无偏估计比较困难,函数形式不唯一或者求极值的方法无效,导致有些情况无法给出一个参数的最小方差无偏估计. 我们先来讨论无偏估计量方差的下界. 无偏估计量方差的下界可以由 Rao-Cramer 不等式给出,有时能找到无偏估计量使它的方差达到下界,有时达不到. 对连续总体分布情形,有下面的定理.

定理 2.2(Rao-Cramer 不等式) 设 $(X_1, X_2, \cdots, X_n)$ 是来自总体 X 的一个样本,总体密度函数 $f(x; \theta)$ 的形式已知,θ 为未知参数,$\hat{\theta}(x_1, x_2, \cdots, x_n)$ 是 θ 的无偏估计,如果满足条件:

(1) 集合 $S_\theta = \{x : f(x; \theta) > 0\}$ 与 θ 无关;

(2) $\dfrac{\partial f(x; \theta)}{\partial \theta}$ 存在,且 $\dfrac{\partial}{\partial \theta} \displaystyle\int_{-\infty}^{+\infty} f(x; \theta) \mathrm{d}x = \int_{-\infty}^{+\infty} \dfrac{\partial f(x; \theta)}{\partial \theta} \mathrm{d}x$;

$$\frac{\partial}{\partial \theta} \int_{-\infty}^{+\infty} \cdots \int_{-\infty}^{+\infty} \hat{\theta}(x_1, x_2, \cdots, x_n) L(x_1, x_2, \cdots, x_n; \theta) \mathrm{d}x_1 \mathrm{d}x_2 \cdots \mathrm{d}x_n = \int_{-\infty}^{+\infty} \cdots \int_{-\infty}^{+\infty} \hat{\theta}(x_1,$$

$$x_2, \cdots, x_n) \frac{\partial}{\partial \theta} L(x_1, x_2, \cdots, x_n; \theta) \mathrm{d}x_1 \mathrm{d}x_2 \cdots \mathrm{d}x_n;$$

(3) $I(\theta) = E\left(\dfrac{\partial \ln f(X; \theta)}{\partial \theta}\right)^2 = -E\left(\dfrac{\partial^2 \ln f(X; \theta)}{\partial \theta^2}\right) > 0$,

则 $D(\hat{\theta}) \geqslant \dfrac{1}{nI(\theta)}$. 记 $I_R = \dfrac{1}{nI(\theta)}$,简称 R-C 下界.

定义 2.4 若 θ 的无偏估计 $\hat{\theta}$ 的方差达到 R-C 下界,则称 $\hat{\theta}$ 是 θ 的有效估计. 若 θ 的无偏估计为 $\hat{\theta}$,则称 $\dfrac{I_R}{D(\hat{\theta})}$ 为估计量 $\hat{\theta}$ 的(有)效率,记作 $e(\hat{\theta})$. 若 θ 的无偏估计 $\hat{\theta}$ 满足 $\lim\limits_{n \to +\infty} e(\hat{\theta}) = 1$,则称 $\hat{\theta}$ 是 θ 的渐近有效估计.

例 2.15 已知 $X \sim N(\mu, \sigma^2)$,问 $\overline{X}, S^{*2}$ 是否是 μ, σ^2 的有效估计?

解 (1) 因为 $\ln f(x) = -\dfrac{1}{2} \ln 2\pi - \dfrac{1}{2} \ln \sigma^2 - \dfrac{(x-\mu)^2}{2\sigma^2}$,求偏导可得

$$\frac{\partial}{\partial \mu}\ln f(x)=\frac{x-\mu}{\sigma^2}, \qquad \frac{\partial^2}{\partial \mu^2}\ln f(x)=-\frac{1}{\sigma^2},$$

所以

$$I(\mu)=-E\left(\frac{\partial^2 \ln f(X;\mu)}{\partial \mu^2}\right)=\frac{1}{\sigma^2}, \quad I_R=\frac{1}{nI(\mu)}=\frac{\sigma^2}{n}.$$

又 $D(\overline{X})=\frac{1}{n}D(X)=\frac{\sigma^2}{n}$，所以 $D(\overline{X})=I_R$，从而 $\overline{X}$ 是 μ 的有效估计.

（2）因为 $E(S^{*2})=\sigma^2$，又

$$\frac{(n-1)S^{*2}}{\sigma^2}\sim \chi^2(n-1),$$

故

$$D\left(\frac{(n-1)S^{*2}}{\sigma^2}\right)=2(n-1), \quad D(S^{*2})=\frac{2\sigma^4}{n-1}.$$

由

$$\frac{\partial}{\partial \sigma^2}\ln f(x)=-\frac{1}{2\sigma^2}+\frac{(x-\mu)^2}{2\sigma^4}, \qquad \frac{\partial^2}{\partial(\sigma^2)^2}\ln f(x)=\frac{1}{2\sigma^4}-\frac{(x-\mu)^2}{\sigma^6},$$

可得

$$I(\sigma^2)=-E\left(\frac{\partial^2 \ln f(X;\sigma^2)}{\partial(\sigma^2)^2}\right)=-\frac{1}{2\sigma^4}+E\left(\frac{(x-\mu)^2}{\sigma^6}\right)$$
$$=-\frac{1}{2\sigma^4}+\frac{1}{\sigma^6}E(x-\mu)^2=-\frac{1}{2\sigma^4}+\frac{1}{\sigma^6}\sigma^2=\frac{1}{2\sigma^4}.$$

所以

$$I_R=\frac{1}{nI(\sigma^2)}=\frac{2\sigma^4}{n}.$$

因为 $D(S^{*2})>I_R$，故 S^{*2} 不是 σ^2 的有效估计. 又由于 $\lim\limits_{n\to+\infty}\frac{I_R}{D(S^{*2})}=1$，所以 S^{*2} 是 σ^2 的渐近有效估计.

例 2.16 已知 $X\sim B(1,p)$，问 $\overline{X}$ 是否为 p 的有效估计？

解 因为 $X\sim B(1,p)$，所以 $P(x)=p^x(1-p)^{1-x}$，且 $E(\overline{X})=E(X)=p$，$D(\overline{X})=\frac{1}{n}D(X)=\frac{p(1-p)}{n}$. 又

$$\ln P(x)=x\ln p+(1-x)\ln(1-p), \qquad \frac{\mathrm{d}}{\mathrm{d}p}\ln P(x)=\frac{x}{p}-\frac{1-x}{1-p}=\frac{x-p}{p(1-p)},$$

可得

$$I(p)=E\left(\frac{\partial \ln P(X;p)}{\partial p}\right)^2=E\left(\frac{X-p}{p(1-p)}\right)^2=\frac{E(X-p)^2}{p^2(1-p)^2}=\frac{D(X)}{p^2(1-p)^2}=\frac{1}{p(1-p)},$$

从而

$$I_R=\frac{1}{nI(p)}=\frac{p(1-p)}{n}.$$

易得 $D(\overline{X})=I_{\mathrm{R}}$,所以 $\overline{X}$ 是 p 的有效估计.

2.2.3 相合性

对估计量来说,除了要求它无偏、方差最小,还要求当样本容量 n 增大时它越来越接近被估计参数的真值. 这个要求是很自然的,因为当 n 越大时得到关于总体的信息也就越多.

定义 2.5 设 $\hat{\theta}$ 是 θ 的一个估计量,若 $\hat{\theta} \xrightarrow{P} \theta$,即对任意的正数 $\varepsilon>0$,总有 $\lim\limits_{n \to +\infty} P\{|\hat{\theta}-\theta|<\varepsilon\}=1$,则称 $\hat{\theta}$ 是 θ 的**相合估计量(一致估计量)**.

若根据这个定义来判断 $\hat{\theta}$ 是否为 θ 的一个相合估计量是相当困难的. 一般地,若 $\hat{\theta}$ 满足 ① $\lim\limits_{n \to +\infty} E(\hat{\theta})=0$; ② $\lim\limits_{n \to +\infty} D(\hat{\theta})=0$,则 $\hat{\theta}$ 是 θ 的一个相合估计量.

对于任意分布的总体 X, $\overline{X}$ 是 $E(X)$ 的相合估计量, S^2 是 σ^2 的相合估计量, S^{*2} 是 σ^2 的相合估计量, S 和 S^* 是 σ 的相合估计量. 估计量的相合性说明,对于大样本,由一次抽样得到估计量 $\hat{\theta}$ 可以作为未知参数 θ 的近似值.

2.3 参数的区间估计

参数的点估计是由样本估计未知参数 θ 的真值,给定一个样本值 $(x_1,x_2,\cdots,x_n)$,就能得到一个估计值 $\hat{\theta}(x_1,x_2,\cdots,x_n)$. 估计值虽然能给人们一个明确的数量概念,但很不够,因为它只是 θ 的一个近似值,与 θ 总有一个正的或负的偏差. 而点估计本身既没有反映近似值的精确度,又不知道它的偏差范围. 因此,在实际应用中,常常需要给出参数值的估计范围,以及这个范围覆盖参数真值的可信程度. 这个范围通常用区间的形式给出,称为参数的置信区间. 这种形式的估计称为区间估计.

定义 2.6 设总体 X 的分布函数是 $F(x;\theta)$,其中 θ 是未知参数. $(X_1,X_2,\cdots,X_n)$ 是来自 X 的一个样本,对给定值 $\alpha(0<\alpha<1)$,若统计量 $\hat{\theta}_1=\hat{\theta}_1(X_1,X_2,\cdots,X_n)$ 和 $\hat{\theta}_2=\hat{\theta}_2(X_1,X_2,\cdots,X_n)$ 满足

$$P\{\hat{\theta}_1<\theta<\hat{\theta}_2\}=1-\alpha \tag{2.1}$$

则称 $(\hat{\theta}_1,\hat{\theta}_2)$ 是 θ 的置信水平为 $1-\alpha$ 的**置信区间**,称 $\hat{\theta}_1$ 和 $\hat{\theta}_2$ 分别为**置信下限**和**置信上限**, $1-\alpha$ 为**置信水平(或置信概率、置信度)**.

式(2.1)表明随机区间 $(\hat{\theta}_1,\hat{\theta}_2)$ 覆盖 θ 的概率为 $1-\alpha$, $1-\alpha$ 是 $(\hat{\theta}_1,\hat{\theta}_2)$ 覆盖 θ 的可信程度.

如何构造 $\hat{\theta}_1$ 和 $\hat{\theta}_2$ 呢? 这与评价区间估计的标准有关. 评价一个置信区间的好坏有两个标准:一是精度,即 $\hat{\theta}_2-\hat{\theta}_1$,其值越小精度越高,也就越好;二是置信度,用概率 $P\{\hat{\theta}_1<\theta<\hat{\theta}_2\}$ 来表示,这个概率越大越好. 我们希望 $\hat{\theta}_2-\hat{\theta}_1$ 尽可能小, $P\{\hat{\theta}_1<\theta<\hat{\theta}_2\}$ 尽可能大. 但当样本容量固定时,精度和置信度不可能同时提高. 因为当精度提高即 $\hat{\theta}_2-\hat{\theta}_1$ 变小时, $(\hat{\theta}_1,\hat{\theta}_2)$ 覆盖 θ 的可能性也变小,从而降低了置信度;相反,当置信度增大时, $\hat{\theta}_2-\hat{\theta}_1$ 也增

2.6

大,从而降低了精度.在实际应用中,一般是根据实际问题的需要,先选定置信水平 $1-\alpha$,然后通过增加样本容量提高精度.

寻求未知参数 θ 的置信区间的一般步骤如下.

(1) 寻求一个样本 $(X_1,X_2,\cdots,X_n)$ 和 θ 的函数 $W=W(X_1,X_2,\cdots,X_n;\theta)$,使 W 的分布不依赖 θ 和其他未知参数,称函数 W 为枢轴量.

(2) 对于给定的置信水平 $1-\alpha$,由等式

$$P\{a<W(X_1,X_2,\cdots,X_n;\theta)<b\}=1-\alpha,$$

确定两个常数 a,b.

(3) 求解不等式

$$a<W(X_1,X_2,\cdots,X_n;\theta)<b,$$

得

$$\hat{\theta}_1(X_1,X_2,\cdots,X_n)<\theta<\hat{\theta}_2(X_1,X_2,\cdots,X_n),$$

从而有

$$P\{\hat{\theta}_1(X_1,X_2,\cdots,X_n)<\theta<\hat{\theta}_2(X_1,X_2,\cdots,X_n)\}=1-\alpha,$$

故 $(\hat{\theta}_1,\hat{\theta}_2)$ 就是所求的置信区间.

枢轴量 $W(X_1,X_2,\cdots,X_n;\theta)$ 的构造,通常可以从 θ 的点估计着手考虑.通常总体参数的置信区间可以用上述步骤推得.

2.3.1　单个正态总体参数的区间估计

设总体 $X\sim N(\mu,\sigma^2)$,$(X_1,X_2,\cdots,X_n)$ 是来自 X 的样本,现讨论 μ 和 σ^2 的区间估计.

1. 均值 μ 的区间估计

求 μ 的区间估计,就是要求 μ 的置信水平为 $1-\alpha$ 的置信区间.

因 $\overline{X}$ 是 μ 的最小方差无偏估计,所以 $\overline{X}$ 与 μ 很接近,通常 $|\overline{X}-\mu|$ 较小,也就是存在常数 c,有 $|\overline{X}-\mu|<c$,从而 $\overline{X}-c<\mu<\overline{X}+c$,即 μ 的置信区间为 $(\overline{X}-c,\overline{X}+c)$,其中正数 c 依赖置信水平为 $1-\alpha$.当 $1-\alpha$ 确定后,现分两种情况来确定 c.

(1) σ^2 已知,求 μ 的置信水平为 $1-\alpha$ 的置信区间.

取枢轴量 $U=\dfrac{\overline{X}-\mu}{\sigma/\sqrt{n}}\sim N(0,1)$,对给定 $1-\alpha$,有

$$P\left\{\left|\frac{\overline{X}-\mu}{\sigma/\sqrt{n}}\right|<u_{\alpha/2}\right\}=1-\alpha,$$

这里 $u_{\alpha/2}$ 是标准正态分布的上 $\alpha/2$ 分位点.于是

$$P\left\{\overline{X}-\frac{\sigma}{\sqrt{n}}u_{\alpha/2}<\mu<\overline{X}+\frac{\sigma}{\sqrt{n}}u_{\alpha/2}\right\}=1-\alpha,$$

故 μ 的置信水平为 $1-\alpha$ 的置信区间为 $\left(\overline{X}-\dfrac{\sigma}{\sqrt{n}}u_{\alpha/2},\overline{X}+\dfrac{\sigma}{\sqrt{n}}u_{\alpha/2}\right)$.

例 2.17　已知某炼铁厂的铁水含碳量 $X(\%)$ 在正常情况下服从正态分布,且标准差 $\sigma=0.108$.现测量 5 炉铁水,其含碳量分别是

$$4.28\%, 4.40\%, 4.42\%, 4.35\%, 4.37\%.$$

试以概率 95% 对总体均值 μ 作区间估计.

解 此问题是正态总体方差已知时,总体均值 μ 的区间估计. μ 的置信水平为 $1-\alpha$ 的置信区间为

$$\left(\overline{X} - \frac{\sigma}{\sqrt{n}} u_{\alpha/2}, \overline{X} + \frac{\sigma}{\sqrt{n}} u_{\alpha/2} \right).$$

已知 $\sigma = 0.108, n = 5$. 又 $1 - \alpha = 0.95$,得 $\alpha = 0.05$,查附表 1 知 $u_{\alpha/2} = u_{0.025} = 1.96$. 又由样本值算得 $\overline{x} = 4.36$,于是总体均值 μ 的置信概率为 95% 的置信区间是 $(4.269, 4.459)$.

(2) σ^2 未知,求 μ 的置信水平为 $1-\alpha$ 的置信区间.

因为 S^{*2} 是 σ^2 的无偏估计量,所以用 S^* 代替 $\dfrac{\overline{X} - \mu}{\sigma/\sqrt{n}}$ 中的 σ.

取枢轴量 $T = \dfrac{\overline{X} - \mu}{S^*/\sqrt{n}} \sim t(n-1)$,则 μ 的置信水平为 $1-\alpha$ 的置信区间为

$$\left(\overline{X} - \frac{S^*}{\sqrt{n}} t_{\alpha/2}(n-1), \overline{X} + \frac{S^*}{\sqrt{n}} t_{\alpha/2}(n-1) \right),$$

其中 $t_{\alpha/2}(n-1)$ 是 $t(n-1)$ 分布的上 $\alpha/2$ 分位点.

注:未知参数的置信水平为 $1-\alpha$ 的置信区间不是唯一的. 由于标准正态分布和 t 分布的密度曲线是一单峰以 y 轴为对称轴的曲线,故对称区间的长度最小,因此用对称区间作区间估计精度最高.

2. 方差 σ^2 的区间估计

(1) μ 已知,求 σ^2 的置信水平为 $1-\alpha$ 的置信区间.

因 $X_i \sim N(\mu, \sigma^2), i = 1, 2, \cdots, n$,故取枢轴量

$$\chi^2 = \sum_{i=1}^{n} \left(\frac{X_i - \mu}{\sigma} \right)^2 = \frac{\sum\limits_{i=1}^{n}(X_i - \mu)^2}{\sigma^2} \sim \chi^2(n).$$

给定置信水平 $1-\alpha$,有

$$P\left\{ \chi^2_{1-\alpha/2}(n) < \frac{\sum\limits_{i=1}^{n}(X_i - \mu)^2}{\sigma^2} < \chi^2_{\alpha/2}(n) \right\} = 1 - \alpha,$$

即

$$P\left\{ \frac{\sum\limits_{i=1}^{n}(X_i - \mu)^2}{\chi^2_{\alpha/2}(n)} < \sigma^2 < \frac{\sum\limits_{i=1}^{n}(X_i - \mu)^2}{\chi^2_{1-\alpha/2}(n)} \right\} = 1 - \alpha,$$

所以,σ^2 的置信水平为 $1-\alpha$ 的置信区间是 $\left\{ \dfrac{\sum\limits_{i=1}^{n}(X_i - \mu)^2}{\chi^2_{\alpha/2}(n)}, \dfrac{\sum\limits_{i=1}^{n}(X_i - \mu)^2}{\chi^2_{1-\alpha/2}(n)} \right\}.$

(2) μ 未知,求 σ^2 的置信水平为 $1-\alpha$ 的置信区间.

因为 S^{*2} 是 σ^2 的无偏估计量,所以 $\dfrac{S^{*2}}{\sigma^2}$ 通常应接近 1,即 $\dfrac{S^{*2}}{\sigma^2}$ 既不太大也不太小,应在

两个数 $k_1, k_2 (k_1 < k_2)$ 之间,即 $k_1 < \dfrac{S^{*2}}{\sigma^2} < k_2$,从而 $\dfrac{S^{*2}}{k_2} < \sigma^2 < \dfrac{S^{*2}}{k_1}$,所以 σ^2 的置信区间为

$\left(\dfrac{S^{*2}}{k_2}, \dfrac{S^{*2}}{k_1} \right)$,其中 k_1, k_2 由置信水平 $1 - \alpha$ 确定.

取枢轴量

$$\chi^2 = \frac{(n-1)S^{*2}}{\sigma^2} \sim \chi^2(n-1).$$

给定置信水平 $1 - \alpha$,有

$$P\left\{ \chi^2_{1-\alpha/2}(n-1) < \frac{(n-1)S^{*2}}{\sigma^2} < \chi^2_{\alpha/2}(n-1) \right\} = 1 - \alpha,$$

即

$$P\left\{ \frac{(n-1)S^{*2}}{\chi^2_{\alpha/2}(n-1)} < \sigma^2 < \frac{(n-1)S^{*2}}{\chi^2_{1-\alpha/2}(n-1)} \right\} = 1 - \alpha.$$

故 σ^2 的置信水平为 $1 - \alpha$ 的置信区间为 $\left(\dfrac{(n-1)S^{*2}}{\chi^2_{\alpha/2}(n-1)}, \dfrac{(n-1)S^{*2}}{\chi^2_{1-\alpha/2}(n-1)} \right)$.

注:上面所求的置信区间并不是区间的平均长度最小的.在密度函数不对称时,如 χ^2 分布和 F 分布,习惯上仍是取对称的分位点来确定置信区间.

例 2.18 某厂生产的零件质量 $X \sim N(\mu, \sigma^2)$,从这批零件中随机抽取 9 个,测得其质量(单位:g)如下:

$$21.1, 21.3, 21.4, 21.5, 21.3, 21.7, 21.4, 21.3, 21.6.$$

试在置信水平 0.95 下,求 μ 和 σ^2 的置信区间.

解 此问题是求正态总体均值和方差未知时的区间估计.

因为 $n = 9, \bar{x} = 21.4, s^{*2} = 0.0325, \sum\limits_{i=1}^{9}(x_i - \bar{x})^2 = 0.2601, \alpha = 0.05, t_{0.025}(8) = 2.306$,计算 μ 的置信水平为 0.95 的置信区间为

$$\left(\bar{x} - \frac{s^*}{\sqrt{9}} t_{0.025}(8), \bar{x} + \frac{s^*}{\sqrt{9}} t_{0.025}(8) \right) = (21.261, 21.539).$$

因为 $\chi^2_{0.025}(8) = 17.535, \chi^2_{0.975}(8) = 2.18$,所以 σ^2 的置信水平为 0.95 的置信区间为

$$\left(\frac{8S^{*2}}{\chi^2_{0.025}(8)}, \frac{8S^{*2}}{\chi^2_{0.975}(8)} \right) = (0.0148, 0.1193).$$

2.3.2 两个正态总体参数的区间估计

设总体 $X \sim N(\mu_1, \sigma_1^2)$,总体 $Y \sim N(\mu_2, \sigma_2^2)$,$X_1, X_2, \cdots, X_{n_1}$ 是来自 X 的一个样本,$\bar{X}, S_X^{*2}$ 分别是其样本均值和样本修正方差,$Y_1, Y_2, \cdots, Y_{n_2}$ 是来自 Y 的一个样本,$\bar{Y}, S_Y^{*2}$ 分别是其样本均值和样本修正方差,且两样本相互独立.现讨论均值差 $\mu_1 - \mu_2$ 和方差比 $\dfrac{\sigma_1^2}{\sigma_2^2}$

的区间估计.

1. $\mu_1 - \mu_2$ 的区间估计

因为 $\bar{X} - \bar{Y}$ 是 $\mu_1 - \mu_2$ 的无偏估计量,所以 $|(\bar{X} - \bar{Y}) - (\mu_1 - \mu_2)|$ 应很小,即存在正数 c,有 $|(\bar{X} - \bar{Y}) - (\mu_1 - \mu_2)| < c$,即 $\bar{X} - \bar{Y} - c < \mu_1 - \mu_2 < \bar{X} - \bar{Y} + c$,故 $\mu_1 - \mu_2$ 的置信区间应为 $(\bar{X} - \bar{Y} - c, \bar{X} - \bar{Y} + c)$,其中正数 c 依赖置信水平为 $1 - \alpha$.

给定置信水平 $1 - \alpha$,现分以下情况来确定 c.

(1) σ_1^2, σ_2^2 已知,求 $\mu_1 - \mu_2$ 的置信水平为 $1 - \alpha$ 的置信区间.

取枢轴量

$$U = \frac{(\bar{X} - \bar{Y}) - (\mu_1 - \mu_2)}{\sqrt{\dfrac{\sigma_1^2}{n_1} + \dfrac{\sigma_2^2}{n_2}}} \sim N(0,1),$$

则 $\mu_1 - \mu_2$ 的置信区间为 $\left(\bar{X} - \bar{Y} - \sqrt{\dfrac{\sigma_1^2}{n_1} + \dfrac{\sigma_2^2}{n_2}} u_{\alpha/2}, \bar{X} - \bar{Y} + \sqrt{\dfrac{\sigma_1^2}{n_1} + \dfrac{\sigma_2^2}{n_2}} u_{\alpha/2} \right)$.

(2) $\sigma_1^2 = \sigma_2^2 = \sigma^2$ 未知,求 $\mu_1 - \mu_2$ 的置信水平为 $1 - \alpha$ 的置信区间.

取枢轴量

$$T = \frac{(\bar{X} - \bar{Y}) - (\mu_1 - \mu_2)}{S_w^* \sqrt{\dfrac{1}{n_1} + \dfrac{1}{n_2}}} \sim t(n_1 + n_2 - 2),$$

其中 $S_w^{*2} = \dfrac{(n_1 - 1)S_X^{*2} + (n_2 - 1)S_Y^{*2}}{n_1 + n_2 - 2}$,则 $\mu_1 - \mu_2$ 的置信水平为 $1 - \alpha$ 的置信区间为

$$\left(\bar{X} - \bar{Y} - S_w^* \sqrt{\dfrac{1}{n_1} + \dfrac{1}{n_2}} t_{\alpha/2}(n_1 + n_2 - 2), \bar{X} - \bar{Y} + S_w^* \sqrt{\dfrac{1}{n_1} + \dfrac{1}{n_2}} t_{\alpha/2}(n_1 + n_2 - 2) \right).$$

(3) $\sigma_1^2 \neq \sigma_2^2$ 未知,求 $\mu_1 - \mu_2$ 的置信水平为 $1 - \alpha$ 的置信区间.

此问题是历史上著名的贝伦斯-费歇尔(Behrens-Fisher)问题,它是贝伦斯在 1929 年从实际问题中提出的,至今还有学者在做研究.这里介绍一种近似 t 区间的方法.

取近似枢轴量

$$T = \frac{(\bar{X} - \bar{Y}) - (\mu_1 - \mu_2)}{\sqrt{\dfrac{S_X^{*2}}{n_1} + \dfrac{S_Y^{*2}}{n_2}}} \overset{\text{近似}}{\sim} t(f), \quad \text{其中 } f = \frac{\left(\dfrac{S_X^{*2}}{n_1} + \dfrac{S_Y^{*2}}{n_2} \right)^2}{\dfrac{(S_X^{*2}/n_1)^2}{n_1 - 1} + \dfrac{(S_Y^{*2}/n_2)^2}{n_2 - 1}}.$$

则 $\mu_1 - \mu_2$ 的置信水平为 $1 - \alpha$ 的置信区间为

$$\left(\bar{X} - \bar{Y} - \sqrt{\dfrac{S_X^{*2}}{n_1} + \dfrac{S_Y^{*2}}{n_2}} t_{\alpha/2}(f), \bar{X} - \bar{Y} + \sqrt{\dfrac{S_X^{*2}}{n_1} + \dfrac{S_Y^{*2}}{n_2}} t_{\alpha/2}(f) \right).$$

2. $\dfrac{\sigma_1^2}{\sigma_2^2}$ 的区间估计

因为 $\dfrac{S_X^{*2}}{\sigma_1^2}, \dfrac{S_Y^{*2}}{\sigma_2^2}$ 通常接近 1,所以 $\dfrac{S_X^{*2}}{\sigma_1^2} \Big/ \dfrac{S_Y^{*2}}{\sigma_2^2}$ 通常也接近 1,位于两个数 $k_1, k_2 (k_1 < k_2)$ 之

间，即 $k_1 < \dfrac{S_X^{*2}}{\sigma_1^2} \Big/ \dfrac{S_Y^{*2}}{\sigma_2^2} < k_2$，从而 $\dfrac{S_X^{*2}}{k_2 S_Y^{*2}} < \dfrac{\sigma_1^2}{\sigma_2^2} < \dfrac{S_X^{*2}}{k_1 S_Y^{*2}}$，所以 σ^2 的置信区间为

$\left(\dfrac{S_X^{*2}}{k_2 S_Y^{*2}}, \dfrac{S_X^{*2}}{k_1 S_Y^{*2}} \right)$，其中 k_1, k_2 由置信水平 $1-\alpha$ 确定.

因为 $\dfrac{(n_1-1)S_X^{*2}}{\sigma_1^2} \sim \chi^2(n_1-1)$，$\dfrac{(n_2-1)S_Y^{*2}}{\sigma_2^2} \sim \chi^2(n_2-1)$，且 $\dfrac{(n_1-1)S_X^{*2}}{\sigma_1^2}$ 与

$\dfrac{(n_2-1)S_Y^{*2}}{\sigma_2^2}$ 相互独立，所以由 F 分布定义，得枢轴量

$$F = \dfrac{(n_1-1)S_X^{*2}}{\sigma_1^2(n_1-1)} \Big/ \dfrac{(n_2-1)S_Y^{*2}}{\sigma_2^2(n_2-1)} = \dfrac{S_X^{*2}}{\sigma_1^2} \Big/ \dfrac{S_Y^{*2}}{\sigma_2^2} \sim F(n_1-1, n_2-1).$$

给定置信水平 $1-\alpha$，有

$$P\left\{ F_{1-\alpha/2}(n_1-1, n_2-1) < \dfrac{S_X^{*2}}{\sigma_1^2} \Big/ \dfrac{S_Y^{*2}}{\sigma_2^2} < F_{\alpha/2}(n_1-1, n_2-1) \right\} = 1-\alpha,$$

即

$$P\left\{ \dfrac{S_X^{*2}/S_Y^{*2}}{F_{\alpha/2}(n_1-1, n_2-1)} < \dfrac{\sigma_1^2}{\sigma_2^2} < \dfrac{S_X^{*2}/S_Y^{*2}}{F_{1-\alpha/2}(n_1-1, n_2-1)} \right\} = 1-\alpha,$$

则 $\dfrac{\sigma_1^2}{\sigma_2^2}$ 的置信水平为 $1-\alpha$ 的置信区间为

$$\left(\dfrac{S_X^{*2}/S_Y^{*2}}{F_{\alpha/2}(n_1-1, n_2-1)}, \dfrac{S_X^{*2}/S_Y^{*2}}{F_{1-\alpha/2}(n_1-1, n_2-1)} \right),$$

其中，$F_{\alpha/2}(n_1-1, n_2-1)$，$F_{1-\alpha/2}(n_1-1, n_2-1)$ 分别是 $F(n_1-1, n_2-1)$ 的上 $\alpha/2$ 和上 $1-\alpha/2$ 分位点.

例 2.19　某自动化机床加工同类型套筒，假设套筒的直径服从正态分布，现在从两个班次的产品中分别检查 5 个和 6 个套筒，测定它们的直径（单位：cm），得到如下数据：

甲班：$5.06, 5.08, 5.03, 5.00, 5.07,$

乙班：$4.98, 5.03, 4.97, 4.99, 5.02, 4.95.$

试求：（1）两班所加工套筒直径的方差比 $\dfrac{\sigma_\text{甲}^2}{\sigma_\text{乙}^2}$ 的置信水平为 0.95 的置信区间；

（2）两班所加工套筒直径的均值差 $\mu_\text{甲} - \mu_\text{乙}$ 的置信水平 0.95 的置信区间.

解　设甲班加工套筒的直径分别为 $x_1, x_2, \cdots, x_5$，乙班加工套筒的直径分别 $y_1,$ $y_2, \cdots, y_6$，由样本数据计算可得

$n_1 = 5$，　$n_2 = 6$，　$\bar{x} = 5.048$，　$s_\text{甲}^{*2} = 0.00107$，　$\bar{y} = 4.99$，　$s_\text{乙}^{*2} = 0.00092$，　$\alpha = 0.05$.

（1）查附表 4，$F_{0.025}(4, 5) = 7.39$，$F_{0.975}(4, 5) = \dfrac{1}{F_{0.025}(5, 4)} = \dfrac{1}{9.36}$，所以 $\dfrac{\sigma_\text{甲}^2}{\sigma_\text{乙}^2}$ 的置信

水平为 0.95 的置信区间为 $\left(\dfrac{S_\text{甲}^{*2}/S_\text{乙}^{*2}}{F_{0.025}(4, 5)}, \dfrac{S_\text{甲}^{*2}/S_\text{乙}^{*2}}{F_{0.975}(4, 5)} \right) = (0.1574, 10.8861)$.

(2) 根据(1)的结论,假设两班所加工套筒直径的方差不等.

在 $\sigma_{甲}^2 \neq \sigma_{乙}^2$ 条件下,可用近似 t 区间的方法. $\mu_{甲} - \mu_{乙}$ 的置信水平为 $1-\alpha$ 的置信区间为

$$\left(\overline{X} - \overline{Y} - \sqrt{\frac{S_X^{*2}}{n_1} + \frac{S_Y^{*2}}{n_2}} \, t_{\alpha/2}(f), \overline{X} - \overline{Y} + \sqrt{\frac{S_X^{*2}}{n_1} + \frac{S_Y^{*2}}{n_2}} \, t_{\alpha/2}(f) \right),$$

这里 $f = \dfrac{\left(\dfrac{S_{甲}^{*2}}{n_1} + \dfrac{S_{乙}^{*2}}{n_2} \right)^2}{\dfrac{(S_{甲}^{*2}/n_1)^2}{n_1 - 1} + \dfrac{(S_{乙}^{*2}/n_2)^2}{n_2 - 1}}$. 又因为 $\bar{x} - \bar{y} = 5.048 - 4.99 = 0.058, f \approx 8$,所以均值

差 $\mu_{甲} - \mu_{乙}$ 的置信水平 0.95 的置信区间为

$$\left(\overline{X} - \overline{Y} - \sqrt{\frac{S_{甲}^{*2}}{5} + \frac{S_{乙}^{*2}}{6}} \, t_{0.025}(8), \overline{X} - \overline{Y} + \sqrt{\frac{S_{甲}^{*2}}{5} + \frac{S_{乙}^{*2}}{6}} \, t_{0.025}(8) \right) = (-0.0856, 0.2016).$$

2.3.3 大样本下的区间估计

1. 均值 μ 的区间估计

$(X_1, X_2, \cdots, X_n)$ 是来自总体 X 的样本,方差 σ^2 未知,求均值 μ 的置信水平为 $1-\alpha$ 的置信区间. 用 $\overline{X}$ 对 μ 作点估计,由中心极限定理,当 n 很大时,$\overline{X} \overset{近似}{\sim} N\left(\mu, \dfrac{\sigma^2}{n}\right)$,即 $\dfrac{\overline{X} - \mu}{\sigma/\sqrt{n}} \overset{近似}{\sim} N(0,1)$. 当 n 很大时,σ 可用样本标准差 S 近似,故 $U = \dfrac{\overline{X} - \mu}{S/\sqrt{n}} \overset{近似}{\sim} N(0,1)$.

给定 $1-\alpha$,$P\left\{ \left| \dfrac{\overline{X} - \mu}{S/\sqrt{n}} \right| < u_{\alpha/2} \right\} \approx 1-\alpha$,这里 $u_{\alpha/2}$ 是 $N(0,1)$ 的上 α 分位点,即

$$P\left\{ \overline{X} - \frac{S}{\sqrt{n}} u_{\alpha/2} < \mu < \overline{X} + \frac{S}{\sqrt{n}} u_{\alpha/2} \right\} \approx 1-\alpha,$$

故 μ 的置信水平为 $1-\alpha$ 的置信区间为 $\left(\overline{X} - \dfrac{S}{\sqrt{n}} u_{\alpha/2}, \overline{X} + \dfrac{S}{\sqrt{n}} u_{\alpha/2} \right)$.

需要指出的是,由于导出 U 的近似分布,用到了中心极限定理,此情况适用于样本容量 n 很大时. n 多大可认为是大样本呢? 这取决于 U 的分布收敛到标准正态分布的速度,而收敛速度与总体分布有关. 中心极限定理对此问题没有给出答案. 实践经验一般认为 $n \geqslant 50$ 的样本是大样本.

例 2.20 现从一大批产品中取 100 个样本,得次品 12 个,求次品率 p 的 95% 的置信区间.

解 设总体 $X = \begin{cases} 1, & \text{产品是次品,} \\ 0, & \text{产品是正品,} \end{cases}$ $(X_1, X_2, \cdots, X_{100})$ 是取自总体 X 的样本,其中

$X_i = \begin{cases} 1, & \text{第 } i \text{ 次取到的产品为次品,} \\ 0, & \text{第 } i \text{ 次取到的产品为正品,} \end{cases}$ $i = 1, 2, \cdots, 100$,且 $E(\overline{X}) = E(X) = p$.

由于 $U = \dfrac{\overline{X} - p}{S/\sqrt{n}} \overset{近似}{\sim} N(0,1)$，故给定 $1-\alpha$，p 的置信区间为 $\left(\overline{X} - \dfrac{S}{\sqrt{n}} u_{\alpha/2}, \overline{X} + \dfrac{S}{\sqrt{n}} u_{\alpha/2}\right)$.

由题意，$\overline{x} = \dfrac{1}{100} \sum\limits_{i=1}^{100} x_i = 0.12$，$n = 100$，$\alpha = 0.05$，$u_{0.025} = 2.58$，

$$s^2 = \frac{1}{100} \sum_{i=1}^{100} (x_i - \overline{x})^2 = \frac{1}{100} \sum_{i=1}^{100} x_i^2 - \overline{x}^2 = 0.12 - 0.12^2 = 0.1056,$$

故所求的置信区间为 $(0.056, 0.184)$.

2. 均值差 $\mu_1 - \mu_2$ 的区间估计

$(X_1, X_2, \cdots, X_{n_1})$ 是来自总体 X 的一个样本，$(Y_1, Y_2, \cdots, Y_{n_2})$ 是来自总体 Y 的一个样本，两样本相互独立. 记 $\overline{X}$，$\overline{Y}$ 分别是两样本的均值，S_X^2，S_Y^2 分别是两样本的方差. 两总体均值和方差分别为：$E(X) = \mu_1$，$E(Y) = \mu_2$，$D(X) = \sigma_1^2$，$D(Y) = \sigma_2^2$. 求均值差 $\mu_1 - \mu_2$ 的置信水平为 $1-\alpha$ 的置信区间.

用 $\overline{X} - \overline{Y}$ 估计 $\mu_1 - \mu_2$. 当 n_1 和 n_2 都很大时，利用中心极限定理 $\overline{X} \overset{近似}{\sim} N\left(\mu_1, \dfrac{\sigma_1^2}{n_1}\right)$，$\overline{Y} \overset{近似}{\sim} N\left(\mu_2, \dfrac{\sigma_2^2}{n_2}\right)$，由样本的独立性，知 $\overline{X} - \overline{Y} \overset{近似}{\sim} N\left(\mu_1 - \mu_2, \dfrac{\sigma_1^2}{n_1} + \dfrac{\sigma_2^2}{n_2}\right)$，即

$$\frac{(\overline{X} - \overline{Y}) - (\mu_1 - \mu_2)}{\sqrt{\dfrac{\sigma_1^2}{n_1} + \dfrac{\sigma_2^2}{n_2}}} \overset{近似}{\sim} N(0,1),$$

其中 σ_1^2 和 σ_2^2 未知，因为 S_X^2，S_Y^2 分别是 σ_1^2 和 σ_2^2 的相合估计量，当 n_1 和 n_2 都很大时，可分别用样本方差近似代替总体方差，即

$$U = \frac{(\overline{X} - \overline{Y}) - (\mu_1 - \mu_2)}{\sqrt{\dfrac{S_X^2}{n_1} + \dfrac{S_Y^2}{n_2}}} \overset{近似}{\sim} N(0,1).$$

故 $\mu_1 - \mu_2$ 的置信水平为 $1-\alpha$ 的置信区间为 $\left(\overline{X} - \overline{Y} - u_{\alpha/2}\sqrt{\dfrac{S_X^2}{n_1} + \dfrac{S_Y^2}{n_2}}, \overline{X} - \overline{Y} + u_{\alpha/2}\sqrt{\dfrac{S_X^2}{n_1} + \dfrac{S_Y^2}{n_2}}\right)$，这里 $u_{\alpha/2}$ 是 $N(0,1)$ 的上 α 分位点.

例 2.21　两台机床加工同一种零件，分别加工 200 根和 150 根，测量其椭圆度（单位：mm），经计算得到以下数据.

$$机床 1：n_1 = 200, \overline{x} = 0.081, s_X = 0.025,$$
$$机床 2：n_2 = 150, \overline{y} = 0.062, s_Y = 0.062.$$

给定置信水平 0.95，试求两台机床平均椭圆度之差的置信区间.

解　此题取得的两个样本都是大样本. 两总体均值之差的置信区间为

$$\left(\overline{x} - \overline{y} - u_{0.025}\sqrt{\frac{s_X^2}{n_1} + \frac{s_Y^2}{n_2}}, \overline{x} - \overline{y} + u_{0.025}\sqrt{\frac{s_X^2}{n_1} + \frac{s_Y^2}{n_2}}\right)$$

$$= \left(0.081 - 0.062 - 1.96 \sqrt{\frac{0.025^2}{200} + \frac{0.062^2}{150}}, 0.081 - 0.062 + 1.96 \sqrt{\frac{0.025^2}{200} + \frac{0.062^2}{150}} \right)$$

$$= (0.0085, 0.0295)$$

故两台机床平均椭圆度之差的置信水平为 0.95 的置信区间是 $(0.0085, 0.0295)$.

2.3.4 单侧置信区间

实际问题中,对有些量的估计只允许大,有些只允许小. 如对产品次品率的估计越低越好,置信区间采用 $(-\infty, \theta_2)$ 的形式,只关注置信上限;对灯泡平均寿命的估计越长越好,置信区间采用 $(\theta_1, +\infty)$ 的形式,只关注置信下限.

定义 2.7 若置信区间形为 $(\theta_1, +\infty)$,则称 θ_1 为 θ 的**单侧置信下限**;若置信区间形为 $(-\infty, \theta_2)$,则称 θ_2 为 θ 的**单侧置信上限**.

例 2.22 总体 $X \sim N(\mu, \sigma^2)$,σ^2 已知,求 μ 的置信水平 $1-\alpha$ 的单侧置信下限和单侧置信上限.

解 取枢轴量 $U = \dfrac{\overline{X} - \mu}{\sigma/\sqrt{n}} \sim N(0, 1)$.

给定置信水平 $1-\alpha$,有

$$P\left\{ \frac{\overline{X} - \mu}{\sigma/\sqrt{n}} < u_\alpha \right\} = 1 - \alpha,$$

即

$$P\left\{ \mu > \overline{X} - \frac{\sigma}{\sqrt{n}} u_\alpha \right\} = 1 - \alpha.$$

故所求的 μ 的置信水平 $1-\alpha$ 的单侧置信下限为 $\overline{X} - \dfrac{\sigma}{\sqrt{n}} u_\alpha$.

给定 $1-\alpha$,有

$$P\left\{ \frac{\overline{X} - \mu}{\sigma/\sqrt{n}} > -u_\alpha \right\} = 1 - \alpha,$$

即

$$P\left\{ \mu < \overline{X} + \frac{\sigma}{\sqrt{n}} u_\alpha \right\} = 1 - \alpha.$$

故所求的 μ 的置信水平 $1-\alpha$ 的单侧置信上限为 $\overline{X} + \dfrac{\sigma}{\sqrt{n}} u_\alpha$.

此例仅介绍了正态总体方差已知时均值的单侧置信区间的求法. 对于其他情形下的单侧置信区间可类似求出.

对同一参数作双侧置信区间还是作单侧置信区间,按实际需要而定. 现把各种情形的置信区间列在表 2.1 中.

2.7

2.8

2.9

2.10

表 2.1 各种情形下的置信区间汇总

估计对象	总体/样本要求	所用函数及分布	置信区间	具有单侧置信下限	具有单侧置信上限
均值 μ	正态总体，σ^2 已知	$U=\dfrac{\bar{X}-\mu}{\sigma/\sqrt{n}}\sim N(0,1)$	$\left(\bar{X}\pm\dfrac{\sigma}{\sqrt{n}}u_{\alpha/2}\right)$	$\left(\bar{X}-\dfrac{\sigma}{\sqrt{n}}u_{\alpha},+\infty\right)$	$\left(-\infty,\bar{X}+\dfrac{\sigma}{\sqrt{n}}u_{\alpha}\right)$
均值 μ	正态总体，σ^2 未知	$T=\dfrac{\bar{X}-\mu}{S^*/\sqrt{n}}\sim t(n-1)$	$\left(\bar{X}\pm\dfrac{S^*}{\sqrt{n}}t_{\alpha/2}(n-1)\right)$	$\left(\bar{X}-\dfrac{S^*}{\sqrt{n}}t_{\alpha}(n-1),+\infty\right)$	$\left(-\infty,\bar{X}+\dfrac{S^*}{\sqrt{n}}t_{\alpha}(n-1)\right)$
方差 σ^2	正态总体	$\chi^2=\dfrac{(n-1)S^2}{\sigma^2}\sim\chi^2(n-1)$	$\left(\dfrac{(n-1)S^{*2}}{\chi^2_{\alpha/2}(n-1)},\dfrac{(n-1)S^{*2}}{\chi^2_{1-\alpha/2}(n-1)}\right)$	$\left(\dfrac{(n-1)S^{*2}}{\chi^2_{\alpha}(n-1)},+\infty\right)$	$\left(-\infty,\dfrac{(n-1)S^{*2}}{\chi^2_{1-\alpha}(n-1)}\right)$
均值差 $\mu_1-\mu_2$	两正态总体，方差未知且相等	$T=\dfrac{(\bar{X}-\bar{Y})-(\mu_1-\mu_2)}{S_w^*\sqrt{\frac{1}{n_1}+\frac{1}{n_2}}}\sim t(n_1+n_2-2)$	$\left(\bar{X}-\bar{Y}\pm S_w^*\sqrt{\dfrac{1}{n_1}+\dfrac{1}{n_2}}\cdot t_{\frac{\alpha}{2}}(n_1+n_2-2)\right)$	$\left(\bar{X}-\bar{Y}-S_w^*\sqrt{\dfrac{1}{n_1}+\dfrac{1}{n_2}}\cdot t_{\alpha}(n_1+n_2-2),+\infty\right)$	$\left(-\infty,\bar{X}-\bar{Y}+S_w^*\sqrt{\dfrac{1}{n_1}+\dfrac{1}{n_2}}\cdot t_{\alpha}(n_1+n_2-2)\right)$
方差比 σ_1^2/σ_2^2	两正态总体	$F=\dfrac{S_X^{*2}/S_Y^{*2}}{\sigma_1^2/\sigma_2^2}\sim F(n_1-1,n_2-1)$	$\left(\dfrac{S_X^{*2}/S_Y^{*2}}{F_{\alpha/2}(n_1-1,n_2-1)},\dfrac{S_X^{*2}/S_Y^{*2}}{F_{1-\alpha/2}(n_1-1,n_2-1)}\right)$	$\left(\dfrac{S_X^{*2}/S_Y^{*2}}{F_{\alpha}(n_1-1,n_2-1)},+\infty\right)$	$\left(-\infty,\dfrac{S_X^{*2}/S_Y^{*2}}{F_{1-\alpha}(n_1-1,n_2-1)}\right)$
均值 μ	大样本	$U=\dfrac{\bar{X}-\mu}{S/\sqrt{n}}\stackrel{近似}{\sim}N(0,1)$	$\left(\bar{X}\pm\dfrac{S}{\sqrt{n}}u_{\alpha/2}\right)$	$\left(\bar{X}-\dfrac{S}{\sqrt{n}}u_{\alpha},+\infty\right)$	$\left(-\infty,\bar{X}+\dfrac{S}{\sqrt{n}}u_{\alpha}\right)$
均值差 $\mu_1-\mu_2$	大样本	$U=\dfrac{(\bar{X}-\bar{Y})-(\mu_1-\mu_2)}{\sqrt{\frac{S_X^2}{n_1}+\frac{S_Y^2}{n_2}}}\stackrel{近似}{\sim}N(0,1)$	$\left(\bar{X}-\bar{Y}\pm u_{\alpha/2}\sqrt{\dfrac{S_X^2}{n_1}+\dfrac{S_Y^2}{n_2}}\right)$	$\left(\bar{X}-\bar{Y}-u_{\alpha}\sqrt{\dfrac{S_X^2}{n_1}+\dfrac{S_Y^2}{n_2}},+\infty\right)$	$\left(-\infty,\bar{X}-\bar{Y}+u_{\alpha}\sqrt{\dfrac{S_X^2}{n_1}+\dfrac{S_Y^2}{n_2}}\right)$

2.4　统计分析软件训练

训练项目 1　单正态总体均值的区间估计

例 2.23　某型号的金属切割机正常工作时,切割的金属棒的长度服从正态分布. 现从一批切割的金属棒中随机抽取 15 根,测得长度如下(单位:cm):

$$105,98,102,100,103,97,102,105,112,99,103,102,94,100,95.$$

试对总体的均值进行区间估计.

R 软件　采用 t. test()函数来计算总体均值的区间估计.

t. test()的调用方法为

$$t.\,test(x,y = NULL,conf.\,level = 0.95)$$

其中 x 是样本数据;y＝NULL (系统默认值),表示对单个总体进行区间估计;conf. level＝0.95 用来确定所要计算的区间估计的置信度.

```
> len = c(105,98,102,100,103,97,102,105,112,99,103,102,94,100,95)    ♯将金属棒长度生成变量
    > t.test(len)                              ♯对样本数据 len 进行区间估计并显示区间估计的结果
    One Sample t − test                        ♯以下为 t.test()命令的计算结果
data: len                                      ♯指明 t.test()命令使用的数据为 len
t = 87.626, df = 14, p − value < 2.2e − 16     ♯假设检验的结果
alternative hypothesis: true mean is not equal to 0
95 percent confidence interval:               ♯置信度为 95％的置信区间为
  98.65793 103.60874
sample estimates:
mean of x                                      ♯样本均值
101.333
```

训练项目 2　两正态总体均值的区间估计

例 2.24　欲比较两种棉花品种的优劣. 现从这两种棉花纺出的棉纱中分别抽取样本 $X_1,X_2,\cdots,X_{100}$ 和 $Y_1,Y_2,\cdots,Y_{100}$(数据由计算机模拟产生). 假设这两种棉花纺出的棉纱强度服从正态分布,记为 $N(\mu_1,\sigma_1^2)$ 和 $N(\mu_2,\sigma_2^2)$. 在两总体方差相等和不等两种情况下讨论 $\mu_1-\mu_2$ 的区间估计.(注:计算机模拟产生样本的两总体的均值分别为 5.32 和 5.76,标准差分别为 2.18 和 1.76.)

R 软件　两总体均值的区间估计常用语句

$$t.\,test(x,y,paired = FALSE,var.\,equal = FALSE,conf.\,level = 0.95)$$

paired＝FALSE(系统默认值)两组样本不是配对数据,取为 TRUE 是配对数据.
var. equal＝FALSE(系统默认值)逻辑变量,方差不等;取为 TRUE 是方差相等.

下面是在两总体方差不等时,计算两总体均值差的区间估计的具体步骤.

```
> x = rnorm(100,mean = 5.32,sd = 2.18)    ♯生产均值为 5.32,标准差为 2.18 的 100 个样本数据
> y = rnorm(100,mean = 5.76,sd = 1.76)    ♯生产均值为 5.76,标准差为 1.76 的 100 个样本数据
```

```
> t.test(x, y)                              ♯两总体方差不等时均值差的区间估计并显示计算结果
          Welch Two Sample t - test
data: x and y
t = − 1.2648, df = 187.88, p - value = 0.2075
alternative hypothesis: true difference in means is not equal to 0
95 percent confidence interval:            ♯置信水平为95％的置信区间为
 − 0.8476203 0.1853376
sample estimates:                          ♯点估计
mean of x mean of y                        ♯样本均值
 5.463146   5.794287
```

下面是在两总体方差相等时,计算两总体均值差的区间估计的具体步骤.

```
> x = rnorm(100, mean = 5.32, sd = 2.18)    ♯生产均值为5.32,标准差为2.18的100个样本数据
> y = rnorm(100, mean = 5.76, sd = 1.76)    ♯生产均值为5.76,标准差为1.76的100个样本数据
> t.test(x, y, var.equal = TRUE)            ♯两总体方差相等时均值差的区间估计并显示计算结果
          Welch Two Sample t - test
data: x and y
t = − 2.4067, df = 198, p - value = 0.01702
alternative hypothesis: true difference in means is not equal to 0
95 percent confidence interval:            ♯置信水平为95％的置信区间为
 − 1.1136957 − 0.1105628
sample estimates:                          ♯点估计
mean of x mean of y                        ♯样本均值
5.305562   5.917691
```

注:由于数据是由计算机随机产生的,因此每一次的计算结果不相同,但总的趋势是相同的.

训练项目3 两正态总体方差比的区间估计

例 2.25 某公司为了确定在某地进行的制造过程是否可以安置在新的环境中.对新、旧两个地方安装了试验设备(指示器),得到了每个地方30个生产运行电压读数,见表2.2.假定两个地方的电压读数服从正态分布,讨论两总体方差比的区间估计.

表 2.2 电压读数   V

旧 地 方					新 地 方				
9.98	10.12	9.84	10.26	10.05	9.19	10.01	8.82	9.63	8.82
10.15	10.05	9.8	10.02	10.29	9.65	10.1	9.43	8.51	9.7
10.15	9.8	10.03	10	9.73	10.03	9.14	10.09	9.85	9.75
8.05	9.87	10.01	10.55	9.55	9.6	9.27	8.78	10.05	8.83
9.98	10.26	9.95	8.72	9.97	9.35	10.12	9.39	9.54	9.49
9.7	8.8	9.87	8.72	9.84	9.48	9.36	9.37	9.64	8.68

R 软件 两总体方差比的区间估计常用语句 var.test()

$$var.test(x, y, conf.level = 0.95)$$

x,y 分别为两总体的样本数据;

conf.level＝0.95 用来确定所要计算的区间估计的置信水平.

用 R 软件实现两总体方差比的区间估计的具体步骤如下.

```
> x = c(9.98,10.12,9.84,10.26,10.05,10.15,10.05,9.8,10.02,10.29,10.15,9.8,10.03,10,9.73,
8.05,9.87,10.01,10.55,9.55,9.98,10.26,9.95,8.72,9.97,9.7,8.8,9.87,8.72,9.84)
> y = c(9.19,10.01,8.82,9.63,8.82,9.65,10.1,9.43,8.51,9.7,10.03,9.14,10.09,9.85,9.75,9.6,
9.27,8.78,10.05,8.83,9.35,10.12,9.39,9.54,9.49,9.48,9.36,9.37,9.64,8.68)    #生产变量x,y
> var.test(x,y,conf.level = 0.95)                    #进行方差比的区间估计,并显示区间估计的结果
F test to compare two variances
data: x and y                                       #指明 t.test()命令使用的数据为 x 与 y
F = 1.3973, num df = 29, denom df = 29, p-value = 0.3729    #假设检验的结果
alternative hypothesis: true ratio of variances is not equal to 1
95 percent confidence interval:                     #置信度为95％的置信区间为
0.6650829 2.9357978
sample estimates:
ratio of variances                                  #两总体方差比的估计
          1.397336
```

小结

　　参数估计问题分为点估计和区间估计,点估计是适当地选择一个统计量作为未知参数的估计(称为估计量),若已取得一样本,将样本值代入估计量,得到估计量的值,以估计量的值作为未知参数的近似值(称为估计值).本章介绍了两种求点估计的方法:矩估计法和最大似然估计法.矩估计法的做法是,以样本矩作为总体矩的估计量.最大似然估计法的基本思想是,若已观察到样本$(X_1,X_2,\cdots,X_n)$的样本值$(x_1,x_2,\cdots,x_n)$,取到这一样本值的概率为p(离散型的情况),或$(X_1,X_2,\cdots,X_n)$落在这一样本值$(x_1,x_2,\cdots,x_n)$邻域内的概率为p(连续型的情况),而p与未知参数θ有关,我们就取使概率p取到最大的θ值作为θ的估计值.

　　对于一个未知参数可以给出不同的估计量,因此自然提出比较估计量优劣的问题,这就需要给出评定估计量优劣的标准.估计量是一个随机变量,对于不同的样本值,一般给出参数的不同估计值.因而在考虑估计量的优劣时,应从某种整体性能去衡量,而不能只看它在个别样本之下表现如何.本章介绍了三个标准:无偏性、有效性和相合性.相合性是对估计量的一个基本要求,不具备相合性的估计量,我们一般是不考虑的.

　　点估计不能反映估计的精度,我们引入区间估计.置信区间是一个随机区间(θ_1,θ_2),它覆盖未知参数具有预先给定的高概率(置信水平),即对给定值$\alpha(0<\alpha<1)$,有$P\{\theta_1<\theta<\theta_2\}=1-\alpha$.本章还介绍了单侧置信区间,在形式上,只需将双侧置信区间的上下限的"$\alpha/2$"改成"α",就能得到相应的单侧置信上下限.

习题 2

A 组

1. 已知 $X\sim \mathrm{Exp}(\theta)$,求 θ 的矩估计和最大似然估计.

2. 已知 $X\sim U[a,b]$,a,b 未知,求 a,b 的矩估计和最大似然估计.

3. $X_1,X_2,\cdots,X_n$ 是来自总体 $X\sim N(\mu,1)$ 的一个样本,μ 未知,记 $\hat{\mu}_k=\dfrac{1}{k}\sum_{i=1}^{k}X_i$,$(k=1,2,\cdots,n)$.证明:①$\hat{\mu}_k$ 都是 μ 的无偏估计;②$\hat{\mu}_n$ 最有效.

4. $X \sim U[0, \theta]$，θ 的无偏估计 ① $\hat{\theta}_1 = 2\overline{X}$；② $\hat{\theta}_2 = \dfrac{n+1}{n} X_{(n)}$，问 $\hat{\theta}_1$，$\hat{\theta}_2$ 哪个更有效？

5. 机床加工零件，从中取出 50 个零件，量其长度，得 $\overline{x} = 19.8$，$s^2 = 0.39$，求 μ 的 99％的置信区间.

6. 甲、乙两台机床加工同种零件，分别从甲、乙机床处取 50 个和 48 个零件，量其长度，得 $\overline{x} = 19.8$，$\overline{y} = 23.5$，$s_X^2 = 0.34$，$s_Y^2 = 0.36$，求 $\mu_1 - \mu_2$ 的 99％置信区间.

7. 设甲煤矿含灰率 $X \sim N(\mu_1, \sigma_1^2)$，乙煤矿含灰率 $Y \sim N(\mu_2, \sigma_2^2)$. 从甲、乙两煤矿分别取 9 个和 7 个样品，测其含灰率（％），得 $\overline{x} = 23.7$，$\overline{y} = 20.8$，$s_X^{*2} = 0.24$，$s_Y^{*2} = 0.28 (\alpha = 0.05)$.

(1) 已知 $\sigma_1^2 = 0.25$，$\sigma_2^2 = 0.27$ 时，求 $\mu_1 - \mu_2$ 的置信区间；

(2) $\sigma_1^2 = \sigma_2^2 = \sigma^2$ 未知时，求 $\mu_1 - \mu_2$ 的置信区间；

(3) 求 $\dfrac{\sigma_1^2}{\sigma_2^2}$ 的置信区间.

8. $X_1, X_2, \cdots, X_n$ 是来自 $X \sim N(\mu, \sigma^2)$ 的一个样本，当 $n \geqslant 45$ 时，证明：σ^2 的 $1 - \alpha$ 置信区间为 $\left(\dfrac{S_n^{*2}}{1 + u_{\alpha/2} \sqrt{\frac{2}{n-1}}}, \dfrac{S_n^{*2}}{1 - u_{\alpha/2} \sqrt{\frac{2}{n-1}}} \right)$.

9. 现从一批产品中抽取 100 个样品，得次品 12 个，求次品率 p 的 95％的单侧置信上限.

B 组

1. 某车间生产滚珠，从长期实践中可以认为滚珠直径 $X \sim N(\mu, \sigma^2)$，从中随机抽取 6 个，测得直径（单位：mm）为

$$14.6, 15.1, 14.9, 14.8, 15.2, 15.1$$

(1) 估计滚珠直径的均值；

(2) 已知 $\sigma^2 = 0.06$ 时，求 μ 的置信水平为 0.95 的置信区间；

(3) σ^2 未知时，求 μ 的置信水平为 0.95 的置信区间；

(4) 求 σ^2 的置信水平为 0.95 的置信区间.

2. 随机从一批钉子中抽取 16 枚，测得其长度（单位：cm）为

2.14, 2.10, 2.13, 2.15, 2.13, 2.12, 2.13, 2.10, 2.15, 2.12, 2.14, 2.10, 2.13, 2.11, 2.14, 2.11

设钉长分布为正态的，试在下述条件下，(1) 若已知 $\sigma = 0.01$，(2) 若 σ 未知，求总体均值 μ 的置信水平为 0.90 的置信区间.

3. 从自动机床加工的同类零件中抽取 8 个，测得长度（单位：mm）如下：

12.15, 12.12, 12.01, 12.08, 12.09, 12.16, 12.03, 12.01.

如果零件长度服从正态分布，求零件长度的数学期望 μ 与标准差 σ 的置信水平为 0.95 的置信区间.

2.11

4. 对某农作物两个品种 A, B 计算了 8 个地区的亩产量如下：

品种 A：86, 87, 56, 93, 84, 93, 75, 79；

品种 B：80, 79, 58, 91, 77, 82, 76, 66.

假定两个品种的亩产量分别服从正态分布，且方差相等. 试求平均亩产量之差置信水平为 0.95 的置信区间.

2.12

第3章 假设检验

在生产实际和科学研究中我们常会遇到许多需要作出"是"或"否"判断的问题,如生产是否正常,新药是否有效,不同质料鞋底的耐磨性是否有显著差异.为回答这些问题,需要进行相应的检验,根据检验结果对问题作出"是"或"否"判断的过程称为假设检验.

统计学中的假设检验是利用样本信息对某种假设作出"是"或"否"判断的方法.由于各种原因,试验必然是随机的.没有任何随机性因素的检验,不属于统计学研究的范畴.假设检验是由卡尔·皮尔逊于 20 世纪提出的,之后由费歇尔进行了细化,最终由奈曼和埃贡·皮尔逊提出了较完整的假设检验理论.

假设检验一般可分为两种类型:**参数假设检验与非参数假设检验**.当总体的分布已知时,对其中的未知参数提出的假设检验称为**参数假设检验**,对总体的分布函数形式或总体分布性质提出的假设检验称为**非参数假设检验**.

3.1 假设检验的基本概念

3.1.1 假设检验问题

下面来看两个例子.

例 3.1 某厂生产的合金强度 $X \sim N(\mu, 100)$,正常生产情况下 $\mu = 110$,为保证质量,该厂每天检查生产情况,以判断生产是否正常进行,抽取 25 个样品,测得 $\bar{x} = 108$,问当天生产是否正常?

此问题要通过样本提供的信息判断当天生产是否正常.根据题意可知合金强度 $X \sim N(\mu, 100)$,其中参数 μ 未知.这里要对命题"$\mu = 110$"给出"是"或"否"的判断.若把此命题看成一个假设,并记为"$H_0: \mu = 110$",则对命题的判断转化为对假设 H_0 的判断.若 H_0 成立,即 $\mu = 110$,认为"当天生产是正常的".否则,H_0 不成立,即 $\mu \neq 110$,就认为"当天生产是不正常的".此类对总体的未知参数提出的假设检验问题称为**参数假设检验问题**.

例 3.2 检验一颗六面体骰子是否均匀.

此问题是要通过样本提供的信息判断骰子是否均匀.这里要对命题"骰子的六个面出现的概率均为 $\frac{1}{6}$"给出"是"或"否"的判断.若把此命题看成一个假设,并记为"H_0:骰子的六个面出现的概率均为 $\frac{1}{6}$",则对命题的判断转化为对假设 H_0 的判断,若 H_0 成立,就认为

"骰子的六个面是匀称的". 否则,H_0 不成立,即骰子的六个面出现的概率至少有一个不为 $\frac{1}{6}$,就认为"骰子的六个面是不匀称的". 此类对总体的分布函数形式或总体分布性质的假设检验问题称为**非参数假设检验问题**.

3.1.2 假设检验的基本思想

先从"女士品茶"这个故事来了解假设检验的基本思想,这个故事最早出现在统计学家费歇尔发表于 1935 年的著作 *The Design of Experiment* 中,20 世纪 20 年代后期,一群大学学者和太太们在英国剑桥大学的草坪上享用下午茶,一位女士声称自己在喝英式茶的时候能区分出来是茶先倒进杯子还是奶先倒进杯子. 于是费歇尔教授就打算设计一个试验来验证这位女士是否真的具有她描述的这种能力,他调配出了八杯其他条件一模一样而仅仅是倒茶、倒奶顺序相反的茶,其中有四杯是先加奶,剩下四杯先加茶. 然后以随机的顺序让女士品尝,她需要在品尝之后分辨出哪些是先倒奶,哪些是先放茶. 试验结束了,大家惊奇地发现,这位女士真的判断出每一杯茶的正确制作方式. 费歇尔教授进一步分析,假设 H_0:这位女士无此鉴别能力,有 50% 的可能猜对一杯茶的制作方式,猜对八杯的概率是 0.5^8,由于这个概率很小,所以有充分的理由认为原来的假设"H_0:这位女士无此鉴别能力"很有可能是错误的,也就是这位女士有鉴别奶茶的能力. 这个试验体现的思想是"小概率反证"的思想,即先作出一个假设,然后设计试验,依据小概率事件在一次试验中基本不会发生的推断原则,判断是否拒绝原假设.

为了检验假设 H_0 是否正确,先假设 H_0 是正确的,在此前提下,如果导致"一个不合理的现象"出现,也就是一个小概率事件发生了,根据实际推断原理,就会怀疑假设 H_0 的正确性,即作出"拒绝原假设 H_0"的判断,但如果没有"不合理的现象"出现,就不能表明原假设 H_0 不正确,所以不能拒绝原假设 H_0,只能接受原假设 H_0.

3.1.3 假设检验的基本步骤

下面通过分析例 3.1 来进一步阐述假设检验的基本思想与基本步骤.

$(X_1, X_2, \cdots, X_{25})$ 是从总体 $X \sim N(\mu, 100)$ 中抽取的样本容量为 25 的一个样本,相应地,$(x_1, x_2, \cdots, x_{25})$ 是样本值,$\bar{x} = 108$,记 $\mu_0 = 110$,问当天生产是否正常,实际上是判断当天生产是否正常. 如果我们把"当天的生产正常"记为 H_0,称为原假设,对应的"当天的生产不正常"记为 H_1,称为备择假设(或对立假设).

原假设与备择假设可以写成

$$H_0: \mu = \mu_0 = 110, \quad H_1: \mu \neq \mu_0 = 110.$$

所谓假设检验就是要根据样本的信息,判断小概率事件有没有发生,从而作出接受 H_0 还是拒绝 H_0 的判断. 如何检验原假设 H_0 是否成立呢? 这里要检验的假设涉及总体均值 μ,由于样本均值 $\bar{X}$ 是 μ 的有效估计,$\bar{X}$ 的观察值 $\bar{x}$ 在一定程度上反映 μ 的大小. 故首先想到是否可借助样本均值 $\bar{X}$ 这一统计量进行判断. 如果 H_0 成立,$\bar{X}$ 和 μ_0 不可能丝毫不差刚好相等,因为随机误差随处可见,但 $\bar{X}$ 与 μ_0 的差异究竟是抽样误差还是由其他异常原因引起的显著差异呢?

由抽样定理知道 $\overline{X} \sim N\left(\mu, \frac{\sigma^2}{n}\right)$，由于 $\overline{X}$ 的方差 $\frac{\sigma^2}{n}$ 比总体 X 的方差缩小 n 倍，使用 $\overline{X}$ 的分布更容易把 $\overline{X}$ 与 $\mu_0 = 110$ 区分开来. 在总体方差 σ^2 已知、H_0 为真的情况下，经标准化变换可得

$$U = \frac{\overline{X} - \mu_0}{\sigma/\sqrt{n}} \overset{H_0}{\sim} N(0,1).$$

这里的 U 满足以下三个条件：①在 H_0 成立时不含未知参数；②它是一个随机变量；③这个随机变量的分布已知，满足这三个条件的量，称为**检验统计量**. 这里，U 的分子绝对值 $|\overline{X} - \mu_0|$ 是样本均值 $\overline{X}$ 与总体均值 μ_0 的距离，其大小表征系统误差的大小，分母 $\sigma/\sqrt{n}$ 是随机误差大小，$|U|$ 是两者的比值，表征系统误差与随机误差的倍数. 在随机误差给定的情况下，$|U|$ 越大，系统误差越大，$\overline{X}$ 与 μ_0 的差异越大，这时倾向于拒绝 H_0；否则，$|U|$ 越小，系统误差越小，$\overline{X}$ 与 μ_0 的差异越小，这时倾向于接受 H_0. 所以可以事先定一个标准，即给定一个**临界值** c，使

若 $|U| \geqslant c$，拒绝 H_0；

若 $|U| < c$，接受 H_0.

并称 $\{U : |U| \geqslant c\}$ 为上述假设检验问题的**拒绝域**，记为 $W = \{|U| \geqslant c\}$.

下面要解决的问题是：如何寻找临界值 c？临界值 c 可用控制犯错误概率确定. 在假设检验里，我们通过样本值对原假设作出明确的判断，是接受还是拒绝原假设 H_0？但在假设 H_0 成立时，所构造的"小概率事件在一次试验中几乎不发生"，并不是"小概率事件在一次试验中绝对不发生"，因此它是有发生的可能性的. 即使原假设 H_0 正确，如果碰巧小概率事件在一次试验中发生了，也会作出拒绝 H_0 的判定，显然这一判定是错误的. 除非检查整个总体，才能准确判断 H_0 是否成立，但是在绝大多数的实际问题中检查整个总体是不可能的，因此在进行假设检验时允许犯错误. 在假设检验中可能犯的错误有如下两类（见表 3.1）：一是原假设 H_0 为真，由于抽样的随机性，样本落在拒绝域 W 内，导致拒绝了 H_0，其发生概率为 α（又称显著性水平），称这种错误为**弃真**，又称第一类错误（I）；二是原假设 H_0 不真，由于抽样的随机性，样本没有落在拒绝域 W 内，导致接受了 H_0，其发生概率为 β，称这种错误为**取伪**，又称第二类错误（II）.

表 3.1　两类错误

总体分布的实际情况	根据样本值作出判断	
	接受 H_0	拒绝 H_0
H_0 成立	√	I
H_1 成立	II	√

下面我们来计算例 3.1 中犯两类错误的概率 α 与 β.

犯第一类错误的概率

$$\alpha = P\{\text{弃真}\} = P\{\text{拒绝 } H_0 \mid H_0 \text{ 真}\} = P\{W \mid H_0 \text{ 真}\}.$$

又由 $U = \frac{\overline{X} - \mu_0}{\sigma/\sqrt{n}} \overset{H_0}{\sim} N(0,1)$，当 $H_0 : \mu = \mu_0$ 为真时，计算第一类错误的概率，即在总体

$N(\mu_0, \sigma^2)$ 下,计算拒绝域 $W = \{|U| \geqslant c\}$ 对应的概率,则 $\alpha = P_{\mu_0}\{|U| \geqslant c\} = 2[1 - \Phi(c)]$,其中 $\Phi(\cdot)$ 为标准正态分布函数. 由此可知,α 是临界值 c 的严减函数. α 越小,拒绝域 W 越小.

犯第二类错误的概率

$$\beta = P\{\text{取伪}\} = P\{\text{拒绝 } H_1 \mid H_1 \text{真}\} = P\{\overline{W} \mid H_1 \text{真}\}.$$

这个概率应在 $H_1: \mu \neq \mu_0$ 为真的情况下,计算接受域 $\overline{W} = \{|U| < c\}$ 对应的概率,即

$$\beta = P_u\{|U| < c\} = P_u\left\{-c < \frac{\overline{X} - \mu_0}{\sigma/\sqrt{n}} < c\right\}$$

$$= P_u\left\{-c < \frac{\overline{X} - \mu}{\sigma/\sqrt{n}} + \frac{\mu - \mu_0}{\sigma/\sqrt{n}} < c\right\} = \Phi\left(c - \frac{\mu - \mu_0}{\sigma/\sqrt{n}}\right) - \Phi\left(-c - \frac{\mu - \mu_0}{\sigma/\sqrt{n}}\right).$$

可看出,β 是 μ 和 c 的函数,如果 μ 取定 μ_1,则 β 是 c 的严增函数.

结合起来,当样本容量固定时,同时减小犯两类错误的概率 α 与 β 是不可能的. α 越小,接受域越大,将导致 β 越大;反之,β 越小,接受域越小,α 越大. 要使 α 与 β 都减小,只有不断增大样本量才能实现,这在实际中常不可行. 如何处理 α 与 β 之间不易调和的矛盾呢?统计学家根据实际使用情况提出如下建议:在样本容量固定的情况下,主要控制犯第一类错误的概率,并构造出"水平为 α 的检验",具体定义如下:

定义 3.1 在一个假设检验问题中,先选定一个数 $\alpha(0 < \alpha < 1)$,若一个检验犯第一类错误的概率不超过 α,则称该检验是**水平为 α 的检验**,其中 α 称为**显著性水平**. 若在检验问题中拒绝了原假设,我们称这个检验是**显著的**.

在构造水平为 α 的检验中显著性水平不宜定得过小,α 过小会导致 β 过大,这是不可取的,因此在确定 α 时不要忘记"用 α 去制约 β". 在实际使用中常选 $\alpha = 0.05$,有时也用 $\alpha = 0.10$ 或 $\alpha = 0.01$.

我们分析例 3.1,为构造水平为 α 的检验,需从下面式子定出临界值 c,$P(W) = P_{\mu_0}\{|U| \geqslant c\} \leqslant \alpha$. 又因为 $U = \dfrac{\overline{X} - \mu_0}{\sigma/\sqrt{n}} \overset{H_0}{\sim} N(0,1)$,为用足给定的显著性水平 α,常使用等式找出临界值,即

$$P(W) = P_{\mu_0}\{|U| \geqslant c\} = 2[1 - \Phi(c)] = \alpha.$$

利用标准正态上分位数可得 $c = \mu_{\alpha/2}$,其中 $\mu_{\alpha/2}$ 为标准正态分布的上 $\alpha/2$ 分位点,故拒绝域为

$$W = \{|U| \geqslant \mu_{\alpha/2}\}.$$

若 $\alpha = 0.05$,有 $c = \mu_{\alpha/2} = \mu_{0.025} = 1.96$,即 $W = \{|U| \geqslant 1.96\}$.

假设检验问题的判断法则为:若根据样本计算的检验统计量的值落入拒绝域 W 内,则拒绝原假设 H_0,接受备择假设 H_1. 若根据样本计算的检验统计量的值未落入拒绝域 W 内,则接受原假设 H_0.

根据这个判断法则,继续分析例 3.1,已知 $\mu_0 = 110$,$\sigma = 10$,$n = 25$,$\bar{x} = 108$,由此可算得检验统计量的试验值 $u = \dfrac{\overline{X} - \mu_0}{\sigma/\sqrt{n}} = \dfrac{108 - 110}{10/5} = -1 \notin W$,所以接受 H_0,即认为当天生产正常.

现将上述讨论归纳整理出假设检验的主要步骤.

步骤 1：提出原假设 H_0 和对应的备择假设 H_1.

原假设和备择假设的提出不是任意的,其内容也不可以互换.原假设和备择假设是不对称的,决定谁是原假设、谁是备择假设不是一个数学问题,它依赖科学背景、惯例和方便性.

（1）我们选择原假设是某个已知的理论分布,备择假设不是该理论分布,在这种情况下,原假设比备择假设更简单,某种意义上备择假设比原假设包含更多的分布,通常选择较简单的假设作为原假设 H_0.

（2）错误地拒绝一个假设可能比错误地接受另一个假设带来更严重的后果,我们选择前者作原假设,这是因为错误地拒绝它的概率可以由 α 控制,如接受新药有显著疗效比拒绝新药有显著疗效的后果更为严重.习惯上规定,在检验产品质量是否合格时,原假设取为合格的情况；在技术革新或改变工艺后,检验某参数值有无显著变大（或变小）,原假设总取不变大（或不变小）情形,即原假设具有保"现"性.

（3）在科学调查中,为了解释一些物理现象或效果的存在性,原假设通常是一个简单事实的陈述,但我们对其正确性必须持怀疑态度,除非原假设成立时检验结果极不可能,否则就不应该怀疑原假设的合理性.

步骤 2：构造检验统计量.

这个统计量在原假设成立时不含任何未知参数,且分布是已知的.

步骤 3：在给定显著性水平 α 时,写出拒绝域 W.

步骤 4：给出检验结论.

代入相应的样本值计算检验统计量的值,判断其是否落入拒绝域内,从而作出拒绝还是接受原假设的决策.

3.2 参数假设检验

3.2.1 正态总体参数的假设检验

由于实际问题中大多数随机变量服从或近似服从正态分布,因此这里介绍正态总体参数的假设检验.

1. 单个正态总体的假设检验

设 $(X_1, X_2, \cdots, X_n)$ 是来自总体 $X \sim N(\mu, \sigma^2)$ 的一个样本,下面分别讨论 μ 和 σ^2 的假设检验问题.

1）总体均值 μ 的假设检验

对 μ 可提出各种形式的统计假设,其统计推断方法类似.在此仅讨论如下三种典型形式.

$$形式\ \text{I}：H_0：\mu = \mu_0, \quad H_1：\mu \neq \mu_0; \tag{3.1}$$

$$形式\ \text{II}：H_0：\mu \leqslant \mu_0, \quad H_0：\mu > \mu_0; \tag{3.2}$$

$$形式\ \text{III}：H_0：\mu \geqslant \mu_0, \quad H_1：\mu < \mu_0. \tag{3.3}$$

其中 μ_0 是已知常数.形式Ⅰ称为双边(双侧)检验问题,形式Ⅱ称为右边(侧)检验问题,形式Ⅲ称为左边(侧)检验问题,形式Ⅱ和Ⅲ统称单边(侧)检验问题.识别出是单边检验还是双边检验有益于构造拒绝域.

(1) σ^2 已知时的 U 检验

由于 $\bar{X}$ 是 μ 的有效估计,而且 $\bar{X} \sim N\left(\mu, \dfrac{\sigma^2}{n}\right)$,故选用检验统计量

$$U = \frac{\bar{X} - \mu_0}{\sigma / \sqrt{n}} \overset{H_0}{\sim} N(0,1). \tag{3.4}$$

对于假设检验问题(3.1),根据例3.1的分析可知:若 $\bar{X}$ 和 μ_0 有显著性差异,就会拒绝原假设,所以存在一个临界值 c,使 $P\{|U| \geqslant c\} = \alpha$.根据上 α 分位数的定义,可知 $c = \mu_{\alpha/2}$,其中 $\mu_{\alpha/2}$ 为标准正态分布的上 $\alpha/2$ 分位数,拒绝域为 $W_{\text{I}} = \{|U| \geqslant \mu_{\alpha/2}\}$.对于假设检验问题(3.2),可以类似进行讨论,仍选用检验统计量(3.4),得到的拒绝域为 $W_{\text{II}} = \{U \geqslant \mu_\alpha\}$,对于形式Ⅲ的假设问题,得到的拒绝域为 $W_{\text{III}} = \{U \leqslant \mu_{1-\alpha}\}$.

σ^2 已知时,这三种形式的假设检验问题所用的检验统计量是相同的,都是 U 统计量,所以建立的水平为 α 的检验都称为 U 检验.

(2) σ^2 未知时的 T 检验

考虑 σ^2 未知时前面三种形式的假设检验问题.由于 $U = \dfrac{\bar{X} - \mu_0}{\sigma / \sqrt{n}}$ 中含有未知参数 σ,所以无法作为检验统计量.根据单正态总体的抽样分布定理,选用检验统计量

$$T = \frac{\bar{X} - \mu_0}{S^* / \sqrt{n}} \overset{H_0}{\sim} t(n-1).$$

类似前面小节的讨论,可得三种形式的假设检验问题(3.1)、问题(3.2)和问题(3.3)的拒绝域分别为

$$W_{\text{I}} = \{|T| \geqslant t_{\alpha/2}(n-1)\}, \quad W_{\text{II}} = \{T \geqslant t_\alpha(n-1)\}, \quad W_{\text{III}} = \{T \leqslant t_{1-\alpha}(n-1)\}.$$

例 3.3 某厂生产一种灯,寿命 $X \sim N(\mu, 200^2)$,从过去较长的一段时间看,灯的平均寿命为 $\mu = 1500\text{h}$,采用新的工艺后,任取 25 只,测得 $\bar{x} = 1675\text{h}$.采用新工艺后,灯的平均寿命是否有显著的提高($\alpha = 0.05$)?

分析:将所要说明的结论作为备择假设,所以本题要做右侧假设检验.

解 建立假设为 $H_0: \mu \leqslant \mu_0 = 1500, H_1: \mu > \mu_0 = 1500$.

检验统计量

$$U = \frac{\bar{X} - 1500}{\sigma / \sqrt{n}} \overset{H_0}{\sim} N(0,1).$$

给定 $\alpha = 0.05$,拒绝域

$$W = \{U \geqslant \mu_\alpha\} = \{U \geqslant 1.65\}.$$

由题意可知 $\bar{x} = 1675, n = 25, \sigma = 200$,检验统计量的值 $u = \dfrac{1675 - 1500}{200/5} = 4.375 \in W$.故拒绝 H_0,即采用新工艺后,灯的平均寿命有显著的提高.

例 3.4 某厂生产一种灯,寿命 $X \sim N(\mu, \sigma^2)$,σ^2 未知.任取 16 只,测得寿命为 159、280、101、212、224、379、179、264、222、362、168、250、149、260、485、170h,请判断该厂生产的灯的平均寿命是否大于 225h($\alpha = 0.05$)?

分析:将所要说明的结论作为备择假设,所以本题要做右侧假设检验.

解 建立假设为 $H_0: \mu \leqslant 225, H_1: \mu > 225$.

检验统计量

$$T = \frac{\overline{X} - 225}{S/\sqrt{n}} \overset{H_0}{\sim} t(n-1).$$

给定 $\alpha = 0.05, n = 16$,拒绝域

$$W = \{T \geqslant t_a(n-1)\} = \{T \geqslant 1.7531\}.$$

由题意计算可得 $\overline{x} = 241.5, n = 16, s = 98.7259$,检验统计量的值 $T = 0.6685 \notin W$,故接受 H_0,即有理由认为灯的平均寿命不大于 225h.

2)检验的 p 值:用 p 值做判断

假设检验的结论通常是简单的,在给定的显著性水平下,不是拒绝原假设,就是接受原假设.在一个假设问题中选择不同的显著性水平有时会导致得出不同的结论,为此统计学家提出"p 值"的概念,并用它来代替拒绝域做判断.这一方法随着计算机的普及日益受到大家的关注.

定义 3.2 在一个假设问题中,利用样本观测值能够得出拒绝原假设 H_0 的最小显著性水平,称为**检验的 p 值(显著性概率)**.

由检验的 p 值与给定的显著性水平 α 进行比较可以建立如下判断法则:

若 $p \leqslant \alpha$,则在显著性水平 α 下拒绝 H_0.

若 $p > \alpha$,则在显著性水平 α 下接受 H_0.

在例 3.3 中,因为 $u = 4.375$,拒绝域的形式为 $W = P\{U \geqslant c\}$,所以检验的 p 值为 $p = P\{U \geqslant 4.375\} < 0.0001$ 小于显著性概率 α(一般计算机软件系统默认 $\alpha = 0.05$),如图 3.1 所示,所以拒绝 H_0.

在例 3.4 中,因为 $T = 0.6685$,拒绝域的形式为 $W = P\{T \geqslant c\}$,所以检验的 p 值为 $p = P\{T \geqslant 0.6685\} = 0.2570$ 大于显著性水平 α,如图 3.2 所示,所以接受 H_0.

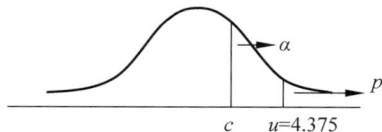

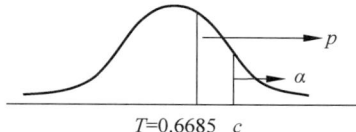

图 3.1 标准正态分布的右侧 p 值　　　**图 3.2 t 分布的右侧 p 值**

3)正态总体方差的 χ^2 检验

设 $(X_1, X_2, \cdots, X_n)$ 是来自总体 $N(\mu, \sigma^2)$ 的一个样本,关于正态方差 σ^2 的检验问题常有如下三种形式:

$$\text{形式 I}: H_0: \sigma^2 \leqslant \sigma_0^2, H_1: \sigma^2 > \sigma_0^2; \tag{3.5}$$

$$\text{形式 II}: H_0: \sigma^2 \geqslant \sigma_0^2, H_1: \sigma^2 < \sigma_0^2; \tag{3.6}$$

形式 Ⅲ：$H_0:\sigma^2=\sigma_0^2,H_1:\sigma^2\neq\sigma_0^2.$ (3.7)

其中 σ_0^2 是一个已知常数. 通常 μ 都是未知的, 由于 σ^2 的估计常选用样本修正方差 S^{*2}, 根据单正态总体的抽样分布定理的结论(2), 所以采用检验统计量

$$\chi^2=\frac{(n-1)S^{*2}}{\sigma_0^2}\overset{H_0}{\sim}\chi^2(n-1).$$

对于假设检验问题(3.5), 样本修正方差 S^{*2} 越大, 越倾向于拒绝原假设 H_0, 故其拒绝域为 $W_{\mathrm{I}}=\{\chi^2\geqslant c\}$. 给定显著性水平 α, 由 $P\{\chi^2\geqslant c\}=\alpha$, 可得 $c=\chi_\alpha^2(n-1)$, 其中 $\chi_\alpha^2(n-1)$ 是自由度为 $n-1$ 的卡方分布的上 α 分位点, 从而拒绝域为 $W_{\mathrm{I}}=\{\chi^2\geqslant\chi_\alpha^2(n-1)\}$. 类似可得检验问题(3.6)和(3.7)的拒绝域分别为 $W_{\mathrm{II}}=\{\chi^2\leqslant\chi_{1-\alpha}^2(n-1)\}$, $W_{\mathrm{III}}=\{\chi^2\leqslant\chi_{1-\alpha/2}^2(n-1)$ 或 $\chi^2\geqslant\chi_{\alpha/2}^2(n-1)\}$.

2. 两个独立正态总体的假设检验

设 $(X_1,X_2,\cdots,X_m)$ 是来自总体 $X\sim N(\mu_1,\sigma_1^2)$ 的一个样本, $(Y_1,Y_2,\cdots,Y_n)$ 是来自总体 $Y\sim N(\mu_2,\sigma_2^2)$ 的一个样本, 总体 X,Y 相互独立. 记两样本的样本均值分别为 $\overline{X}$ 与 $\overline{Y}$.

1）两个独立正态总体均值差的假设检验

关于两个正态均值的比较检验问题常有如下三种形式：

形式 Ⅰ：$H_0:\mu_1\leqslant\mu_2,H_1:\mu_1>\mu_2$； (3.8)

形式 Ⅱ：$H_0:\mu_1\geqslant\mu_2,H_1:\mu_1<\mu_2$； (3.9)

形式 Ⅲ：$H_0:\mu_1=\mu_2,H_1:\mu_1\neq\mu_2$. (3.10)

这三种检验问题分别等价于如下三种形式：

形式 Ⅰ：$H_0:\mu_1-\mu_2\leqslant0,\quad H_1:\mu_1-\mu_2>0$；

形式 Ⅱ：$H_0:\mu_1-\mu_2\geqslant0,\quad H_1:\mu_1-\mu_2<0$；

形式 Ⅲ：$H_0:\mu_1-\mu_2=0,\quad H_1:\mu_1-\mu_2\neq0$.

（1）σ_1^2,σ_2^2 已知时的 U 检验

由第 2 章我们知道, 样本均值差 $\overline{X}-\overline{Y}$ 是总体均值差 $\mu_1-\mu_2$ 的最小方差无偏估计量. 若 σ_1^2,σ_2^2 已知, 根据双正态总体的抽样分布定理可知, $\dfrac{(\overline{X}-\overline{Y})-(\mu_1-\mu_2)}{\sqrt{\dfrac{\sigma_1^2}{m}+\dfrac{\sigma_2^2}{n}}}\sim N(0,1)$. 利用这个结论, 与单样本情况类似, 选用检验统计量

$$U=\frac{\overline{X}-\overline{Y}}{\sqrt{\dfrac{\sigma_1^2}{m}+\dfrac{\sigma_2^2}{n}}}\overset{H_0}{\sim}N(0,1).$$

假设检验问题(3.8)、问题(3.9)和问题(3.10)所用的检验统计量是相同的, 都用 U 统计量. 如前面小节类似进行讨论, 可得上述三个假设检验问题的拒绝域分别为

$$W_{\mathrm{I}}=\{U\geqslant u_\alpha\},\quad W_{\mathrm{II}}=\{U\leqslant u_{1-\alpha}\},\quad W_{\mathrm{III}}=\{|U|\geqslant u_{\alpha/2}\}.$$

（2）$\sigma_1^2=\sigma_2^2=\sigma^2$ 未知时的 T 检验

样本修正方差分别为 $S_X^{*2}=\dfrac{1}{m-1}\sum_{i=1}^{m}(X_i-\overline{X})^2$ 与 $S_Y^{*2}=\dfrac{1}{n-1}\sum_{i=1}^{n}(Y_i-\overline{Y})^2$. 根据单

正态总体的抽样分布定理，当 $\sigma_1^2=\sigma_2^2=\sigma^2$ 时，$\dfrac{(\overline{X}-\overline{Y})-(\mu_1-\mu_2)}{S_w\sqrt{\dfrac{1}{m}+\dfrac{1}{n}}}\sim t(m+n-2)$，其中

$$S_w^2=\dfrac{(m-1)S_X^{*2}+(n-1)S_Y^{*2}}{m+n-2}.$$

选用检验统计量

$$T=\dfrac{\overline{X}-\overline{Y}}{S_w\sqrt{\dfrac{1}{m}+\dfrac{1}{n}}}\overset{H_0}{\sim}t(m+n-2).$$

假设检验问题（3.8）、问题（3.9）和问题（3.10）均采用上述 T 检验统计量. 给定显著性水平 α，可得拒绝域分别为

$$W_{\mathrm{I}}=\{T\geqslant t_\alpha(m+n-2)\},\quad W_{\mathrm{II}}=\{T\leqslant t_{1-\alpha}(m+n-2)\},$$
$$W_{\mathrm{III}}=\{|T|\geqslant t_{\alpha/2}(m+n-2)\}.$$

2）两个正态总体方差比的 F 检验

考虑如下三种关于方差比的检验问题：

$$\textbf{形式 I}：H_0:\sigma_1^2\leqslant\sigma_2^2,\quad H_1:\sigma_1^2>\sigma_2^2;\tag{3.11}$$
$$\textbf{形式 II}：H_0:\sigma_1^2\geqslant\sigma_2^2,\quad H_1:\sigma_1^2<\sigma_2^2;\tag{3.12}$$
$$\textbf{形式 III}：H_0:\sigma_1^2=\sigma_2^2,\quad H_1:\sigma_1^2\neq\sigma_2^2.\tag{3.13}$$

这三种检验问题分别等价于如下三种形式：

$$\textbf{形式 I}：H_0:\dfrac{\sigma_1^2}{\sigma_2^2}\leqslant 1,\quad H_1:\dfrac{\sigma_1^2}{\sigma_2^2}>1;$$
$$\textbf{形式 II}：H_0:\dfrac{\sigma_1^2}{\sigma_2^2}\geqslant 1,\quad H_1:\dfrac{\sigma_1^2}{\sigma_2^2}<1;$$
$$\textbf{形式 III}：H_0:\dfrac{\sigma_1^2}{\sigma_2^2}=1,\quad H_1:\dfrac{\sigma_1^2}{\sigma_2^2}\neq 1.$$

在两个均值未知场合，两个正态方差 σ_1^2 与 σ_2^2 常用 $S_X^{*2}=\dfrac{1}{m-1}\sum_{i=1}^{m}(X_i-\overline{X})^2$ 与 $S_Y^{*2}=\dfrac{1}{n-1}\sum_{i=1}^{n}(Y_i-\overline{Y})^2$ 去估计.

根据两正态总体的抽样分布定理，$\dfrac{S_X^{*2}/\sigma_1^2}{S_Y^{*2}/\sigma_2^2}\sim F(m-1,n-1)$，特别在 $\sigma_1^2=\sigma_2^2$ 的假设下，采用检验统计量为

$$F=\dfrac{S_X^{*2}}{S_Y^{*2}}\overset{H_0}{\sim}F(m-1,n-1).$$

假设检验问题(3.11)、问题(3.12)和问题(3.13)均采用上述 F 检验统计量,给定显著性水平 α,其拒绝域分别为

$$W_{\mathrm{I}} = \{F \geqslant F_\alpha(m-1,n-1)\},$$
$$W_{\mathrm{II}} = \{F \leqslant F_{1-\alpha}(m-1,n-1)\},$$
$$W_{\mathrm{III}} = \{F \geqslant F_{\alpha/2}(m-1,n-1)\} \bigcup \{F \leqslant F_{1-\alpha/2}(m-1,n-1)\}.$$

3.2.2 非正态总体参数的假设检验

前面的假设检验问题均以总体服从正态分布作为前提,但总体可能不服从正态分布,接下来我们讨论几种特殊情形.

1. 指数分布参数的假设检验

指数分布是一类重要的分布,有广泛的应用.设 $(X_1,X_2,\cdots,X_n)$ 是来自总体 $X \sim \mathrm{Exp}(1/\theta)$ 的一个样本,考察关于未知参数 θ 的假设检验,有如下三种形式的检验问题:

$$\textbf{形式 I}: H_0:\theta \leqslant \theta_0, \quad H_1:\theta > \theta_0; \tag{3.14}$$
$$\textbf{形式 II}: H_0:\theta \geqslant \theta_0, \quad H_1:\theta < \theta_0; \tag{3.15}$$
$$\textbf{形式 III}: H_0:\theta = \theta_0, \quad H_1:\theta \neq \theta_0. \tag{3.16}$$

其中 θ_0 是已知参数.总体 X 的均值为参数 θ,因此上述检验问题是关于总体均值的检验.

选用的检验统计量为

$$\chi^2 = \frac{2n\overline{X}}{\theta_0} \overset{H_0}{\sim} \chi^2(2n).$$

此处略去证明过程,详情可参见参考文献[3].

给定显著性水平 α,假设检验问题(3.14)、问题(3.15)和问题(3.16)的拒绝域分别为

$$W_{\mathrm{I}} = \{\chi^2 \geqslant \chi^2_\alpha(2n)\}, \quad W_{\mathrm{II}} = \{\chi^2 \leqslant \chi^2_{1-\alpha}(2n)\},$$
$$W_{\mathrm{III}} = \{\chi^2 \geqslant \chi^2_{\alpha/2}(2n)\} \bigcup \{\chi^2 \leqslant \chi^2_{1-\alpha/2}(2n)\}.$$

2. 比率 p 参数的假设检验

比率 p 是在实际中常遇到的一种参数,是指特定的一组个体在总体中所占的比例,如不合格品率、命中率、电视节目收视率、男婴出生率、色盲率等.比率 p 可看作两点分布 $B(1,p)$ 中的一个参数,设 $(X_1,X_2,\cdots,X_n)$ 是来自总体 $X \sim B(1,p)$ 的一个样本,关于参数 p 的假设检验问题有如下类型:

$$\textbf{形式 I}: H_0:p \leqslant p_0, \quad H_1:p > p_0; \tag{3.17}$$
$$\textbf{形式 II}: H_0:p \geqslant p_0, \quad H_1:p < p_0; \tag{3.18}$$
$$\textbf{形式 III}: H_0:p = p_0, \quad H_1:p \neq p_0. \tag{3.19}$$

其中 p_0 是已知参数.

n 次试验中事件发生的次数 $\sum_{i=1}^{n} X_i \sim B(n,p)$,特别在 $p=p_0$ 的假设下,常用的检验统计量为

$$T = \sum_{i=1}^{n} X_i \overset{H_0}{\sim} B(n,p_0).$$

我们先分析检验问题(3.17),由于 T 与比率 p 的估计 $\overline{X}$ 成正比,T 较大倾向于拒绝原假设,其拒绝域的形式为 $W_{\mathrm{I}} = \{T \geqslant c\}$,其中 c 是临界值.类似地,可以得到检验问题(3.18)、问题(3.19)的拒绝域的形式为 $W_{\mathrm{II}} = \{T \leqslant c'\}$,$W_{\mathrm{III}} = \{T \leqslant c_1\} \bigcup \{T \geqslant c_2\}$,$c_1 < c_2$.下面分小样本和大样本两种情况给出确定临界值 c, c', c_1, c_2 的方法.

1) 小样本方法*

在检验问题(3.17)中,T 只能取整数值,故 c 可限制在非负整数中,然而,给定显著性水平 α,恰好使下式成立的 c 是罕见的,

$$P\{T \geqslant c\} = \sum_{i=c}^{n} \binom{n}{i} p_0^i (1-p_0)^{n-i} = \alpha.$$

在这种情况下,较常见的是找一个 c_0,使

$$\sum_{i=c_0-1}^{n} \binom{n}{i} p_0^i (1-p_0)^{n-i} > \alpha > \sum_{i=c_0}^{n} \binom{n}{i} p_0^i (1-p_0)^{n-i} \text{ 成立.}$$

综上,可得临界值 c 为使不等式 $\sum_{i=c}^{n} \binom{n}{i} p_0^i (1-p_0)^{n-i} \leqslant \alpha$ 成立的最小正整数.检验问题(3.17)的拒绝域可记为 $W_{\mathrm{I}} = \{T \geqslant c\}$,其中 $c = \inf\left\{c^* : \sum_{i=c^*}^{n} \binom{n}{i} p_0^i (1-p_0)^{n-i} \leqslant \alpha\right\}$.

类似讨论可得检验问题(3.18)中临界值 c' 为使不等式 $\sum_{i=0}^{c'} \binom{n}{i} p_0^i (1-p_0)^{n-i} \leqslant \alpha$ 成立的最大正整数,其拒绝域为 $W_{\mathrm{II}} = \{T \leqslant c'\}$,其中 $c' = \sup\left\{c^* : \sum_{i=0}^{c^*} \binom{n}{i} p_0^i (1-p_0)^{n-i} \leqslant \alpha\right\}$.检验问题(3.19)中第一个临界值 c_1 是满足不等式 $\sum_{i=0}^{c_1} \binom{n}{i} p_0^i (1-p_0)^{n-i} \leqslant \alpha/2$ 的最大正整数,第二个临界值 c_2 是满足不等式 $\sum_{i=c_2}^{n} \binom{n}{i} p_0^i (1-p_0)^{n-i} \leqslant \alpha/2$ 的最小正整数,其拒绝域可记为 $W_{\mathrm{III}} = \{T \leqslant c_1\} \bigcup \{T \geqslant c_2\}$,其中 $c_1 = \sup\left\{c^* : \sum_{i=0}^{c^*} \binom{n}{i} p_0^i (1-p_0)^{n-i} \leqslant \alpha/2\right\}$,$c_2 = \inf\left\{c^* : \sum_{i=c^*}^{n} \binom{n}{i} p_0^i (1-p_0)^{n-i} \leqslant \alpha/2\right\}$.

事实上,在离散场合使用 p 值作检验较为方便,不需要确定临界值.根据样本值计算检验问题检验统计量 $T = \sum_{i=1}^{n} X_i$ 的试验值,记为 t_0,检验问题(3.17)的 p 值为 $p_{\mathrm{I}} = P\{T \geqslant t_0\}$,其中 $T = \sum_{i=1}^{n} X_i \overset{H_0}{\sim} B(n, p_0)$.类似地,可得检验问题(3.18)、问题(3.19)的 p 值分别为 $p_{\mathrm{II}} = P\{T \leqslant t_0\}$,$p_{\mathrm{III}} = 2\min\{P\{T \leqslant t_0\}, P\{T \geqslant t_0\}\}$.

例 3.5 根据以往经验,某厂产品的次品率为 0.1,从中任取 20 件,其中有 1 件次品,问是否可认为次品率低于 0.1($\alpha = 0.05$)?

解 设抽一件产品时次品数 $X = \begin{cases} 1, & \text{次品}, \\ 0, & \text{正品}, \end{cases}$ 次品的概率记为 p,则总体 $X \sim B(1, p)$,

且 $E(X) = p$.

建立假设 $H_0 : p \geqslant 0.1, H_1 : p < 0.1$.

记第 i 次抽一件产品时次品数 $X_i \sim B(1, p)$,则 $\sum_{i=1}^{20} X_i \sim B(20, p)$.

检验统计量

$$T = \sum_{i=1}^{20} X_i \overset{H_0}{\sim} B(20, 0.1).$$

给定显著性水平 $\alpha = 0.05, p$ 值为

$$p = P\{T \leqslant 1 \mid H_0\} = P\{T \leqslant 1 \mid p = 0.1\}$$
$$= C_0^{20}(0.1)^0(0.9)^{20} + C_1^{20}(0.1)^1(0.9)^{19} = 0.391 > 0.1.$$

所以接受 H_0,即仍认为次品率为不低于 0.1.

2)大样本检验

在大样本场合,计算二项概率困难,这时可用二项分布的正态近似,即当 $T \sim B(n, p)$ 时,$E(T) = np, D(T) = np(1-p)$,在样本容量充分大时,由中心极限定理,当 $p = p_0$ 时,可选用检验统计量

$$U = \frac{T - np_0}{\sqrt{np_0(1-p_0)}} = \frac{\overline{X} - p_0}{\sqrt{p_0(1-p_0)}/\sqrt{n}} \overset{\text{近似}}{\sim} N(0, 1).$$

由于 T 与 U 是同增同减的量,给定显著性水平 α,假设检验问题(3.20)、问题(3.21)和问题(3.22)的拒绝域分别为

$$W_{\mathrm{I}} = \{U \geqslant \mu_\alpha\}, \quad W_{\mathrm{II}} = \{U \leqslant \mu_{1-\alpha}\}, \quad W_{\mathrm{III}} = \{|U| \geqslant \mu_{1-\alpha/2}\}.$$

3.3 非参数假设检验

统计学的基本问题是利用观测到的样本推断总体.在统计推断中,我们对研究的总体常常要做一些假定,最常见的是假定总体服从正态分布.由于实际的总体和假定总体往往有差距,那么,这种做法将会引起推断结果的错误,这一问题促使人们去研究对数据分布假定宽松的非参数假设检验.本节我们分别从三个方面介绍几个常见的非参数检验方法.

3.3.1 总体分布函数的假设检验

一般地,如何判断一个总体服从指定的分布呢?

假设总体 X 的分布函数 $F(x)$ 未知,$(X_1, X_2, \cdots, X_n)$ 是来自总体 X 的样本,样本观测值为 $(x_1, x_2, \cdots, x_n)$.$F_0(x)$ 是一个完全已知或是分布形式已知但含有若干未知参数的分布函数,常称为理论分布.考虑以下假设检验问题:

$$H_0 : F(x) = F_0(x), \quad H_1 : F(x) \neq F_0(x).$$

针对 $F_0(x)$ 的不同类型有不同的检验方法,一般采用 χ^2 **拟合优度检验**. χ^2 拟合优度检验是著名英国统计学家卡尔·皮尔逊于 1900 年结合检验分类数据的需要而提出的,然后又用于分布的拟合检验与列联表的独立性检验,这些方法将会在后面逐一介绍.

1. 在 H_0 成立时，$F_0(x)$ 是分布形式和参数都已知

检验 H_0：$F(x)=F_0(x)$ 是否成立可理解为事先给定的理论分布 $F_0(x)$ 能否较好地拟合观测数据 $(x_1,x_2,\cdots,x_n)$ 所反映的随机分布．拟合优度检验法的基本思想是：设法确定一个能刻画观测数据与理论分布 $F_0(x)$ 之间拟合程度的量，称为**拟合优度**．当这个量超过某个界限时，说明拟合程度不高，应拒绝 H_0，否则，接受 H_0．

为此，把总体的所有可能结果的全体 S 分成若干事件 $A_1,A_2,\cdots,A_k$，满足 $\bigcup\limits_{i=1}^{k}A_i=S$，且 $A_iA_j=\varnothing\,(i\neq j)$，统计 n 次试验中 $A_i\,(i=1,2,\cdots,k)$ 出现的频数 m_i，有 $\sum\limits_{i=1}^{k}m_i=n$，分析见表 3.2，计算 $A_i\,(i=1,2,\cdots,k)$ 在 H_0 成立时的概率值 $p_i=P(A_i)$，$(i=1,2,\cdots,k)$（称为理论概率值，有 $\sum\limits_{i=1}^{k}p_i=1$），由此得到在试验样本中事件 A_i 发生的理论（期望）频数 np_i．

表 3.2　分析表

事　件	A_1	A_2	$\cdots$	A_k
理论频率 p_i	p_1	p_2	$\cdots$	p_k
理论频数 np_i	np_1	np_2	$\cdots$	np_k
实际频数 m_i	m_1	m_2	$\cdots$	m_k

当 H_0 成立，试验次数 n 充分大时，理论概率值 p_i 与试验频率 $\dfrac{m_i}{n}$ 的差异应该很小，理论频数 np_i 与实际频数 m_i 的差异也应该比较小．基于这种思想，1900 年，卡尔·皮尔逊利用实际频数 m_i 与理论频数 np_i 的差异提出了 χ^2 检验统计量

$$\chi^2=\sum_{i=1}^{k}\frac{(m_i-np_i)^2}{np_i}.$$

并证明了若 $F_0(x)$ 不含未知参数，在原假设 H_0 成立时，χ^2 的极限分布是 $\chi^2(k-1)$．

当 H_0 为真时，m_i 与 np_i 差异不大，所以 χ^2 检验统计量的值会比较小；而当拒绝 H_0 时，其值就会比较大．所以给定显著性水平 α 时，拒绝域 $W=\{\chi^2\geqslant\chi_\alpha^2(k-1)\}$．

例 3.6　检验一颗六面体骰子是否均匀？$\alpha=0.05$，现掷 120 次，骰子的点数和频数见表 3.3．

表 3.3　骰子的点数和频数表

点数	1	2	3	4	5	6
频数	21	28	19	24	16	12

解　设随机变量 X 表示骰子出现的点数，建立假设：

$$H_0：这颗骰子是均匀的，\quad H_1：这颗骰子不是均匀的.$$

分析见表 3.4．

表 3.4 分析表

事 件	$X=1$	$X=2$	$X=3$	$X=4$	$X=5$	$X=6$
理论频率 p_i	1/6	1/6	1/6	1/6	1/6	1/6
理论频数 np_i	20	20	20	20	20	20
实际频数 m_i	21	28	19	24	16	12

H_0 成立时,检验统计量

$$\chi^2 = \sum_{i=1}^{6} \frac{(m_i - np_i)^2}{np_i} \overset{\text{近似}}{\sim} \chi^2(5).$$

给定显著水平 $\alpha = 0.05$,拒绝域

$$W = \{\chi^2 \geqslant \chi_\alpha^2(5)\} = \{\chi^2 \geqslant 11.07\}.$$

由题意计算出检验统计量的值 $\chi^2 = 8.1 \notin W$. 所以接受 H_0,即认为骰子是均匀的.

2. 在 H_0 成立时,$F_0(x)$ 分布形式已知,但含有未知参数

1924 年,费歇尔给出结论:若 $F_0(x)$ 含有 r 个未知参数 $\theta_1, \theta_2, \cdots, \theta_r$,即 $H_0: F(x) = F_0(x; \theta_1, \cdots, \theta_r)$. 可以先用最大似然估计估计出 r 个未知参数的估计值 $\hat{\theta}_1, \hat{\theta}_2, \cdots, \hat{\theta}_r$,然后再算出 $p_i = P(A_i)$ 的估计值 $\hat{p}_i (i=1, 2, \cdots, m)$. 当 n 充分大时,$\chi^2 = \sum_{i=1}^{k} \frac{(m_i - n\hat{p}_i)^2}{n\hat{p}_i}$ 的极限分布是 $\chi^2(k-r-1)$. 给定显著性水平 α,拒绝域 $W = \{\chi^2 \geqslant \chi_\alpha^2(k-r-1)\}$.

例 3.7 在某细纱机上进行指定时间内的断纱率测定,试验锭子总数为 440 个,测得各锭的断纱数和频数见表 3.5.问各锭的断纱数是否服从泊松分布($\alpha = 0.05$)?

表 3.5 各锭的断纱数和频数表

各锭断纱数	0	1	2	3	4	5	6	7	8
频数	263	112	38	19	3	1	1	0	3

解 设随机变量 X 表示纱锭的断纱数,建立假设:

$H_0: X$ 服从泊松分布 $P(\lambda)$, $H_1: X$ 不服从泊松分布 $P(\lambda)$.

泊松分布的分布列为 $p\{X=k\} = \frac{\lambda^k}{k!} e^{-\lambda}$,参数 λ 未知. 先用最大似然估计来估计参数 λ.

似然函数

$$L(\lambda) = \prod_{i=1}^{n} p\{X=x_i\} = \prod_{i=1}^{n} \frac{\lambda^{x_i}}{x_i!} e^{-\lambda} = \frac{\lambda^{\sum_{i=1}^{n} x_i}}{\prod_{i=1}^{n} x_i!} e^{-n\lambda}.$$

对数似然函数

$$\ln L(\lambda) = \sum_{i=1}^{n} x_i \ln\lambda - \ln \prod_{i=1}^{n} x_i! - n\lambda.$$

令 $\dfrac{\mathrm{dln}L(\lambda)}{\mathrm{d}\lambda} = \dfrac{\sum\limits_{i=1}^{n} x_i}{\lambda} - n = 0$，解得 $\quad \hat{\lambda} = \bar{x} = 0.66$，则 $H_0: X \sim P(0.66)$.

接着用 χ^2 拟合优度检验来检验 H_0，分析见表 3.6.

表 3.6 分析表

事　　件	$X=0$	$X=1$	$X=2$	$X \geqslant 3$
理论频率 $\hat{p}_i$	0.517	0.341	0.113	0.029
理论频数 $n\hat{p}_i$	227	150	50	13
实际频数 m_i	263	112	38	27

检验统计量

$$\chi^2 = \sum_{i=1}^{4} \dfrac{(m_i - n\hat{p}_i)^2}{n\hat{p}_i} \overset{H_0}{\sim} \chi^2(4-1-1).$$

给定显著性水平 $\alpha = 0.05$，拒绝域 $W = \{\chi^2 \geqslant \chi_\alpha^2(2)\} = \{\chi^2 \geqslant 5.991\}$，计算出检验统计量的值 $\chi^2 = 33.293 \in W$，所以拒绝 H_0，即认为各锭的断纱数不服从泊松分布.

由于我们利用的是近似分布进行检验，所以在使用时应注意：样本容量一般要求 $n \geqslant 50$；每组的理论频数 $np_i \geqslant 5$. 当有些频数小于 5 时，应将相邻几组合并，使合并后的频数大于或等于 5.

3.3.2 独立性的假设检验

看下面的例子.

3.10

例 3.8 近年来开车时打手机带来交通安全隐患，为此需要做这两者之间的关联度研究. 研究的方法是从具有手机且已卷入汽车碰撞事故的驾驶员中，调查他们在碰撞前是否使用手机，剔除各种混杂因素，调查的结果见表 3.7，考察驾驶员驾驶时使用手机与事故之间是否存在关联.

表 3.7 使用手机与车祸的数据

车　　祸	车　祸　前		合计
	使用手机	没有使用手机	
发生车祸	41	107	148
没发生车祸	103	485	588
合计	144	592	736

类似表 3.7 按两个或多个特征分类的频数数据称为交叉分类数据，它们一般以表格形式给出，称为**列联表**. 前例中，按照两个属性分类得到二维列联表，又称 2×2 表或四格表，见表 3.7. 若考虑的属性多于两个，也可按类似的方式作出列联表，称为**多维列联表**. 本节只限于讨论二维列联表.

一般场合，若总体中的个体可按两个属性 A 与 B 分类，A 有 r 个类别，B 有 c 个类别，从总体中抽取大小为 n 的样本，这样可把样本按其属性分成 $r \times c$ 类，设其中有 n_{ij} 个样本

既属于 A_i 类又属于 B_j 类,n_{ij} 称为观察频数,将所有 n_{ij} 排列成一个 r 行 c 列的二维列联表,简称 $r \times c$ 列联表,见表 3.8.

表 3.8 $r \times c$ 列联表

A	B					行和
	1	⋯	j	⋯	c	
1	n_{11}	⋯	n_{1j}	⋯	n_{1c}	$n_1.$
⋮	⋮		⋮		⋮	⋮
i	n_{i1}	⋯	n_{ij}	⋯	n_{ic}	$n_i.$
⋮	⋮		⋮		⋮	⋮
r	n_{r1}	⋯	n_{rj}	⋯	n_{rc}	$n_r.$
列和	$n._1$	⋯	$n._j$	⋯	$n._c$	n

列联表分析的基本问题是考察各属性之间有无关联,即判别两属性是否独立,称这类问题为**列联表的独立性检验问题**. 如在前例中,考察的问题是使用手机与车祸之间是否有关,所以"A 与 B 两属性独立与不独立"的假设可以表述为

H_0:使用手机与车祸之间是相互独立的,H_1:使用手机与车祸之间不独立.

两属性独立可表述为所有的联合分布等于边际分布的乘积,即

H_0:$p_{ij} = p_i. \, p._j$, H_1:至少有一个 $p_{ij} \neq p_i. \, p._j (i=1,2,\cdots,r; j=1,2,\cdots,c)$.

这样就把二维列联表的独立性检验问题转化为分类数据的 χ^2 检验问题,其中有 rc 个观察频数 n_{ij},期望频数在原假设成立时为 $np_{ij} = np_i. \, p._j$,诸期望频数中含有 $r+c$ 个未知参数,为 $p_1., p_2., \cdots, p_r.; p._1, p._2, \cdots, p._c$. 又因 $\sum\limits_{i=1}^{r} p_i. = 1, \sum\limits_{j=1}^{c} p._j = 1$,故有 $r+c-2$ 个独立参数需要估计. 此问题中的自由度为 $f = rc - (r+c-2) - 1 = (r-1)(c-1)$.

诸 $p_i.$ 和 $p._j$ 的最大似然估计为 $\hat{p}_i. = \dfrac{n_i.}{n}, \hat{p}._j = \dfrac{n._j}{n}$. 这时用 $\hat{p}_i.$ 来代替 $p_i., \hat{p}._j$ 来代替 $p._j$,期望频数为 $n\hat{p}_i. \hat{p}._j$.

检验统计量

$$\chi^2 = \sum_{i=1}^{r} \sum_{j=1}^{c} \frac{(n_{ij} - n\hat{p}_i. \hat{p}._j)^2}{n\hat{p}_i. \hat{p}._j} \overset{H_0}{\sim} \chi^2((r-1)(c-1)).$$

当 H_0 为真时,χ^2 统计量的值会比较小,而当拒绝 H_0 时,χ^2 统计量的值就会比较大,给定显著性水平 α,拒绝域 $W = \{\chi^2 \geqslant \chi_\alpha^2 (r-1)(c-1)\}$.

解 建立假设

H_0:$p_{ij} = p_i. \, p._j$, H_1:至少有一个 $p_{ij} \neq p_i. \, p._j (i=1,2; j=1,2)$.

检验统计量为

$$\chi^2 = \sum_{i=1}^{2} \sum_{j=1}^{2} \frac{(n_{ij} - n\hat{p}_i. \hat{p}._j)^2}{n\hat{p}_i. \hat{p}._j} \overset{H_0}{\sim} \chi^2(1).$$

给定显著性水平 $\alpha = 0.05$ 时,拒绝域

$$W = \{\chi^2 \geqslant \chi_\alpha^2(1)\} = \{\chi^2 \geqslant 3.841\}.$$

计算出检验统计量的值 $\chi^2 = 7.7950 \in W$. 所以拒绝 H_0,即认为使用手机与车祸之间有关联.

3.3.3 两总体分布比较的假设检验

在许多科学验证或经济社会调查中,常常需要比较两个总体有无明显差异或两个独立样本是否来自同一总体,而总体的分布往往是不清楚的,甚至调查结果只能用某种次序或等级来表示.如让消费者品尝不同品牌啤酒的质量,他们给出较好、较差或者质量等级分.下面介绍几种常用的方法:符号检验,Wilcoxon 秩和检验以及 Wilcoxon-Mann-Whitney 秩和检验.

先看一下问题描述,设 $F_X(x)$, $F_Y(y)$ 分别是连续型总体 X, Y 的分布函数, $(X_1, X_2, \cdots, X_n)$ 和 $(Y_1, Y_2, \cdots, Y_m)$ 分别是来自总体 X, Y 的样本,样本值分别为 $(x_1, x_2, \cdots, x_n)$ 和 $(y_1, y_2, \cdots, y_m)$.

统计假设问题为 H_0:两总体无显著性差异,H_1:两总体有显著性差异.其等价于

$$H_0: F_X(x) = F_Y(x), \quad H_1: F_X(x) \neq F_Y(x).$$

1. 符号检验

符号检验是较为简单的非参数统计分析方法,它的优点是对总体不需要明确假定,适用范围广,本小节将用符号检验来检验两总体之间有无显著差异,此时要求数据配对,即 $n = m$. 若出现 $x_i = y_i$,则从样本中剔除,样本量减少,样本量记为 n'.

$$\text{令 } Z_i = \begin{cases} 1, & X_i > Y_i, \\ 0, & X_i < Y_i, \end{cases} \quad i = 1, 2, \cdots, n'.$$

易见,$Z_1, Z_2, \cdots, Z_n$ 是独立同分布的随机变量序列,且 $Z_i \sim B(1, p)$,其中

$$p = P\{Z_i = 1\} = P\{X_i > Y_i\}.$$

当 H_0 成立时有 $p = \dfrac{1}{2}$.

令 $S^+ = \sum\limits_{i=1}^{n'} Z_i$ 表示配对样本中 $X_i > Y_i$ 的个数,$S^- = n' - n^+$ 表示配对样本中 $X_i < Y_i$ 的个数,则在 H_0 成立时,$S^+ \sim B\left(n', \dfrac{1}{2}\right)$,$S^- \sim B\left(n', \dfrac{1}{2}\right)$,并且 S^+ 和 S^- 应大致相等,都接近 $\dfrac{n'}{2}$. 可选择检验统计量

$$S^+ \overset{H_0}{\sim} B\left(n', \dfrac{1}{2}\right).$$

H_0 成立时,S^+ 的值不会太大,也不会太小,上述检验问题的拒绝域的形式为 $W = \{S^+ \geqslant c\} \cup \{S^+ \leqslant d\}$. 类似 3.2.2 节,给定显著性水平 α,临界值 c 是满足不等式 $\sum\limits_{i=c}^{n'} \binom{n'}{i} \left(\dfrac{1}{2}\right)^{n'} \leqslant \alpha/2$ 的最小正整数,记为 $c = \inf\left\{c^*: \sum\limits_{i=c^*}^{n} \binom{n'}{i} \left(\dfrac{1}{2}\right)^{n-i} \leqslant \alpha/2\right\}$,$d = n' - c$.

也可以用 p 值来检验,记 s_0^+ 为 S^+ 的试验值,上述检验问题的检验 p 值为

$$p = 2\min\{P\{S^+ \leqslant s_0^+\}, P\{S^+ \geqslant s_0^+\}\} = 2\min\left\{\sum_{i=0}^{s_0^+} \binom{n'}{i}\left(\frac{1}{2}\right)^{n-i}, \sum_{i=s_0^+}^{n'} \binom{n'}{i}\left(\frac{1}{2}\right)^{n-i}\right\}.$$

给定显著性水平 α,若 $p \leqslant \alpha$,拒绝 H_0,否则接受 H_0.

当样本量较大时,可以使用二项分布的正态近似进行检验,也就是说,当 $S^+ \overset{H_0}{\sim} B\left(n', \frac{1}{2}\right)$ 时,$S^+ \overset{近似}{\sim} N\left(\frac{n'}{2}, \frac{n'}{4}\right)$.选用检验统计量

$$U = \frac{S^+ - \dfrac{n'}{2}}{\sqrt{\dfrac{n'}{4}}} \overset{近似}{\sim} N(0,1).$$

上述检验问题在样本量较大时的拒绝域为 $W = \{U \geqslant u_{\alpha/2}\} \bigcup \{U \leqslant u_{1-\alpha/2}\}$,其中 u_p 为标准正态分布的上 p 分位点.检验 p 值为 $p = 2\min\left\{P\left\{U \leqslant \dfrac{s_0^+ - \dfrac{n'}{2}}{\sqrt{\dfrac{n'}{4}}}\right\}, P\left\{U \geqslant \dfrac{s_0^+ - \dfrac{n'}{2}}{\sqrt{\dfrac{n'}{4}}}\right\}\right\}.$

例 3.9 某钢铁股份有限公司为比较白班与夜班的处理是否有显著差异,随机抽取了 16 天的产量进行观察,白班与夜班产量比较结果(单位:件)见表 3.9.在显著水平 $\alpha = 0.05$ 下判断白班与夜班生产是否存在显著性差异.

表 3.9 白班与夜班产量比较结果

白班产量>夜班产量	样本数为 9
白班产量<夜班产量	样本数为 4
白班产量=夜班产量	样本数为 3

解 设 X:白班产量,Y:夜班产量,X, Y 的分布函数分别是 $F_X(x), F_Y(y)$.

建立假设为

$$H_0: F_X(x) = F_Y(x), \quad H_1: F_X(x) \neq F_Y(x).$$

选用检验统计量为 $S^+ \overset{H_0}{\sim} B\left(n', \frac{1}{2}\right)$,其中,$s_0^+ = 9, s_0^- = 4, n' = 13$.

检验 p 值为

$$p = 2\min\{P(S^+ \leqslant 9), P(S^+ \geqslant 9)\} = 2\min\left\{\sum_{i=0}^{9} \binom{13}{i}\left(\frac{1}{2}\right)^{13-i}, \sum_{i=9}^{13} \binom{13}{i}\left(\frac{1}{2}\right)^{13-i}\right\}$$

$$= 0.2668 \geqslant \alpha = 0.05.$$

故接受 H_0,即认为白班与夜班生产不存在显著性差异.

2. Wilcoxon 秩和检验法

在检验两个总体分布是否有明显差异或两个独立样本是否来自同一总体的检验问题中,符号检验只用到了差值的正负号信息,没有考虑到差值的绝对值大小,对此,F. Wilcoxon 在 1945 年提出了符号秩和检验.符号秩和检验又称秩和检验,或 Wilcoxon 秩和检验.秩和检验不仅考虑样本差值的符号,还考虑样本差值的顺序,在利用样本信息方面比符号检验更充分.另外,秩和检验不要求配对样本.

秩和检验的提出推动了秩方法的发展,秩方法都是建立在秩与秩统计量基础上的非参数方法,接下来对秩和检验的基本概念作简单的介绍.

1) 秩的概念

设有独立同分布的样本 $(x_1, x_2, \cdots, x_n)$,按从小到大的顺序排成一列,得 $x_{(1)}, x_{(2)}, \cdots, x_{(n)}$,如果 $x_i = x_{(k)}$,则称 $x_i (i=1,2,\cdots,n)$ 在 $(x_1, x_2, \cdots, x_n)$ 中的秩为 k. 事实上,秩就是按照样本值从小到大排成一列的位次.

若几个样本值相同,一般采取的是平均秩法,它们的秩为它们排序的平均值. 如混合样本值的从小到大的排列顺序为 $2,3,3,3,5,5,8,9,12$,则 2 的秩为 1;3 的秩为 $(2+3+4)/3=3$;5 的秩为 $(5+6)/2=5.5$.

2) 秩和检验法

设 $n \leqslant m$,将 $X_1, X_2, \cdots, X_n$ 在 $X_1, X_2, \cdots, X_n$ 与 $Y_1, Y_2, \cdots, Y_m$ 的混合样本中的秩相加,记其和为 W_x,则有 $\frac{1}{2}n(n+1) \leqslant W_x \leqslant \frac{1}{2}n(n+2m+1)$,可选用秩和 W_x **为检验统计量**. 统计量 W_x 有如下性质:

性质 3.1 在原假设 H_0 为真的条件下,W_x 概率密度的对称轴为 $\frac{n(m+n+1)}{2}$,且

$$E(W_x) = \frac{n(n+m+1)}{2}, \quad D(W_x) = \frac{nm(n+m+1)}{12}.$$

此处略去证明过程,详情见参考文献[9]中.

在 H_0 成立时,两个独立样本 $X_1, X_2, \cdots, X_n$ 与 $Y_1, Y_2, \cdots, Y_m$ 应来自同一个总体,这时 $X_1, X_2, \cdots, X_n$ 随机分散在 $Y_1, Y_2, \cdots, Y_m$ 中,因此 W_x 不应太大与太小,否则认为 H_0 不成立. 于是拒绝域为

$$W = \{W_x \leqslant t_1\} \bigcup \{W_x \geqslant t_2\}, \quad t_1 < t_2.$$

其中临界值 t_1 是使 $P\{W_x \leqslant t_1\} \leqslant \alpha/2$ 成立的最大值,t_2 是 $P\{W_x \geqslant t_2\} \leqslant \alpha/2$ 成立的最小值,由秩和检验表可查得临界值 t_1, t_2.

也可以用 p 值检验. 先计算检验统计量 W_x 的值 t_0,再计算 $p = 2\min\{P(W_x \leqslant t_0), P(W_x \geqslant t_0)\}$.

在 m 和 n 都比较大时,在 H_0 成立的条件下,W_x 的极限分布是正态分布,记为

$$W_x \overset{\text{近似}}{\sim} N\left(\frac{n(n+m+1)}{2}, \frac{nm(n+m+1)}{12}\right).$$

选用检验统计量

$$U = \frac{W_x - \dfrac{n(n+m+1)}{2}}{\sqrt{\dfrac{nm(n+m+1)}{12}}} \overset{\text{近似}}{\sim} N(0,1).$$

则拒绝域为 $W = \{|U| \geqslant \mu_{\alpha/2}\}$.

也可以用 p 值检验,先计算检验统计量 U 的值 u_0,再计算 $p = 2\min\{P(U \leqslant u_0), P(U \geqslant u_0)\}$.

例 3.10 两个企业职工的工资是否有明显差异(见表 3.10)?

表 3.10 两个企业职工的工资

企业 1	11	12	13	14	15	16	17	18	19	20	40	60
企业 2		3	4	5	6	7	8	9	10	30	50	

解 将两个企业 22 名职工合在一起,从小到大排序得到下表:

工资	[3]	[4]	[5]	[6]	[7]	[8]	[9]	[10]	11	12	13
秩	1	2	3	4	5	6	7	8	9	10	11
工资	14	15	16	17	18	19	20	[30]	40	[50]	60
秩	12	13	14	15	16	17	18	19	20	21	22

带[ ]表示企业 2 的工资,不带[ ]表示企业 1 的工资.

企业 1 有 12 名职工,企业 2 有 10 名职工,为简单起见,一般我们选择人数少的企业的秩和作检验统计量.

设 X, Y 分别表示企业 2 和企业 1 职工的工资,X, Y 的分布函数分别是 $F_X(x)$,$F_Y(y)$.

建立假设为

$$H_0: F_X(x) = F_Y(x), \quad H_1: F_X(x) \neq F_Y(x).$$

选取统计量 W_x,这里 W_x 代表公司 2 的员工工资的秩和.

$$W_x = 1 + 2 + 3 + 4 + 5 + 6 + 7 + 8 + 19 + 21 = 76.$$

当 $m = 12, n = 10$ 时,查附表 5 得 $P(W_x \leqslant 76) = 0.005$.

检验 p 值:$p = 2\min\{P(W_x \leqslant 76), P(W_x \geqslant 76)\} = 0.01 < \alpha = 0.05$. 所以拒绝原假设 H_0,接受备择假设 H_1,即认为企业 2 职工的工资和企业 1 职工的工资有明显差异.

3. Wilcoxon-Mann-Whitney 检验

1947 年 Mann 和 Whitney 补充了 Wilcoxon 秩和检验,称两样本的秩和检验为 Wilcoxon-Mann-Whitney 检验.

当 $n \leqslant m$,Wilcoxon-Mann-Whitney 检验选用的检验统计量为混合样本中 X 样本观测值 $X_1, X_2, \cdots, X_n$ 大于 Y 样本观测值 $Y_1, Y_2, \cdots, Y_m$ 的个数,记为 $W_{yx} = \sharp(Y_i < X_j, j \in I_n, i \in I_m)$. Wilcoxon-Mann-Whitney 检验和 Wilcoxon 秩和检验是等价的,两者的检验统计量相差一个常数,有如下关系:$W_x = W_{yx} + \dfrac{n(n+1)}{2}$. 统计量有如下性质:

性质 3.2 在原假设 H_0 为真的条件下,W_{yx} 概率密度的对称轴为 $\dfrac{mn}{2}$,$E(W_x) = \dfrac{mn}{2}$,$D(W_x) = \dfrac{mn(m+n+1)}{12}$.

此处略去证明过程,详情见参考文献[9]中.

在 H_0 成立时,两个独立样本 $X_1, X_2, \cdots, X_n$ 与 $Y_1, Y_2, \cdots, Y_m$ 应来自同一个总体,这时 $X_1, X_2, \cdots, X_n$ 随机分散在 $Y_1, Y_2, \cdots, Y_m$ 中,因此 W_{yx} 不应太大与太小,否则认为 H_0 不成立. 于是拒绝域为

$$W = \{W_{yx} \leqslant t_1'\} \bigcup \{W_{yx} \geqslant t_2'\}, \quad t_1' < t_2'.$$

其中临界值 t_1' 是使 $P\{W_{yx} \leqslant t_1'\} \leqslant \alpha/2$ 成立的最大值,t_2' 是使 $P\{W_{yx} \geqslant t_2'\} \leqslant \alpha/2$ 成立的最小值,由秩和检验表可查得临界值 t_1', t_2'.

也可以用 p 值检验.先计算检验统计量 W_{yx} 的值 t_0',再计算 $p = 2\min\{P\{W_{yx} \leqslant t_0'\}, P\{W_{yx} \geqslant t_0'\}\}$.

在 m 和 n 都比较大时,在 H_0 成立的条件下,W_{yx} 的极限分布是正态分布,记为

$$W_{yx} \overset{\text{近似}}{\sim} N\left(\frac{mn}{2}, \frac{nm(n+m+1)}{12}\right).$$

选用检验统计量

$$U' = \frac{W_{yx} - \dfrac{mn}{2}}{\sqrt{\dfrac{nm(n+m+1)}{12}}} \overset{\text{近似}}{\sim} N(0,1),$$

则拒绝域为 $W = \{|U| \geqslant u_{\alpha/2}\}$.

也可以用 p 值检验.先计算检验统计量 U' 的值 u_0',$p = 2\min\{P\{U' \leqslant u_0'\}, P\{U' \geqslant u_0'\}\}$.

下面我们用 Wilcoxon-Mann-Whitney 检验来分析例 3.10,此时选取检验统计量 W_{yx},即混合样本中 X 样本观测值 $X_1, X_2, \cdots, X_n$ 大于 Y 样本观测值 $Y_1, Y_2, \cdots, Y_m$ 的个数.

$$W_x = 1+2+3+4+5+6+7+8+19+21 = 76, \quad W_{yx} = 76 - \frac{10 \times 11}{2} = 21.$$

当 $m=12, n=10$ 时,查附表 5 得 $P(W_{yx} \leqslant 22) = 0.005$.

检测 p 值 $p = 2\min\{P(W_{yx} \leqslant 21), P(W_{yx} \geqslant 21)\} < \alpha = 0.05$. 所以拒绝原假设 H_0,接受备择假设 H_1,即认为企业 2 职工的工资和企业 1 职工的工资有明显差异.

3.4 统计分析软件训练

3.12

训练项目 1 单个正态总体均值的假设检验

软件训练案例 1 某计算机公司使用的现行系统,测试每个程序所需的平均时间为 45s,现在使用一个新的系统运行 12 个程序,测试所需的时间分别为(单位:s)

$$47, 48, 45, 30, 37, 42, 35, 36, 40, 44, 38, 43.$$

若假设一个系统测试一个程序的时间服从正态分布,那么据此数据用假设检验的方法推断新系统与现行系统在测试一个程序上所有的时间是否相等.

R 软件 采用 t.test() 函数来实现对总体均值的假设检验.

t.test() 函数的调用方式为

```
t.test(x,alternative = c("two.sided", "less", "greater"),mu = 0),
```

其中,alternative = c("two.sided", "less", "greater") 规定了假设检验中的备择假设,two.sided 对应备择假设 $H_1: \mu = \mu_0$,less 对应备择假设 $H_1: \mu < \mu_0$,greater 对应备择假设 $H_1: \mu > \mu_0$.mu 为要比较的均值 μ_0,系统默认值为 0.

具体操作如下：

```
> hour = c(47,48,45,30,37,42,35,36,40,44,38,43)        #输入测试所需时间,构成样本数据
> t.test(hour,alternative = "two.sided",mu = 45)        #对样本数据 hour 进行假设检验
      One Sample t - test                               #以下皆为假设检验的结果
   data: hour                                           #假设检验中使用的数据 hour
   t = - 2.9487, df - 11, p - value = - 0.01324         #假设检验的结果
 alternative hypothesis: true mean is not equal to 45   #表明备择假设为:≠45
   95percent confidence interval:
   36.99554 43.83779
 sample estimates:
   mean of x
 40.41667
```

结论：对于假设检验的结果"t ＝ － 2.9487, df ＝ 11, p-value ＝ 0.01324"，其中"t ＝ －2.9487"表示假设检验中 t 检验统计量的计算值为 －2.9487，"df＝11"表示使用的 t 统计量的自由度为 11，"p-value＝0.01324"表示显著概率 p 值为 0.01324. 此结果表明，在显著性水平 α 为 0.05 时，假设检验作出拒绝原假设的判断，而在显著性水平 α 为 0.01 时，假设检验作出接受原假设的判断. R 软件中的假设检验是通过比较计算的显著性概率 p 值和预先给定的显著性水平 α 值来进行判断的. 若 $p < \alpha$，则拒绝原假设，反之，则接受原假设.

训练项目 2　两个正态总体均值的假设检验

软件训练案例 2　在平炉上进行的一项试验以确定改变操作方法是否会增加钢的得率. 试验在同一平炉上进行，除了操作方法，其他条件尽可能相同，先用标准方法炼一炉，再用新方法炼一炉，交替进行，各炼了 10 炉，其得率分别为

标准方法：78.1, 72.4, 76.2, 74.3, 77.4, 78.4, 76.0, 75.5, 76.7, 77.3.

新方法：79.1, 81.0, 77.3, 79.1, 80.0, 79.1, 79.1, 77.3, 80.2, 82.1.

假设这两个总体独立，且分别来自正态总体 $N(\mu_1, \sigma_1^2)$ 和 $N(\mu_2, \sigma_2^2)$. 试在两总体方差未知不等和相等的情况下，问新操作能否提高得率？

R 软件　R 软件采用 t.test() 函数来实现两总体均值比较的假设检验.

下面的程序是在两总体方差相等时，对两总体均值进行假设检验.

```
> x < - c(78.1,72.4,76.2,74.3,77.4,78.4,76.0,75.5,76.7,77.3)    #样本数据 x
> y < - c(79.1,81.0,77.3,79.1,80.0,79.1,79.1,77.3,80.2,82.1)    #样本数据 y
> t.test(x,y,var.equal = TRUE, alternative = "less")            #对两总体的均值进行假设检验(方
                                                                差相等)
 Two Sample t - test                                            #以下为假设检验的结果
data: x and y
t = - 4.2957, df = 18, p - value = 0.0002176                    #假设检验的计算结果
alternative hypothesis: true difference in means is less than 0   #规定备择假设
95 percent confidence interval:
 - Inf - 1.908255
sample estimates:
mean of x mean of y
 76.23     79.43
```

结论：因为 p 值为 0.0002176 小于显著性水平 $\alpha=0.05$，所以拒绝原假设，即认为新的操作能提高得率.

下面的程序是在两总体方差不等时，对两总体均值进行假设检验.

```
> x <- c(78.1,72.4,76.2,74.3,77.4,78.4,76.0,75.5,76.7,77.3)    #样本数据 x
> y <- c(79.1,81.0,77.3,79.1,80.0,79.1,79.1,77.3,80.2,82.1)    #样本数据 y
> t.test(x,y,var.equal = FALSE, alternative = "less")  #对两总体的均值进行假设检验(方差不等)
  Welch Two Sample t - test                          #以下为假设检验的结果
data: x and y
t = - 4.2957, df = 17.139, p - value = 0.0002355       #假设检验的计算结果
alternative hypothesis: true difference in means is less than 0  #规定备择假设
95 percent confidence interval:
 - Inf   - 1.9055
sample estimates:
mean of x mean of y
 76.23   79.43
```

结论：因为 $p=0.0002355$ 小于显著性水平 $\alpha=0.05$，所以拒绝原假设，即认为新的操作能提高得率.

训练项目 3   两个正态总体方差的假设检验

软件训练案例 3   以案例 2 中数据为例，问两种操作方法对得率的波动影响是否显著？

R 软件   R 软件采用 var.test() 函数来实现两总体方差比较的假设检验.

下面的程序是两总体方差比较的假设检验.

```
> x <- c(78.1,72.4,76.2,74.3,77.4,78.4,76.0,75.5,76.7,77.3)  #样本数据 x
> y <- c(79.1,81.0,77.3,79.1,80.0,79.1,79.1,77.3,80.2,82.1)  #样本数据 y
> var.test(x,y)                                    #对两总体的方差进行假设检验
         F test to compare two variances           #以下为假设检验的结果
 data: x and y
 F = 1.4945, num df = 9, denom df = 9, p - value = 0.559     #假设检验的计算结果
alternative hypothesis: true ratio of variances is not equal to 1   #规定备择假设
95 percent confidence interval:
 0.3712079 6.0167710
sample estimates:
ratio of variances
        1.494481
```

结论：因为 $p=0.559$ 大于显著性水平 $\alpha=0.05$，所以接受原假设，即认为两种操作方法对得率的波动影响不显著.

训练项目 4   单总体分布的假设检验

软件训练案例 4   检验骰子的六个面是否匀称. 现掷 120 次，结果见表 3.11.

表 3.11 骰子的点数和频数表

点数	1	2	3	4	5	6
频数	21	28	19	24	16	12

R 软件 R 软件采用 chisq.test()函数对单总体的分布进行检验. chisq.test()函数的调用方式为

$$chisq.test(x, p = 1/length(x), length(x)),$$

其中,x 为样本数据,p 对应假设检验中理论分布的分组概率,默认各种概率相等,即检验总体是否为均匀分布. 下面是单总体分布是否为均匀分布的假设检验.

```
> x <- c(21,28,19,24,16,12)                              # 样本数据 x
> chisq.test(x)                                          # 对两总体的方差进行假设检验
          Chi - squared teat for given probabilities     # 以下为假设检验的结果
data: x
X - squared = 8.1, df = 5, p - value = 0.1508            # 假设检验的计算结果
```

结论:因为 $p = 0.1508$ 大于显著性水平 $\alpha = 0.05$,所以接受原假设,即认为这个骰子的六个面是匀称的.

训练项目 5　两个总体独立性假设检验

软件训练案例 5　近年来开车时打手机带来交通安全隐患,为此需要做这两者之间的关联度研究. 研究的方法是从具有手机且已卷入汽车碰撞事故的驾驶员中,调查他们在碰撞前是否使用手机,剔除各种混杂因素,调查的结果见表 3.12,考察驾驶员驾驶时使用手机与事故之间是否存在关联.

表 3.12　使用手机与车祸的数据

车　祸	车　祸　前		合　计
	使用手机	没有使用手机	
发生车祸	41	107	148
没发生车祸	103	485	588
合计	144	592	736

R 软件　R 软件采用 chisq.test()函数对两总体的独立性进行检验,步骤如下.

```
> x <- c(41,103,107,485)                    # 样本数据 x
> dim(x) = c(2,2)                           # 将向量 x 变为 2 * 2 的矩阵
> chisq.test(x,correct = FALSE)             # 进行独立性检验,corret 用于设定不进行连续修正
Pearson's Chi - squared test                # 以下为假设检验的结果
data: x
X - squared = 7.795, df = 1, p - value = 0.00523    # 假设检验的计算结果
```

结论:因为 $p = 0.00523$ 小于显著性水平 $\alpha = 0.05$,所以拒绝原假设,即认为使用手机和发生车祸之间有很强的关联性.

小结

本章介绍了统计量的第二个作用：对总体提出了假设，通过样本进行检验．假设检验是统计学中最具有特色的部分，从建立假设，选择检验统计量，构造拒绝域（或计算 p 值），到作出判断等步骤都体现了多种统计思想的亮点．假设检验的思维方式也独具一格，不犯错误、不冒风险的判断是不存在的，关键在于设法控制犯错误的概率．

本章主要内容有：假设检验的基本思想和步骤；对于单正态总体，均值的假设检验问题和方差的假设检验问题；对于两独立正态总体，几种情形下的均值差的检验问题和方差比的检验问题；两种非正态总体参数的检验问题；对于非参数检验问题，皮尔逊拟合检验和列联表独立性检验，符号检验、Wilcoxon 检验问题和 Wilcoxon-Mann-Whitney 秩和检验．

习题 3

A 组

1. 设 $x_1, \cdots, x_{10}$ 是来自 0-1 总体 $b(1, p)$ 的样本，考虑如下检验问题：
$$H_0: p = 0.2, \quad H_1: p = 0.4.$$
取拒绝域为 $W = \{\bar{x} \geq 0.5\}$，求该检验犯两类错误的概率．

2. 某批矿砂的 5 个样品中的镍价量（％）经测定为
$$3, 25, \ 3.27, \ 3.24, \ 3.26, \ 3.24.$$
设测定值服从正态分布，问在显著水平 $\alpha = 0.01$ 下，能否认为这批矿砂的（平均）镍含量超过 3.235％.

3. 车间生产铜丝，其主要质量指标为折断力的大小 $X \sim N(\mu, \sigma^2)$，根据过去资料，$\mu_0 = 285\text{kg}$，$\sigma_0 = 4\text{kg}$，现在换了一批原材料，欲了解折断力有无显著变化（显著性水平 $\alpha = 0.05$），从现今产品中任取 10 根，测得折断力（单位：kg）数据如下：
$$289, 286, 285, 284, 285, 285, 286, 286, 298, 292.$$
（1）试检验方差 σ^2 和过去相比有无显著变化；
（2）试检验均值 μ 和过去相比有无显著变化．

4. 利用抽样定理给出抽样分布 $\chi^2 = \dfrac{n\widetilde{S}^2}{\sigma^2} \sim \chi^2(n)$，构造 μ 已知时检验假设
$$H_0: \sigma^2 = \sigma_0^2, \quad H_1: \sigma^2 \neq \sigma_0^2$$
的 χ^2 检验法，并给出相应的拒绝域（取显著性水平为 α）．

5. 有甲、乙两台机床加工同样产品，从这两台机床加工的产品中随意地抽取若干件，测得产品直径（单位：mm）为

机床甲：$20.5, 19.8, 19.7, 20.4, 20.1, \ 20.0, 19.0, 19.9.$

机床乙：$19.7, 20.8, \ 20.5, 19.8, 19.4, 20.6, 19.2.$

试比较甲、乙两台机床加工产品直径有无显著差异（假定两台机床加工产品的直径都服从

正态分布且方差相等,取显著性水平 $\alpha = 0.05$).

6. 设甲、乙两种稻种分别种在 10 块和 13 块试验田中,假定两种作物亩产量都服从正态分布,现获两种作物亩产量的试验值并算得 $\overline{X}_1 = 141$, $\overline{X}_2 = 121$, $S_1^{*2} = 108$, $S_2^{*2} = 218$. 取 $\alpha = 0.10$.

(1) 检验两种作物产量的波动性是否有显著差异;

(2) 检验两种作物的产量是否有显著差异;

(3) 求两种作物平均产量之差的置信区间.

B 组

1. 检查某产品质量,每次抽取 10 个产品,共取 100 次,得到每 10 个产品中次品数的分布如下:

次品数:0,1,2,3,4,5,6,7,8,9,10.
频数:35,40,18,5,1,1,0,0,0,0,0.

试用 χ^2 检验法检验生产过程中出现次品的概率是否可以认为是不变的,即次品是否服从二项分布(显著性水平 $\alpha = 0.05$).

2. 有一正四面体,将此四面体分别涂为红、黄、蓝、白四色. 现在任意地抛掷它直到白色面与地面相接触为止. 记录其抛掷的次数,作为一盘试验. 做 200 盘这样的试验,结果如下:

抛掷次数:1,2,3,4,≥5.
频数:56,48,32,28,36.

问该四面体是否均匀(显著性水平 $\alpha = 0.05$)?

3. 某赌徒被指责使用的是一只有问题的正六面体骰子,但他辩称自己是无辜的. 现有这只骰子最近 60 次掷出的点数,见下表:

出现点数	1	2	3	4	5	6
实际频数 m_i	4	6	17	16	8	9

取显著性水平 $\alpha = 0.05$,请使用数理统计方法为他们断案.

4. 在公路上,每隔 15s 记录下路过的汽车数,共进行了 200 次观察,得到频数分布如下:

路过汽车数	0	1	2	3	4	≥5
频数	92	68	28	11	1	0

试检验路过的汽车数是否服从泊松分布(显著性水平 $\alpha = 0.05$).

5. 下表列出了某地区夏季一个月中由 100 个气象站报告的雷暴雨的次数.

A_i	A_0	A_1	A_2	A_3	A_4	A_5	A_6
x_i^*	0	1	2	3	4	5	≥6
m_i	22	37	20	13	6	2	0

其中 m_i 是报告雷暴雨的次数为 x_i^* 的气象站的数目. 试检验雷暴雨的次数 X 是否服从泊松分布(显著性水平 $\alpha = 0.05$).

6. 通过下表分析儿童的智力与营养之间有无关联(显著性水平 $\alpha = 0.05$).

营养	智　力				合计
	<80	80～89	90～99	>100	
良好	367	342	266	329	1304
不良	56	40	20	16	132
合计	423	382	286	345	1436

7. 某钢铁公司订购了一批铸件，在使用前需进行机加工．这一任务可由公司承担，也可以转包给他人．公司为减少加工费用，所确定的原则是：若铸件质量的中位数超过 25kg，就转包出去；等于或小于 25kg 则不转包．从这批 100 件中随机抽取了 8 件进行测量，每件质量分别为：24.3、25.8、25.4、24.8、25.2、25.1、25.0、25.5kg．使用这些数据，请用符号检验来判断这批铸件是否需要转包（显著性水平 $\alpha=0.05$）．

8. A、B 品牌显示器在不同商场的零售价格表如下（单位：元）：

A	698	688	675	656	655	648	640	639	620
B		780	754	740	712	693	680	621	

3.13

3.14

用 Wilcoxon-Mann-Whitney 秩和检验回答问题：A 品牌显示器的零售价格是否比 B 品牌显示器的零售价格低（显著性水平 $\alpha=0.05$）？

第 2 篇　线性统计模型

　　"线性统计模型"是一类广泛应用于生物学、经济学、医学、工业和农业等领域的统计分析工具,它通过建立解释变量(自变量)与目标变量(因变量)之间的线性关系来分析和预测现象.本篇介绍两种用途广泛的线性统计模型:方差分析模型和回归分析模型.

第4章 方差分析与试验设计

·· ··

在第 3 章假设检验中我们研究了两个总体均值比较的问题,但如果有三个或三个以上的总体,它们均值之间的差异又该如何比较? 如对于某高校的新生,若想考察安徽、山东两省份的新生入学成绩是否有显著性差异,可以通过 t 检验进行判断.但若想考察安徽、山东、河南、江苏等省份的新生入学成绩是否有显著性差异,能否通过两两 t 检验的方法解决此问题? 这显然不可取.因为统计学上的结论都具有概率性,存在犯错误的可能.比如,要考察来自 4 个省份的新生,需要用到 6 次两两之间的 t 检验,对于一次比较,犯第一类错误的概率为 α,那么 6 次比较,犯第一类错误的概率不是 α^6,而是 $1-(1-\alpha)^6$.也就是说,若 $\alpha=0.05$ 时,那么 6 次比较中犯第一类错误的概率就已经高达 0.2649.所以两两之间的 t 检验并不适用于多个总体均值的比较.

对于上述多个总体均值比较的问题就可以采用方差分析模型来解决.

4.1

4.2

4.1 单因素方差分析

在进行方差分析时,试验对象的某项指标值称为试验指标,影响试验指标的可控变量称为因素,又称因子,而因子所处的不同状态或试验条件称为水平.例如,在考察来自 6 个省份的新生入学成绩是否存在显著性差异时,新生的入学成绩就是试验指标,省份就是因子,6 个省份就是有 6 种水平.

4.1.1 单因素方差分析的基本思想

试验时只考虑一个因素改变条件,其余条件都不变的试验称为**单因素试验**,相应的方差分析称为**单因素方差分析**或**一元方差分析**.在单因素试验中,已知因子 A 有 r 种水平 $A_1, A_2, \cdots, A_r$,每种水平下做了 $n_1, n_2, \cdots, n_r$ 次试验,且 $n_1+n_2+\cdots+n_r=n$,获得试验值.分析因子 A 对试验指标有无显著性的影响.不妨假定在每一种水平下,试验指标分别服从 $N(\mu_i, \sigma^2)$,且所有结果间均相互独立.根据描述得到表 4.1.

表 4.1 描述列表

因子水平	总体	样本
A_1	$X_1 \sim N(\mu_1, \sigma^2)$	$X_{11}, X_{12}, \cdots, X_{1n_1}$
$\vdots$	$\vdots$	$\vdots$
A_r	$X_r \sim N(\mu_r, \sigma^2)$	$X_{r1}, X_{r2}, \cdots, X_{rn_r}$

其中 X_{ij} 表示在第 i 个水平下的第 j 次试验值.单因素方差分析就是对数据 X_{ij} 进行分析,以判断试验指标在各个水平下的总体均值 $\mu_1,\mu_2,\cdots,\mu_r$ 是否相等,即进行下面的假设:

$$H_0:\mu_1=\mu_2=\cdots=\mu_r,\quad H_1:\mu_1,\mu_2,\cdots,\mu_r \text{ 不全相等}. \tag{4.1}$$

方差分析对数据分析的方法是利用数据之间的差异来研究总体均值之间是否存在显著性的差异,这就是方差分析名称的由来.我们发现**引起数据之间产生差异的原因**有两点:一是**因子处于不同的水平**,也就是试验条件不同;二是不可控的**随机误差**.由此建立数据的数学模型为

$$\begin{cases} X_{ij}=\mu_i+\varepsilon_{ij}, \\ \varepsilon_{ij}\sim N(0,\sigma^2),\quad i=1,2,\cdots,r,j=1,2,\cdots,n_i \\ \text{且它们之间相互独立}. \end{cases}$$

称 $\mu=\dfrac{1}{n}\sum\limits_{i=1}^{r}n_i\mu_i$ 为**总平均**,也称一般平均.引入因子 A 在第 i 个水平下的**效应**为 $\delta_i=\mu_i-\mu$,可以看到效应满足 $\sum\limits_{i=1}^{r}n_i\delta_i=0$ 的关系.相应的数学模型可以改写为

$$\begin{cases} X_{ij}=\mu+\delta_i+\varepsilon_{ij}, \\ \varepsilon_{ij}\sim N(0,\sigma^2),\quad i=1,2,\cdots,r,j=1,2,\cdots,n_i \\ \text{且它们之间相互独立}. \end{cases}$$

则假设(4.1)可以改写为

$$H_0:\delta_1=\delta_2=\cdots=\delta_r=0,\quad H_1:\delta_1,\delta_2,\cdots,\delta_r \text{ 不全为 } 0.$$

4.1.2 单因素方差分析的过程

在单因素试验中将所有数据及分布汇总在表 4.2 中.

表 4.2 单因素试验数据及分布表

总　体	样　本	样本平均	随机误差	误差平均
$X_1\sim N(\mu_1,\sigma^2)$ $\vdots$ $X_r\sim N(\mu_r,\sigma^2)$	$X_{11},X_{12},\cdots,X_{1n_1}$ $\vdots$ $X_{r1},X_{r2},\cdots,X_{rn_r}$ $X_{ij}\sim N(\mu_i,\sigma^2)$	$\bar{X}_i=\dfrac{1}{n_i}\sum\limits_{j=1}^{n_i}X_{ij}$ $\sim N\left(\mu_i,\dfrac{\sigma^2}{n_i}\right)$	$\varepsilon_{11},\varepsilon_{12},\cdots,\varepsilon_{1n_1}$ $\vdots$ $\varepsilon_{r1},\varepsilon_{r2},\cdots,\varepsilon_{rn_r}$ $\varepsilon_{ij}\sim N(0,\sigma^2)$	$\bar{\varepsilon}_i=\dfrac{1}{n_i}\sum\limits_{j=1}^{n_i}\varepsilon_{ij}$ $\sim N\left(0,\dfrac{\sigma^2}{n_i}\right)$
$\mu=\dfrac{1}{n}\sum\limits_{i=1}^{r}n_i\mu_i$ $\sum\limits_{i=1}^{r}n_i\delta_i=0$	$n_1+n_2+\cdots+n_r$ $=n$	$\bar{X}=\dfrac{1}{n}\sum\limits_{i=1}^{r}\sum\limits_{j=1}^{n_i}X_{ij}$ $\sim N\left(\mu,\dfrac{\sigma^2}{n}\right)$		$\bar{\varepsilon}=\dfrac{1}{n}\sum\limits_{i=1}^{r}\sum\limits_{j=1}^{n_i}\varepsilon_{ij}$ $\sim N\left(0,\dfrac{\sigma^2}{n}\right)$

为寻找检验统计量以及 H_0 成立时检验统计量的分布,我们从分析数据产生差异的原因入手.根据前面的分析知道,主要原因有两个:一是因子 A 取不同的水平,二是随机误差的存在.下面就用具体的量来刻画这些差异.

1. 平方和分解

1）**总离差平方和 Q_T**——反映了全体 X_{ij} 的离散程度

$$Q_T = \sum_{i=1}^{r} \sum_{j=1}^{n_i} (X_{ij} - \overline{X})^2 = \sum_{i=1}^{r} \sum_{j=1}^{n_i} (X_{ij} - \overline{X}_i + \overline{X}_i - \overline{X})^2$$

$$= \sum_{i=1}^{r} \sum_{j=1}^{n_i} (X_{ij} - \overline{X}_i)^2 + \sum_{i=1}^{r} \sum_{j=1}^{n_i} (\overline{X}_i - \overline{X})^2 + 2\sum_{i=1}^{r} \sum_{j=1}^{n_i} (X_{ij} - \overline{X}_i)(\overline{X}_i - \overline{X}),$$

其中

$$2\sum_{i=1}^{r} \sum_{j=1}^{n_i} (X_{ij} - \overline{X}_i)(\overline{X}_i - \overline{X}) = 2\sum_{i=1}^{r} (\overline{X}_i - \overline{X}) \sum_{j=1}^{n_i} (X_{ij} - \overline{X}_i)$$

$$= 2\sum_{i=1}^{r} (\overline{X}_i - \overline{X})\left(\sum_{j=1}^{n_i} X_{ij} - n_i \overline{X}_i\right) = 0.$$

故 $Q_T = \sum_{i=1}^{r} \sum_{j=1}^{n_i} (X_{ij} - \overline{X}_i)^2 + \sum_{i=1}^{r} \sum_{j=1}^{n_i} (\overline{X}_i - \overline{X})^2.$

再利用 $X_{ij} = \mu + \delta_i + \varepsilon_{ij}$ 和效应间的关系，得

$$\overline{X}_i = \frac{1}{n_i} \sum_{j=1}^{n_i} X_{ij} = \frac{1}{n_i} \sum_{j=1}^{n_i} (\mu + \delta_i + \varepsilon_{ij}) = \mu + \frac{1}{n_i} \sum_{j=1}^{n_i} \delta_i + \frac{1}{n_i} \sum_{j=1}^{n_i} \varepsilon_{ij} = \mu + \delta_i + \bar{\varepsilon}_i,$$

$$\overline{X} = \frac{1}{n} \sum_{i=1}^{r} \sum_{j=1}^{n_i} X_{ij} = \frac{1}{n} \sum_{i=1}^{r} \sum_{j=1}^{n_i} (\mu + \delta_i + \varepsilon_{ij}) = \mu + \frac{1}{n} \sum_{i=1}^{r} \sum_{j=1}^{n_i} \delta_i + \frac{1}{n} \sum_{i=1}^{r} \sum_{j=1}^{n_i} \varepsilon_{ij} = \mu + \bar{\varepsilon},$$

故 $Q_T = \sum_{i=1}^{r} \sum_{j=1}^{n_i} (\mu + \delta_i + \varepsilon_{ij} - (\mu + \bar{\varepsilon}))^2 = \sum_{i=1}^{r} \sum_{j=1}^{n_i} (\delta_i + \varepsilon_{ij} - \bar{\varepsilon})^2.$

2）**组内离差平方和 Q_E**——反映了由误差 ε_{ij} 引起的数据差异

$$Q_E = \sum_{i=1}^{r} \sum_{j=1}^{n_i} (X_{ij} - \overline{X}_i)^2 = \sum_{i=1}^{r} \sum_{j=1}^{n_i} \left[(\mu + \delta_i + \varepsilon_{ij}) - (\mu + \delta_i + \bar{\varepsilon}_i)\right]^2$$

$$= \sum_{i=1}^{r} \sum_{j=1}^{n_i} (\varepsilon_{ij} - \bar{\varepsilon}_i)^2.$$

3）**组间离差平方和 Q_A**——反映了由水平 δ_i 引起的数据差异

$$Q_A = \sum_{i=1}^{r} n_i (\overline{X}_i - \overline{X})^2 = \sum_{i=1}^{r} n_i \left[(\mu + \delta_i + \bar{\varepsilon}_i) - (\mu + \bar{\varepsilon})\right]^2 = \sum_{i=1}^{r} n_i (\delta_i + \bar{\varepsilon}_i - \bar{\varepsilon})^2.$$

为推导出后面检验统计量的分布，下面介绍 χ^2 **分解定理**，又称 **Cochran 定理**.

定理 4.1（χ^2 分解定理） 设 $X_1, X_2, \cdots, X_n$ 独立同分布于 $N(0,1)$，记 $Q = X_1^2 + X_2^2 + \cdots + X_n^2$，$Q = Q_1 + Q_2 + \cdots + Q_r$，其中 $Q_i : X_1, X_2, \cdots, X_n$ 的线性组合的平方和，自由度为 n_i，$(i = 1, 2, \cdots, r)$，则 $Q_1, Q_2, \cdots, Q_r$ 相互独立，且 $Q_i \sim \chi^2(n_i)$ 的充分必要条件是：$n = n_1 + n_2 + \cdots + n_r$.

证明略，详细证明见参考文献[14].

2. H_0 成立时，写出检验统计量及分布

在 $H_0 : \delta_1 = \delta_2 = \cdots = \delta_r = 0$ 成立时，$Q_T = Q_A + Q_E$ 化简得

$$\sum_{i=1}^{r}\sum_{j=1}^{n_i}(\varepsilon_{ij}-\bar{\varepsilon})^2=\sum_{i=1}^{r}\sum_{j=1}^{n_i}(\varepsilon_{ij}-\bar{\varepsilon}_i)^2+\sum_{i=1}^{r}n_i(\bar{\varepsilon}_i-\bar{\varepsilon})^2.$$

上式左边展开得

$$\sum_{i=1}^{r}\sum_{j=1}^{n_i}\varepsilon_{ij}^2-n\bar{\varepsilon}^2=\sum_{i=1}^{r}\sum_{j=1}^{n_i}(\varepsilon_{ij}-\bar{\varepsilon}_i)^2+\sum_{i=1}^{r}n_i(\bar{\varepsilon}_i-\bar{\varepsilon})^2.$$

移项得

$$\sum_{i=1}^{r}\sum_{j=1}^{n_i}\varepsilon_{ij}^2=\sum_{i=1}^{r}\sum_{j=1}^{n_i}(\varepsilon_{ij}-\bar{\varepsilon}_i)^2+\sum_{i=1}^{r}n_i(\bar{\varepsilon}_i-\bar{\varepsilon})^2+n\bar{\varepsilon}^2.$$

两边同除以 σ^2，得

$$\sum_{i=1}^{r}\sum_{j=1}^{n_i}\left(\frac{\varepsilon_{ij}}{\sigma}\right)^2=\sum_{i=1}^{r}\sum_{j=1}^{n_i}\left(\frac{\varepsilon_{ij}}{\sigma}-\frac{\bar{\varepsilon}_i}{\sigma}\right)^2+\sum_{i=1}^{r}n_i\left(\frac{\bar{\varepsilon}_i}{\sigma}-\frac{\bar{\varepsilon}}{\sigma}\right)^2+n\left(\frac{\bar{\varepsilon}}{\sigma}\right)^2.$$

因为 $\varepsilon_{ij}\sim N(0,\sigma^2)$，所以 $\dfrac{\varepsilon_{ij}}{\sigma}\sim N(0,1)$. 记 $Q=\sum_{i=1}^{r}\sum_{j=1}^{n_i}\left(\dfrac{\varepsilon_{ij}}{\sigma}\right)^2$，则 $Q\sim\chi^2(n)$.

记 $Q_1=\sum_{i=1}^{r}\sum_{j=1}^{n_i}\left(\dfrac{\bar{\varepsilon}_{ij}}{\sigma}-\dfrac{\bar{\varepsilon}_i}{\sigma}\right)^2=\dfrac{Q_E}{\sigma^2}$，其自由度为 $n-r$；$Q_2=\sum_{i=1}^{r}n_i\left(\dfrac{\bar{\varepsilon}_i}{\sigma}-\dfrac{\bar{\varepsilon}}{\sigma}\right)^2=\dfrac{Q_A}{\sigma^2}$，其

自由度为 $r-1$；$Q_3=n\left(\dfrac{\bar{\varepsilon}}{\sigma}\right)^2$，其自由度为 1.

因为 $n=(n-r)+(r-1)+1$，所以由分解定理知 $Q_1\sim\chi^2(n-r)$，当 H_0 成立时，$Q_2\sim\chi^2(r-1)$，且 Q_1 与 Q_2 相互独立，即 Q_E 与 Q_A 相互独立.

由此找到检验统计量：

$$F=\frac{\dfrac{Q_A}{\sigma^2}/(r-1)}{\dfrac{Q_E}{\sigma^2}/(n-r)}=\frac{Q_A/(r-1)}{Q_E/(n-r)}=\frac{S_A^2}{S_E^2}\overset{H_0}{\sim}F(r-1,n-r).$$

其中，称 $S_A^2=Q_A/(r-1)$ 为组间均方离差，称 $S_E^2=Q_E/(n-r)$ 为组内均方离差（均方误差）.

3. 写出拒绝域

根据 χ^2 分布的性质，知 H_0 成立时，$E(S_A^2)=E(S_E^2)=\sigma^2$.

当 H_1 成立时，$E(S_A^2)$ 与 σ^2 有怎样的大小关系？

分析：$Q_A=\sum_{i=1}^{r}n_i(\delta_i+\bar{\varepsilon}_i-\bar{\varepsilon})^2=\sum_{i=1}^{r}n_i\delta_i^2+\sum_{i=1}^{r}n_i(\bar{\varepsilon}_i-\bar{\varepsilon})^2+2\sum_{i=1}^{r}n_i\delta_i(\bar{\varepsilon}_i-\bar{\varepsilon}).$

因为 $\varepsilon_{ij}\sim N(0,\sigma^2)$，所以 $\bar{\varepsilon}_i\sim N\left(0,\dfrac{\sigma^2}{n_i}\right),\bar{\varepsilon}\sim N\left(0,\dfrac{\sigma^2}{n}\right)$.

$$E(Q_A)=\sum_{i=1}^{r}n_i\delta_i^2+E\left(\sum_{i=1}^{r}n_i(\bar{\varepsilon}_i-\bar{\varepsilon})^2\right)+2\sum_{i=1}^{r}n_i\delta_iE(\bar{\varepsilon}_i-\bar{\varepsilon})$$

$$=\sum_{i=1}^{r}n_i\delta_i^2+E\left(\sum_{i=1}^{r}n_i\bar{\varepsilon}_i^2-n\bar{\varepsilon}^2\right)+0$$

$$= \sum_{i=1}^{r} n_i \delta_i^2 + \sum_{i=1}^{r} n_i \frac{\sigma^2}{n_i} - n \frac{\sigma^2}{n}$$

$$= \sum_{i=1}^{r} n_i \delta_i^2 + (r-1)\sigma^2,$$

故 $E(S_A^2) = \dfrac{1}{r-1} \sum_{i=1}^{r} n_i \delta_i^2 + \sigma^2$.

可以看出,当 H_1 成立时,$\delta_i \neq 0$,则 $E(S_A^2) > \sigma^2$. 所以在给定显著性水平 α 时,拒绝域为

$$W = \{F > F_\alpha(r-1, n-r)\}.$$

将上述计算过程列在一个方差分析表中,见表 4.3.

表 4.3　方差分析表

来　源	平方和	自由度	均方离差	F 值	临界值	显著性
因子 A	Q_A	$r-1$	S_A^2	$F = \dfrac{S_A^2}{S_E^2}$	$F_\alpha(r-1, n-r)$	
误差 E	Q_E	$n-r$	S_E^2			
总和 T	Q_T	$n-1$				

4.1.3　多重比较

如果由方差分析表得出的结论是因子 A 对试验指标有显著性的影响,则认为在不同水平下均值不全相等,那么这种差异来自哪些水平之间呢?为此需要做两两水平下的**多重比较**. 对于一对水平 A_i 和 A_j,我们可以通过求出 $\mu_i - \mu_j$ 的置信区间进行比较. 方法如下:

因为 $\dfrac{\overline{X}_i - \overline{X}_j - (\mu_i - \mu_j)}{\sigma \sqrt{\dfrac{1}{n_i} + \dfrac{1}{n_j}}} \sim N(0,1)$,$\dfrac{Q_E}{\sigma^2} \sim \chi^2(n-r)$,且 $\overline{X}_i, \overline{X}_j$ 与 Q_E 间相互独立,

所以

$$\frac{\dfrac{\overline{X}_i - \overline{X}_j - (\mu_i - \mu_j)}{\sigma \sqrt{\dfrac{1}{n_i} + \dfrac{1}{n_j}}}}{\sqrt{\dfrac{Q_E}{\sigma^2}/(n-r)}} = \frac{\overline{X}_i - \overline{X}_j - (\mu_i - \mu_j)}{S_E \sqrt{\dfrac{1}{n_i} + \dfrac{1}{n_j}}} \sim t(n-r),$$

则 $\mu_i - \mu_j$ 的置信水平为 $1-\alpha$ 的置信区间为

$$\left(\overline{X}_i - \overline{X}_j - t_{\alpha/2}(n-r) S_E \sqrt{\frac{1}{n_i} + \frac{1}{n_j}}, \overline{X}_i - \overline{X}_j + t_{\alpha/2}(n-r) S_E \sqrt{\frac{1}{n_i} + \frac{1}{n_j}} \right).$$

4.4

例 4.1　考察温度对某化工产品得率(%)的影响,选了 5 种不同的温度(单位:℃),在同一温度下各做了 3 次试验,测得结果见表 4.4.

表 4.4　化工产品得率表

温　度	60	65	70	75	80
得　率	90	97	96	84	84
	92	93	96	83	86
	88	92	93	88	82

问：(1) 温度对得率有无显著影响($\alpha=0.05$)？(2) 求 $\hat{\mu}_1,\hat{\sigma}^2$；(3) 求 60℃ 与 80℃ 时平均得率之差的置信区间.

解　(1) 给定 $\alpha=0.05,W=\{F>F_\alpha(r-1,n-r)\}=\{F>F_{0.05}(4,10)\}=\{F>3.48\}$，得到方差分析表,见表 4.5.

表 4.5　方差分析表

来　源	平方和	自由度	均方离差	F 值	临界值	显著性
因子 A	303.6	4	75.9	15.18	3.48	显著
误差 E	50.0	10	5.0			
总和 T	353.6	14				

(2) $\hat{\mu}_1=90,\hat{\sigma}^2=S_E=5.0$.

(3) 枢轴量

$$U=\frac{\overline{X}_1-\overline{X}_5-(\mu_1-\mu_5)}{S_E\sqrt{\dfrac{1}{n_1}+\dfrac{1}{n_5}}}\sim t(n-r),$$

则 $\mu_1-\mu_5$ 的置信概率为 $1-\alpha$ 的置信区间为

$$\left(\overline{X}_i-\overline{X}_j-t_{a/2}(n-r)S_E\sqrt{\frac{1}{n_i}+\frac{1}{n_j}},\overline{X}_i-\overline{X}_j+t_{a/2}(n-r)S_E\sqrt{\frac{1}{n_i}+\frac{1}{n_j}}\right),$$

其中 $\overline{X}_1=90,\overline{X}_5=84,n_1=n_5=3,n-r=10,\alpha=0.05,t_{0.025}(10)=2.2281$,故所求置信区间为 $(1.932,10.068)$.

4.2　两因素方差分析

在实际生活中,需要同时研究多个因素对试验指标的影响,如要研究小麦的亩产量,可能的影响因素有施肥品种、土壤种类等.若在一项试验中,同时考虑两个因子改变条件,其余条件都不变的试验,称为**两因素试验**,对应的方差分析称为**两因素方差分析或二元方差分析**.本节分无交互作用和有交互作用的两因素方差分析两种情况进行讨论.

4.2.1　无交互作用的两因素方差分析

设有两个因子 A,B,它们的水平分别为 r,s 种,在每一种组合 $A_i\times B_j$ 下只做了一次试验,问因子 A,B 分别对试验结果有无显著影响?不妨假定在每一种组合 $A_i\times B_j$ 下,试验结果服从 $N(\mu_{ij},\sigma^2)$,且结果之间相互独立.根据描述得到表 4.6.

4.5

表 4.6 原始数据表

	$B_1 \quad B_2 \quad \cdots \quad B_s$	分 布
A_1	$X_{11}, X_{12}, \cdots, X_{1s}$	
$\vdots$	$\vdots$	$X_{ij} \sim N(\mu_{ij}, \sigma^2)$
A_r	$X_{r1}, X_{r2}, \cdots, X_{rs}$	

其中，X_{ij} 表示在组合 $A_i \times B_j$ 下得到的试验值. 根据单因素方差分析的方法可以得到的数学模型为

$$\begin{cases} X_{ij} = \mu + \alpha_i + \beta_j + \varepsilon_{ij}, \\ \varepsilon_{ij} \sim N(0, \sigma^2), \quad i = 1, 2, \cdots, r, j = 1, 2, \cdots, s \\ \text{且它们之间相互独立.} \end{cases}$$

其中，称 μ 为总平均，也称一般平均. 称 $\alpha_i = \mu_i. - \mu$ 为 A 因子 i 水平效应，可以看出效应间满足 $\sum\limits_{i=1}^{r} \alpha_i = 0$ 的关系. 称 $\beta_j = \mu_{.j} - \mu$ 为 B 因子 j 水平效应，可以看出效应间满足 $\sum\limits_{j=1}^{s} \beta_i = 0$ 的关系.

无交互作用的两因素的方差分析就是对数据 X_{ij} 进行分析，以判断试验指标在两个因素影响时，总体的均值是否相等，即进行下列两个假设：

$$H_{01}: \alpha_1 = \alpha_2 = \cdots = \alpha_r = 0, \quad H_{11}: H_{01}: \alpha_1, \alpha_2, \cdots, \alpha_r \text{ 不全为 0};$$

$$H_{02}: \beta_1 = \beta_2 = \cdots = \beta_s = 0, \quad H_{12}: H_{02}: \beta_1, \beta_2, \cdots, \beta_s \text{ 不全为 0}.$$

将无交互作用的两因素试验的数据及其分布汇总在表 4.7 中.

表 4.7 无交互作用的两因素试验的数据及其分布

	$B_1 \quad B_2 \quad \cdots \quad B_s$	样 本 平 均	随 机 误 差	平 均
A_1	$X_{11}, X_{12}, \cdots, X_{1s}$	$\bar{X}_i. = \dfrac{1}{s}\sum\limits_{j=1}^{s} X_{ij}$	$\varepsilon_{11}, \varepsilon_{12}, \cdots, \varepsilon_{1s}$	$\mu_i. = \dfrac{1}{s}\sum\limits_{j=1}^{s} \mu_{ij}$
$\vdots$	$\vdots$		$\vdots$	
A_r	$X_{r1}, X_{r2}, \cdots, X_{rs}$ $X_{ij} \sim N(\mu_{ij}, \sigma^2)$	$\sim N\left(\mu_i., \dfrac{\sigma^2}{s}\right)$	$\varepsilon_{r1}, \varepsilon_{r2}, \cdots, \varepsilon_{rs}$ $\varepsilon_{ij} \sim N(0, \sigma^2)$	$\bar{\varepsilon}_i. = \dfrac{1}{s}\sum\limits_{j=1}^{s} \varepsilon_{ij} \sim N\left(0, \dfrac{\sigma^2}{s}\right)$
平	$\bar{X}_{.j} = \dfrac{1}{r}\sum\limits_{i=1}^{r} X_{ij}$	$\bar{X} = \dfrac{1}{rs}\sum\limits_{i=1}^{r}\sum\limits_{j=1}^{s} X_{ij}$	$\mu_{.j} = \dfrac{1}{r}\sum\limits_{i=1}^{r} \mu_{ij}$	$\mu = \dfrac{1}{rs}\sum\limits_{i=1}^{r}\sum\limits_{j=1}^{s} \mu_{ij}$
均	$\sim N\left(\mu_{.j}, \dfrac{\sigma^2}{r}\right)$	$\sim N\left(\mu, \dfrac{\sigma^2}{rs}\right)$	$\bar{\varepsilon}_{.j} = \dfrac{1}{r}\sum\limits_{i=1}^{r} \varepsilon_{ij}$ $\sim N\left(0, \dfrac{\sigma^2}{r}\right)$	$\bar{\varepsilon} = \dfrac{1}{rs}\sum\limits_{i=1}^{r}\sum\limits_{j=1}^{s} \varepsilon_{ij}$ $\sim N\left(0, \dfrac{\sigma^2}{rs}\right)$

为寻找检验统计量及在 H_0 成立时检验统计量的分布，我们从分析数据产生差异的原因入手. 如一元方差模型的分析，主要原因有三个：一是因子 A 取不同的水平，二是因子 B 取不同的水平，三是随机误差的存在. 下面就用具体的量来刻画这些差异.

1. 平方和分解

1) 总离差平方和 Q_T——反映了全体 X_{ij} 的离散程度

$$Q_T = \sum_{i=1}^{r} \sum_{j=1}^{s} (X_{ij} - \overline{X})^2 = \sum_{i=1}^{r} \sum_{j=1}^{s} [(\overline{X}_{i\cdot} - \overline{X}) + (\overline{X}_{\cdot j} - \overline{X}) + (X_{ij} - \overline{X}_{i\cdot} - \overline{X}_{\cdot j} + \overline{X})]^2$$

$$= \sum_{i=1}^{r} \sum_{j=1}^{s} (\overline{X}_{i\cdot} - \overline{X})^2 + \sum_{i=1}^{r} \sum_{j=1}^{s} (\overline{X}_{\cdot j} - \overline{X})^2 + \sum_{i=1}^{r} \sum_{j=1}^{s} (X_{ij} - \overline{X}_{i\cdot} - \overline{X}_{\cdot j} + \overline{X})^2 +$$

$$2 \sum_{i=1}^{r} \sum_{j=1}^{s} (\overline{X}_{i\cdot} - \overline{X})(\overline{X}_{\cdot j} - \overline{X}) + 2 \sum_{i=1}^{r} \sum_{j=1}^{s} (\overline{X}_{i\cdot} - \overline{X})(X_{ij} - \overline{X}_{i\cdot} - \overline{X}_{\cdot j} + \overline{X}) +$$

$$2 \sum_{i=1}^{r} \sum_{j=1}^{s} (\overline{X}_{\cdot j} - \overline{X})(X_{ij} - \overline{X}_{i\cdot} - \overline{X}_{\cdot j} + \overline{X})$$

$$= \sum_{i=1}^{r} \sum_{j=1}^{s} (\overline{X}_{i\cdot} - \overline{X})^2 + \sum_{i=1}^{r} \sum_{j=1}^{s} (\overline{X}_{\cdot j} - \overline{X})^2 + \sum_{i=1}^{r} \sum_{j=1}^{s} (X_{ij} - \overline{X}_{i\cdot} - \overline{X}_{\cdot j} + \overline{X})^2.$$

可以证明

$$\sum_{i=1}^{r} \sum_{j=1}^{s} (\overline{X}_{i\cdot} - \overline{X})(X_{ij} - \overline{X}_{i\cdot} - \overline{X}_{\cdot j} + \overline{X}) = \sum_{i=1}^{r} (\overline{X}_{i\cdot} - \overline{X}) \sum_{j=1}^{s} (X_{ij} - \overline{X}_{i\cdot} - \overline{X}_{\cdot j} + \overline{X}) = 0,$$

同理,其他的交叉项也可以证明等于 0.

利用 $X_{ij} = \mu + \alpha_i + \beta_j + \varepsilon_{ij}$ 和效应间的关系,得

$$\overline{X}_{i\cdot} = \frac{1}{s} \sum_{j=1}^{s} X_{ij} = \frac{1}{s} \sum_{j=1}^{s} (\mu + \alpha_i + \beta_j + \varepsilon_{ij}) = \mu + \frac{1}{s} \sum_{j=1}^{s} \alpha_i + \frac{1}{s} \sum_{j=1}^{s} \beta_j + \frac{1}{s} \sum_{j=1}^{s} \varepsilon_{ij}$$

$$= \mu + \alpha_i + \frac{1}{s} \sum_{j=1}^{s} \beta_j + \frac{1}{s} \sum_{j=1}^{s} \varepsilon_{ij}$$

$$= \mu + \alpha_i + \overline{\varepsilon}_{i\cdot},$$

$$\overline{X}_{\cdot j} = \frac{1}{r} \sum_{i=1}^{r} X_{ij} = \frac{1}{r} \sum_{i=1}^{r} (\mu + \alpha_i + \beta_j + \varepsilon_{ij}) = \mu + \frac{1}{r} \sum_{i=1}^{r} \alpha_i + \frac{1}{r} \sum_{i=1}^{r} \beta_j + \frac{1}{r} \sum_{i=1}^{r} \varepsilon_{ij}$$

$$= \mu + \frac{1}{r} \sum_{i=1}^{r} \alpha_i + \beta_j + \frac{1}{r} \sum_{i=1}^{r} \varepsilon_{ij}$$

$$= \mu + \beta_j + \overline{\varepsilon}_{\cdot j},$$

$$\overline{X} = \frac{1}{rs} \sum_{i=1}^{r} \sum_{j=1}^{s} X_{ij} = \frac{1}{rs} \sum_{i=1}^{r} \sum_{j=1}^{s} (\mu + \alpha_i + \beta_j + \varepsilon_{ij}) = \mu + \frac{1}{rs} \sum_{i=1}^{r} \sum_{j=1}^{s} \alpha_i +$$

$$\frac{1}{rs} \sum_{i=1}^{r} \sum_{j=1}^{s} \beta_j + \frac{1}{rs} \sum_{i=1}^{r} \sum_{j=1}^{s} \varepsilon_{ij} = \mu + \frac{1}{r} \sum_{i=1}^{r} \alpha_i + \frac{1}{s} \sum_{j=1}^{s} \beta_j + \frac{1}{rs} \sum_{i=1}^{r} \sum_{j=1}^{s} \varepsilon_{ij}$$

$$= \mu + \overline{\varepsilon},$$

则

$$Q_T = \sum_{i=1}^{r} \sum_{j=1}^{s} (X_{ij} - \overline{X})^2 = \sum_{i=1}^{r} \sum_{j=1}^{s} (\mu + \alpha_i + \beta_j + \varepsilon_{ij} - (\mu + \overline{\varepsilon}))^2$$

$$= \sum_{i=1}^{r} \sum_{j=1}^{s} (\alpha_i + \beta_j + \varepsilon_{ij} - \overline{\varepsilon})^2.$$

2) 因子 A 引起的离差平方和 Q_A——反映了由 α_i 引起的数据波动

$$Q_A = \sum_{i=1}^{r} \sum_{j=1}^{s} (\overline{X}_{i\cdot} - \overline{X})^2 = s \sum_{i=1}^{r} (\overline{X}_{i\cdot} - \overline{X})^2 = s \sum_{i=1}^{r} [(\mu + \alpha_i + \overline{\varepsilon}_{i\cdot}) - (\mu + \overline{\varepsilon})]^2$$

$$= s \sum_{i=1}^{r} (\alpha_i + \bar{\varepsilon}_{i.} - \bar{\varepsilon})^2.$$

3) **因子 B 引起的离差平方和 Q_B**——反映了由 β_j 引起的数据波动

$$Q_B = \sum_{i=1}^{r} \sum_{j=1}^{s} (\overline{X}_{.j} - \overline{X})^2 = r \sum_{j=1}^{s} (\overline{X}_{.j} - \overline{X})^2 = r \sum_{j=1}^{s} [(\mu + \beta_j + \bar{\varepsilon}_{.j}) - (\mu + \bar{\varepsilon})]^2$$

$$= r \sum_{j=1}^{s} (\beta_j + \bar{\varepsilon}_{.j} - \bar{\varepsilon})^2.$$

4) **误差引起的离差平方和 Q_E**——反映了由 ε_{ij} 引起的数据波动

$$Q_E = \sum_{i=1}^{r} \sum_{j=1}^{s} (X_{ij} - \overline{X}_{i.} - \overline{X}_{.j} + \overline{X})^2$$

$$= \sum_{i=1}^{r} \sum_{j=1}^{s} [(\mu + \alpha_i + \beta_j + \varepsilon_{ij}) - (\mu + \alpha_i + \bar{\varepsilon}_{i.}) - (\mu + \beta_j + \bar{\varepsilon}_{.j}) - (\bar{\mu} + \bar{\varepsilon})]^2$$

$$= \sum_{i=1}^{r} \sum_{j=1}^{n_i} (\varepsilon_{ij} - \bar{\varepsilon}_{i.} - \bar{\varepsilon}_{.j} + \bar{\varepsilon})^2.$$

2. H_0 成立时,写出检验统计量及分布

在 $H_{01} : \alpha_1 = \alpha_2 = \cdots = \alpha_r = 0$, $H_{02} : \beta_1 = \beta_2 = \cdots = \beta_s = 0$ 成立时, $Q_T = Q_A + Q_B + Q_E$ 化简得

$$\sum_{i=1}^{r} \sum_{j=1}^{s} (\varepsilon_{ij} - \bar{\varepsilon})^2 = \sum_{i=1}^{r} \sum_{j=1}^{s} (\bar{\varepsilon}_{i.} - \bar{\varepsilon})^2 + \sum_{i=1}^{r} \sum_{j=1}^{s} (\bar{\varepsilon}_{.j} - \bar{\varepsilon})^2 + \sum_{i=1}^{r} \sum_{j=1}^{s} (\varepsilon_{ij} - \bar{\varepsilon}_{i.} - \bar{\varepsilon}_{.j} + \bar{\varepsilon})^2.$$

上式左边变形,得

$$\sum_{i=1}^{r} \sum_{j=1}^{s} \varepsilon_{ij}^2 - n\bar{\varepsilon}^2 = \sum_{i=1}^{r} (\bar{\varepsilon}_{i.} - \bar{\varepsilon})^2 + r \sum_{j=1}^{s} (\bar{\varepsilon}_{.j} - \bar{\varepsilon})^2 + \sum_{i=1}^{r} \sum_{j=1}^{s} (\varepsilon_{ij} - \bar{\varepsilon}_{i.} - \bar{\varepsilon}_{.j} + \bar{\varepsilon})^2.$$

移项,得

$$\sum_{i=1}^{r} \sum_{j=1}^{s} \varepsilon_{ij}^2 = s \sum_{i=1}^{r} (\bar{\varepsilon}_{i.} - \bar{\varepsilon})^2 + r \sum_{j=1}^{s} (\bar{\varepsilon}_{.j} - \bar{\varepsilon})^2 + \sum_{i=1}^{r} \sum_{j=1}^{s} (\varepsilon_{ij} - \bar{\varepsilon}_{i.} - \bar{\varepsilon}_{.j} + \bar{\varepsilon})^2 + n\bar{\varepsilon}^2.$$

两边同除以 σ^2,得

$$\sum_{i=1}^{r} \sum_{j=1}^{s} \left(\frac{\varepsilon_{ij}}{\sigma}\right)^2 = s \sum_{i=1}^{r} \left(\frac{\bar{\varepsilon}_{i.} - \bar{\varepsilon}}{\sigma}\right)^2 + r \sum_{j=1}^{s} \left(\frac{\bar{\varepsilon}_{.j} - \bar{\varepsilon}}{\sigma}\right)^2 + \sum_{i=1}^{r} \sum_{j=1}^{s} \left(\frac{\varepsilon_{ij} - \bar{\varepsilon}_{i.} - \bar{\varepsilon}_{.j} + \bar{\varepsilon}}{\sigma}\right)^2 + n\left(\frac{\bar{\varepsilon}}{\sigma}\right)^2.$$

因为 $\varepsilon_{ij} \sim N(0, \sigma^2)$,所以 $\frac{\varepsilon_{ij}}{\sigma} \sim N(0,1)$. 记 $Q = \sum_{i=1}^{r} \sum_{j=1}^{s} \left(\frac{\varepsilon_{ij}}{\sigma}\right)^2$,则 $Q \sim \chi^2(rs)$. 易得

$s \sum_{i=1}^{r} \left(\frac{\bar{\varepsilon}_{i.} - \bar{\varepsilon}}{\sigma}\right)^2 = \frac{Q_A}{\sigma^2}$ 的自由度为 $r-1$, $r \sum_{j=1}^{s} \left(\frac{\bar{\varepsilon}_{.j} - \bar{\varepsilon}}{\sigma}\right)^2 = \frac{Q_B}{\sigma^2}$ 的自由度为 $s-1$,

$\sum_{i=1}^{r} \sum_{j=1}^{s} \left(\frac{\varepsilon_{ij} - \bar{\varepsilon}_{i.} - \bar{\varepsilon}_{.j} + \bar{\varepsilon}}{\sigma}\right)^2 = \frac{Q_E}{\sigma^2}$ 的自由度为 $(r-1)(s-1)$, $n\left(\frac{\bar{\varepsilon}}{\sigma}\right)^2$ 的自由度为 1. 因为 $rs = (r-1) + (s-1) + (r-1)(s-1) + 1$,所以由分解定理知,

$$\frac{Q_A}{\sigma^2} \overset{H_{01}}{\sim} \chi^2(r-1), \quad \frac{Q_B}{\sigma^2} \overset{H_{02}}{\sim} \chi^2(s-1), \quad \frac{Q_E}{\sigma^2} \sim \chi^2(r-1)(s-1),$$

且

$$\frac{Q_A}{\sigma^2},\frac{Q_B}{\sigma^2},\frac{Q_E}{\sigma^2}\text{ 相互独立,即 }Q_A,Q_B,Q_E\text{ 相互独立.}$$

由此找到检验统计量:

$$F_A=\frac{\dfrac{Q_A}{\sigma^2}/(r-1)}{\dfrac{Q_E}{\sigma^2}/(r-1)(s-1)}=\frac{Q_A/(r-1)}{Q_E/(r-1)(s-1)}=\frac{S_A^2}{S_E^2}\overset{H_{01}}{\sim}F(r-1,(r-1)(s-1)),$$

$$F_B=\frac{\dfrac{Q_B}{\sigma^2}/(s-1)}{\dfrac{Q_E}{\sigma^2}/(r-1)(s-1)}=\frac{Q_B/(s-1)}{Q_E/(r-1)(s-1)}=\frac{S_B^2}{S_E^2}\overset{H_{02}}{\sim}F(s-1,(r-1)(s-1)),$$

其中,称 $S_A^2=Q_A/(r-1)$ 为由因子 A 引起的均方离差,$S_B^2=Q_B/(s-1)$ 为由因子 B 引起的均方离差,$S_E^2=Q_E/(r-1)(s-1)$ 为均方误差.

3. 给出拒绝域

根据 χ^2 分布的性质,知 H_{01} 成立时,$E(S_A^2)=E(S_E^2)=\sigma^2$.

那么 H_{11} 成立时,$E(S_A^2)$ 与 σ^2 有着怎样的大小关系?

分析:

$$Q_A=s\sum_{i=1}^r(\alpha_i+\bar\varepsilon_{i\cdot}-\bar\varepsilon)^2=s\sum_{i=1}^r\alpha_i^2+s\sum_{i=1}^r(\bar\varepsilon_{i\cdot}-\bar\varepsilon)^2+2s\sum_{i=1}^r\alpha_i(\bar\varepsilon_{i\cdot}-\bar\varepsilon).$$

因为 $\varepsilon_{ij}\sim N(0,\sigma^2)$,所以 $\bar\varepsilon_{i\cdot}\sim N\left(0,\dfrac{\sigma^2}{s}\right),\bar\varepsilon\sim N\left(0,\dfrac{\sigma^2}{rs}\right).$

$$E(Q_A)=s\sum_{i=1}^r\alpha_i^2+sE\left(\sum_{i=1}^r(\bar\varepsilon_{i\cdot}-\bar\varepsilon)^2\right)+2s\sum_{i=1}^r\alpha_iE(\bar\varepsilon_{i\cdot}-\bar\varepsilon)$$

$$=s\sum_{i=1}^r\alpha_i^2+sE\left(\sum_{i=1}^r\bar\varepsilon_{i\cdot}^2-r\bar\varepsilon^2\right)=s\sum_{i=1}^r\alpha_i^2+s\left(\sum_{i=1}^r\frac{\sigma^2}{s}-r\frac{\sigma^2}{rs}\right)$$

$$=s\sum_{i=1}^r\alpha_i^2+(r-1)\sigma^2.$$

故

$$E(S_A^2)=\frac{s}{r-1}\sum_{i=1}^r\alpha_i^2+\sigma^2.$$

可以看出,当 H_{11} 成立,即 $\alpha_1,\alpha_2,\cdots,\alpha_r$ 不全为 0 时,则 $E(S_A^2)>\sigma^2$,所以在给定显著性水平 α 时,拒绝域为

$$W_A=\{F_A>F_\alpha(r-1,(r-1)(s-1))\};$$

$$\text{同理,}W_B=\{F_B>F_\alpha(s-1,(r-1)(s-1))\}.$$

将上述计算过程列在一个方差分析表中,见表 4.8.

表 4.8 方差分析表

来　　源	平方和	自由度	均方离差	F 值	临界值	显著性
因子 A	Q_A	$r-1$	S_A^2	$F_A = \dfrac{S_A^2}{S_E^2}$	$F_\alpha(r-1,(r-1)(s-1))$	
因子 B	Q_B	$s-1$	S_B^2	$F_B = \dfrac{S_B^2}{S_E^2}$	$F_\alpha(s-1,(r-1)(s-1))$	
误差 E	Q_E	$(r-1)(s-1)$	S_E^2			
总和 T	Q_T	$rs-1$				

4.2.2 有交互作用的两因素方差分析

如果碰到如下问题：在 A_1 下,亩产量比平均增加了 150 斤；在 B_2 下,亩产量比平均增加了 50 斤；一般情况下在 $A_1 \times B_2$ 下,亩产量比平均应增加 200 斤；但可能在 $A_1 \times B_2$ 下,亩产量比平均应增加 400 斤,或比平均减少了 100 斤.这说明若 $A_1 \times B_2$ 的交互作用产生了重要影响,则 x_{12} 有较大波动；但若 x_{12} 有较大波动,可能有其他随机因素的影响,无法确定是否交互作用的影响.所以采取的做法是在异常值点进行**重复试验**,以确定是否是交互作用的影响.为了容易理解,下面介绍等重复试验.不等重复试验的理论和做法类似.

设有两个因子 A,B,它们的水平分别为 r,s,在每一种组合 $A_i \times B_j$ 下均做了 $c(>1)$ 次试验,试验结果服从正态分布 $N(\mu_{ij}, \sigma^2)$.问因子 A,B 分别对试验结果有无显著影响,且两者之间有无交互作用？根据描述得到表 4.9.

表 4.9 原始数据表

		B_1		B_2		$\cdots$		B_s	分　　布
A_1		X_{111}	$\cdots$	X_{11c}	X_{1s1}		$\cdots$	X_{1sc}	$X_{ijk} \sim N(\mu_{ij}, \sigma^2)$
$\vdots$		$\vdots$		$\vdots$		$\vdots$			
A_r		X_{r11}	$\cdots$	X_{r1c}	X_{rs1}		$\cdots$	X_{rsc}	

其中,X_{ijk} 表示在组合 $A_i \times B_j$ 下得到的第 k 次试验值.则 X_{ijk} 满足模型：

$$\begin{cases} X_{ijk} = \mu + \alpha_i + \beta_j + r_{ij} + \varepsilon_{ijk}, \\ \varepsilon_{ijk} \sim N(0,\sigma^2), \quad i=1,2,\cdots,r; \ j=1,2,\cdots,s; \ k=1,2,\cdots,c \\ \text{且它们之间相互独立.} \end{cases}$$

其中,称 μ 为总平均,也称一般平均.称 $\alpha_i = \mu_i. - \mu$ 为 A 因子 i 水平效应,可以看出效应满足 $\sum\limits_{i=1}^{r} \alpha_i = 0$ 的关系.$\beta_j = \mu._j - \mu$ 为 B 因子 j 水平效应,可以看出效应满足 $\sum\limits_{j=1}^{s} \beta_i = 0$ 的关系.$r_{ij} = \mu_{ij} - \mu - \alpha_i - \beta_j$ 为因子 A 与因子 B 的交互效应,可以看出效应满足 $\sum\limits_{i=1}^{r} r_{ij} = 0$, $\sum\limits_{j=1}^{s} r_{ij} = 0$ 的关系.

有交互作用的两因素方差分析就是对数据 X_{ijk} 进行分析,以判断试验指标在两个因素以及交互作用影响时,总体的均值是否相等,即进行下列三个假设：

$H_{01}:\alpha_1=\alpha_2=\cdots=\alpha_r=0,\quad H_{11}:\alpha_1,\alpha_2,\cdots,\alpha_r$ 不全为 0；

$H_{02}:\beta_1=\beta_2=\cdots=\beta_s=0,\quad H_{12}:\beta_1,\beta_2,\cdots,\beta_s$ 不全为 0；

$H_{03}:\gamma_{ij}=0,i=1,2,\cdots,r;j=1,2,\cdots,s;\quad H_{13}:\gamma_{ij},i=1,2,\cdots,r;j=1,2,\cdots,s$ 不全为 0.

将有交互作用的两因素试验的数据及分析汇总在表 4.10 中.

表 4.10　有交互作用的两因素试验的数据及分析表

	B_j	平　　均
A_i	$X_{ij1},X_{ij2},\cdots,X_{ijc}$	$\bar{X}_{ij\cdot}=\dfrac{1}{c}\sum\limits_{k=1}^{c}X_{jik}=\mu_{ij}+\bar{\varepsilon}_{ij\cdot}=\mu+\alpha_i+\beta_j+r_{ij}+\bar{\varepsilon}_{ij\cdot}.$ $\bar{X}_{i\cdot\cdot}=\dfrac{1}{sc}\sum\limits_{j=1}^{s}\sum\limits_{k=1}^{c}X_{ijk}=\mu_{i\cdot}+\bar{\varepsilon}_{i\cdot\cdot}=\mu+\alpha_i+\bar{\varepsilon}_{i\cdot\cdot}$
	$X_{ijk}=\mu_{ij}+\varepsilon_{ijk}=\mu+\alpha_i+\beta_j+r_{ij}+\varepsilon_{ijk}$ $\sim N(\mu_{ij},\sigma^2)$	$\mu_{i\cdot}=\dfrac{1}{s}\sum\limits_{j=1}^{s}\mu_{ij}$
	$\varepsilon_{ijk}=X_{ijk}-\mu_{ij}\sim N(0,\sigma^2)$	$\bar{\varepsilon}_{ij\cdot}=\dfrac{1}{c}\sum\limits_{k=1}^{c}\varepsilon_{jik}\sim N\left(0,\dfrac{\sigma^2}{c}\right),$ $\bar{\varepsilon}_{i\cdot\cdot}=\dfrac{1}{sc}\sum\limits_{j=1}^{s}\sum\limits_{k=1}^{c}\varepsilon_{ijk}\sim N\left(0,\dfrac{\sigma^2}{sc}\right)$
平　均	$\bar{X}_{\cdot j\cdot}=\dfrac{1}{rc}\sum\limits_{i=1}^{r}\sum\limits_{k=1}^{c}X_{ijk}=\mu_{\cdot j}+\bar{\varepsilon}_{\cdot j\cdot}$ $=\mu+\beta_j+\bar{\varepsilon}_{\cdot j\cdot}.$	$\bar{X}=\dfrac{1}{rsc}\sum\limits_{i=1}^{r}\sum\limits_{j=1}^{s}\sum\limits_{k=1}^{c}X_{ijk}=\mu+\bar{\varepsilon}$
	$\mu_{\cdot j}=\dfrac{1}{r}\sum\limits_{i=1}^{r}\mu_{ij}$ $\bar{\varepsilon}_{\cdot j\cdot}=\dfrac{1}{rc}\sum\limits_{i=1}^{r}\sum\limits_{k=1}^{c}\varepsilon_{ijk}\sim N\left(0,\dfrac{\sigma^2}{rc}\right)$	$\mu=\dfrac{1}{rs}\sum\limits_{i=1}^{r}\sum\limits_{j=1}^{s}\mu_{ij}=\dfrac{1}{r}\sum\limits_{i=1}^{r}\mu_{i\cdot}=\dfrac{1}{s}\sum\limits_{j=1}^{s}\mu_{\cdot j}$ $\bar{\varepsilon}=\dfrac{1}{rsc}\sum\limits_{i=1}^{r}\sum\limits_{j=1}^{s}\sum\limits_{k=1}^{c}\varepsilon_{ijk}=\dfrac{1}{r}\sum\limits_{i=1}^{r}\bar{\varepsilon}_{i\cdot\cdot}$ $=\dfrac{1}{s}\sum\limits_{j=1}^{s}\bar{\varepsilon}_{\cdot j\cdot}\sim N\left(0,\dfrac{\sigma^2}{rsc}\right)$

为寻找检验统计量以及 H_0 成立时检验统计量的分布,从分析数据产生差异的原因入手.根据前面的分析知道,主要原因有以下几个:一是因子 A 取不同的水平,二是因子 B 取不同的水平,三是交互作用,四是随机误差的存在.下面就用具体的量来刻画这些数据之间不同原因引起的差异.

1. 平方和分解

1) 总离差平方和 Q_T——反映了全体 X_{ij} 的离散程度

$$Q_T=\sum_{i=1}^{r}\sum_{j=1}^{s}\sum_{k=1}^{c}(X_{ijk}-\bar{X})^2$$

$$=\sum_{i=1}^{r}\sum_{j=1}^{s}\sum_{k=1}^{c}[(\bar{X}_{i\cdot\cdot}-\bar{X})+(\bar{X}_{\cdot j\cdot}-\bar{X})+(X_{ijk}-\bar{X}_{ij\cdot})+(\bar{X}_{ij\cdot}-\bar{X}_{i\cdot\cdot}-\bar{X}_{\cdot j\cdot}+\bar{X})]^2$$

$$=\sum_{i=1}^{r}\sum_{j=1}^{s}\sum_{k=1}^{c}[(\bar{X}_{i\cdot}-\bar{X})^2+\sum_{i=1}^{r}\sum_{j=1}^{s}\sum_{k=1}^{c}(\bar{X}_{\cdot j\cdot}-\bar{X})^2+$$

$$\sum_{i=1}^{r} \sum_{j=1}^{s} \sum_{k=1}^{c} (\overline{X}_{ij.} - \overline{X}_{i..} - \overline{X}_{.j.} + \overline{X})]^2 + \sum_{i=1}^{r} \sum_{j=1}^{s} \sum_{k=1}^{c} (X_{ijk} - \overline{X}_{ij.})^2,$$

其中

$$\sum_{i=1}^{r} \sum_{j=1}^{s} \sum_{k=1}^{c} (\overline{X}_{i..} - \overline{X})(\overline{X}_{ij.} - \overline{X}_{i..} - \overline{X}_{.j.} + \overline{X})$$

$$= \sum_{i=1}^{r} (\overline{X}_{i..} - \overline{X}) \sum_{j=1}^{s} \sum_{k=1}^{c} (\overline{X}_{ij.} - \overline{X}_{i..} - \overline{X}_{.j.} + \overline{X}) = c \sum_{i=1}^{r} (\overline{X}_{i..} - \overline{X}) \sum_{j=1}^{s} (\overline{X}_{ij.} - \overline{X}_{i..} - \overline{X}_{.j.} + \overline{X})$$

$$= c \sum_{i=1}^{r} (\overline{X}_{i..} - \overline{X})(\sum_{j=1}^{s} \overline{X}_{ij.} - s\overline{X}_{i..} - \sum_{j=1}^{s} \overline{X}_{.j.} + s\overline{X}) = 0.$$

同理,其他五个交叉项也证明等于 0.

利用 $X_{ijk} = \mu + \alpha_i + \beta_j + r_{ij} + \varepsilon_{ijk}$ 和效应间的关系,得

$$\overline{X}_{i..} = \frac{1}{sc} \sum_{j=1}^{s} \sum_{k=1}^{c} X_{ijk} = \frac{1}{sc} \sum_{j=1}^{s} \sum_{k=1}^{c} (\mu + \alpha_i + \beta_j + r_{ij} + \varepsilon_{ijk})$$

$$= \mu + \frac{1}{sc} \sum_{j=1}^{s} \sum_{k=1}^{c} \alpha_i + \frac{1}{sc} \sum_{j=1}^{s} \sum_{k=1}^{c} \beta_j + \frac{1}{sc} \sum_{j=1}^{s} \sum_{k=1}^{c} r_{ij} + \frac{1}{sc} \sum_{j=1}^{s} \sum_{k=1}^{c} \varepsilon_{ijk}$$

$$= \mu + \alpha_i + \frac{1}{s} \sum_{j=1}^{s} \beta_j + \frac{1}{s} \sum_{j=1}^{s} r_{ij} + \frac{1}{sc} \sum_{j=1}^{s} \sum_{k=1}^{c} \varepsilon_{ijk}$$

$$= \mu + \alpha_i + \overline{\varepsilon}_{i..}$$

$$\overline{X}_{.j.} = \frac{1}{rc} \sum_{i=1}^{r} \sum_{k=1}^{c} X_{ijk} = \frac{1}{rc} \sum_{i=1}^{r} \sum_{k=1}^{c} (\mu + \alpha_i + \beta_j + r_{ij} + \varepsilon_{ijk})$$

$$= \mu + \frac{1}{rc} \sum_{i=1}^{r} \sum_{k=1}^{c} \alpha_i + \frac{1}{rc} \sum_{i=1}^{r} \sum_{k=1}^{c} \beta_j + \frac{1}{rc} \sum_{i=1}^{r} \sum_{k=1}^{c} r_{ij} + \frac{1}{rc} \sum_{i=1}^{r} \sum_{k=1}^{c} \varepsilon_{ijk}$$

$$= \mu + \frac{1}{r} \sum_{i=1}^{r} \alpha_i + \beta_j + \frac{1}{r} \sum_{i=1}^{r} r_{ij} + \frac{1}{rc} \sum_{i=1}^{r} \sum_{k=1}^{c} \varepsilon_{ijk}$$

$$= \mu + \beta_j + \overline{\varepsilon}_{.j.}$$

$$\overline{X}_{ij.} = \frac{1}{c} \sum_{k=1}^{c} X_{ijk} = \frac{1}{c} \sum_{k=1}^{c} (\mu + \alpha_i + \beta_j + r_{ij} + \varepsilon_{ijk})$$

$$= \mu + \frac{1}{c} \sum_{k=1}^{c} \alpha_i + \frac{1}{c} \sum_{k=1}^{c} \beta_j + \frac{1}{c} \sum_{k=1}^{c} r_{ij} + \frac{1}{c} \sum_{k=1}^{c} \varepsilon_{ijk}$$

$$= \mu + \alpha_i + \beta_j + r_{ij} + \overline{\varepsilon}_{ij}.$$

$$\overline{X} = \frac{1}{rsc} \sum_{i=1}^{r} \sum_{j=1}^{s} \sum_{k=1}^{c} X_{ijk} = \frac{1}{rsc} \sum_{i=1}^{r} \sum_{j=1}^{s} \sum_{k=1}^{c} (\mu + \alpha_i + \beta_j + r_{ij} + \varepsilon_{ijk})$$

$$= \mu + \frac{1}{rsc} \sum_{i=1}^{r} \sum_{j=1}^{s} \sum_{k=1}^{c} \alpha_i + \frac{1}{rsc} \sum_{i=1}^{r} \sum_{j=1}^{s} \sum_{k=1}^{c} \beta_j + \frac{1}{rsc} \sum_{i=1}^{r} \sum_{j=1}^{s} \sum_{k=1}^{c} r_{ij} + \frac{1}{rsc} \sum_{i=1}^{r} \sum_{j=1}^{s} \sum_{k=1}^{c} \varepsilon_{ijk}$$

$$= \mu + \frac{1}{r} \sum_{i=1}^{r} \alpha_i + \frac{1}{s} \sum_{j=1}^{s} \beta_j + \frac{1}{rs} \sum_{i=1}^{r} \sum_{j=1}^{s} r_{ij} + \frac{1}{rsc} \sum_{i=1}^{r} \sum_{j=1}^{s} \sum_{k=1}^{c} \varepsilon_{ijk}$$

$$= \mu + \overline{\varepsilon}$$

$$Q_T = \sum_{i=1}^{r} \sum_{j=1}^{s} \sum_{k=1}^{c} [(\mu + \alpha_i + \beta_j + \gamma_{ij} + \varepsilon_{ijk}) - (\mu + \bar{\varepsilon})]^2$$

$$= \sum_{i=1}^{r} \sum_{j=1}^{s} \sum_{k=1}^{c} (\alpha_i + \beta_j + \gamma_{ij} + \varepsilon_{ijk} - \bar{\varepsilon})^2.$$

2) 因子 **A** 引起的离差平方和 Q_A——反映了由 α_i 引起的数据波动

$$Q_A = \sum_{i=1}^{r} \sum_{j=1}^{s} \sum_{k=1}^{c} (\overline{X}_{i..} - \overline{X})^2 = sc \sum_{i=1}^{r} (\overline{X}_{i..} - \overline{X})^2 = sc \sum_{i=1}^{r} [(\mu + \alpha_i + \bar{\varepsilon}_{i..}) - (\mu + \bar{\varepsilon})]^2$$

$$= sc \sum_{i=1}^{r} (\alpha_i + \bar{\varepsilon}_{i..} - \bar{\varepsilon})^2.$$

3) 因子 **B** 引起的离差平方和 Q_B——反映了由 β_j 引起的数据波动

$$Q_B = \sum_{i=1}^{r} \sum_{j=1}^{s} \sum_{k=1}^{c} (\overline{X}_{.j.} - \overline{X})^2 = rc \sum_{j=1}^{s} (\overline{X}_{.j.} - \overline{X})^2 = rc \sum_{j=1}^{s} [(\mu + \beta_j + \bar{\varepsilon}_{.j.}) - (\mu + \bar{\varepsilon})]^2$$

$$= rc \sum_{j=1}^{s} (\beta_j + \bar{\varepsilon}_{.j.} - \bar{\varepsilon})^2.$$

4) 因子 **A**,**B** 的交互作用引起的离差平方和 Q_I——反映了由 γ_{ij} 引起的数据波动

$$Q_I = \sum_{i=1}^{r} \sum_{j=1}^{s} \sum_{k=1}^{c} (\overline{X}_{ij.} - \overline{X}_{i..} - \overline{X}_{.j.} + \overline{X})^2$$

$$= \sum_{i=1}^{r} \sum_{j=1}^{s} \sum_{k=1}^{c} [(\mu + \alpha_i + \beta_j + \gamma_{ij} + \bar{\varepsilon}_{ij.}) - (\mu + \alpha_i + \bar{\varepsilon}_{i..}) - (\mu + \beta_j + \bar{\varepsilon}_{.j.}) + (\mu + \bar{\varepsilon})]^2$$

$$= c \sum_{i=1}^{r} \sum_{j=1}^{s} (\gamma_{ij} + \bar{\varepsilon}_{ij.} - \bar{\varepsilon}_{i..} - \bar{\varepsilon}_{.j.} + \bar{\varepsilon})^2.$$

5) 误差平方和 Q_E——反映了由 ε_{ij} 引起的数据波动

$$Q_E = \sum_{i=1}^{r} \sum_{j=1}^{s} \sum_{k=1}^{c} (X_{ijk} - \overline{X}_{ij.})^2$$

$$= \sum_{i=1}^{r} \sum_{j=1}^{s} \sum_{k=1}^{c} [(\mu + \alpha_i + \beta_j + \gamma_{ij} + \varepsilon_{ijk}) - (\mu + \alpha_i + \beta_j + \bar{\varepsilon}_{ij.})]^2$$

$$= \sum_{i=1}^{r} \sum_{j=1}^{s} \sum_{k=1}^{c} (\varepsilon_{ijk} - \bar{\varepsilon}_{ij.})^2.$$

2. H_0 成立时,写出检验统计量及分布

$$Q_T = Q_A + Q_B + Q_I + Q_E.$$

类似地,可以证明:

$$\begin{cases} \dfrac{Q_A}{\sigma^2} \overset{H_{01}}{\sim} \chi^2(r-1), \\[2mm] \dfrac{Q_B}{\sigma^2} \overset{H_{02}}{\sim} \chi^2(s-1), \\[2mm] \dfrac{Q_I}{\sigma^2} \overset{H_{03}}{\sim} \chi^2((r-1)(s-1)), \\[2mm] \dfrac{Q_E}{\sigma^2} \sim \chi^2(rs(c-1)), \end{cases} \quad \text{且 } Q_A, Q_B, Q_I, Q_E \text{ 相互独立.}$$

由此找到检验统计量:

$$F_A = \frac{\dfrac{Q_A}{\sigma^2}/(r-1)}{\dfrac{Q_E}{\sigma^2}/(rs(c-1))} = \frac{Q_A/(r-1)}{Q_E/(rs(c-1))} = \frac{S_A^2}{S_E^2} \overset{H_{01}}{\sim} F(r-1, rs(c-1));$$

$$F_B = \frac{\dfrac{Q_B}{\sigma^2}/(s-1)}{\dfrac{Q_E}{\sigma^2}/(rs(c-1))} = \frac{Q_B/(s-1)}{Q_E/(rs(c-1))} = \frac{S_B^2}{S_E^2} \overset{H_{02}}{\sim} F(s-1, rs(c-1));$$

$$F_I = \frac{\dfrac{Q_I}{\sigma^2}/(r-1)(s-1)}{\dfrac{Q_E}{\sigma^2}/(rs(c-1))} = \frac{Q_I/(r-1)(s-1)}{Q_E/(rs(c-1))} = \frac{S_I^2}{S_E^2} \overset{H_{03}}{\sim} F((r-1)(s-1), rs(c-1)),$$

其中,称 $S_A^2 = Q_A/(r-1)$ 为由因子 A 引起的均方离差, $S_B^2 = Q_B/(s-1)$ 为由因子 B 引起的均方离差, $S_I^2 = Q_I/(r-1)(s-1)$ 为由因子 A , B 交互作用引起的均方离差, $S_E^2 = Q_E/(rs(c-1))$ 为均方误差.

3. 写出拒绝域

类似前面无交互作用的分析得出的结论:

当 H_0 成立时: $E(S_A^2) = E(S_B^2) = E(S_I^2) = E(S_E^2) = \sigma^2$.

当 H_1 成立时: $E(S_A^2) = \dfrac{sc}{r-1} \sum_{i=1}^{r} \alpha_i^2 + \sigma^2 > E(S_E^2) = \sigma^2$;

$$E(S_B^2) = \frac{rc}{s-1} \sum_{j=1}^{s} \beta_j^2 + \sigma^2 > E(S_E^2) = \sigma^2 ;$$

$$E(S_I^2) = \frac{c}{(r-1)(s-1)} \sum_{i=1}^{r} \sum_{j=1}^{s} \gamma_{ij}^2 + \sigma^2 > E(S_E^2) = \sigma^2 ,$$

所以在给定显著性水平 α 时,拒绝域为

$$W_A = \{F_A > F_\alpha(r-1, rs(c-1))\};$$
$$W_B = \{F_B > F_\alpha(s-1, rs(c-1))\};$$
$$W_I = \{F_I > F_\alpha((r-1)(s-1), rs(c-1))\}.$$

将上述计算过程列在一个方差分析表中,见表 4.11.

表 4.11 方差分析表

来 源	平方和	自由度	均方离差	F 值	临界值	显著性
因子 A	Q_A	$r-1$	S_A^2	$F_A = \dfrac{S_A^2}{S_E^2}$	$F_\alpha(r-1, rs(c-1))$	
因子 B	Q_B	$s-1$	S_B^2	$F_B = \dfrac{S_B^2}{S_E^2}$	$F_\alpha(s-1, rs(c-1))$	

续表

来　　源	平方和	自由度	均方离差	F 值	临界值	显著性
$A \times B$	Q_I	$(r-1)(s-1)$	S_I^2	$F_I = \dfrac{S_I^2}{S_E^2}$	$F_a((r-1)(s-1), rs(c-1))$	
误差 E	Q_E	$rs(c-1)$	S_E^2			
总和 T	Q_T	$rsc-1$				

4.3　正交试验设计

4.7

前两节介绍的方差分析可以有效地分析一个或两个因子对指标值的影响是否显著,从而可以帮助我们寻找最佳生产条件.但在实际问题中,可能影响的因素较多,而且水平数也较多,如果要通过试验获取指标值,则安排的试验次数可能就会比较多.例如要设计一个 4 因子、5 水平的全面试验,那就需要 $5^4 = 625$ 次.可见对于多因素问题,全面试验的次数太多,因而考虑是否可以用局部试验法获取数据,但同时又可以得出全面、科学的结论呢?下面我们介绍一种局部试验法——**完备型正交试验设计**,以下简称正交试验设计.正交试验设计是利用**完备型正交表**(以下简称正交表)来安排与分析多因素、多水平的一种试验设计方法.它是在试验因素的全部水平组合中,按照正交表挑选出部分有代表性的水平组合进行试验,再对试验结果进行分析,从而找出最优的水平组合.

4.3.1　正交表

正交试验设计是指按照正交表安排的试验,所以我们首先要了解正交表.正交表的记法为 $L_n(s^r)$,其中,L 表示正交表,n 为正交表的行数,也是试验的次数,r 为正交表的列数,也是试验时最多可以安排的因子数,s 为因子的水平数,下面以表 4.12 展示的 $L_9(3^4)$ 为例进行说明.

表 4.12　$L_9(3^4)$ 表

试验号	因子			
	1	2	3	4
1	1	1	1	1
2	1	2	2	2
3	1	3	3	3
4	2	1	2	3
5	2	2	3	1
6	2	3	1	2
7	3	1	3	2
8	3	2	1	3
9	3	3	2	1

正交表具有两个特点:①任意一列各个水平出现的次数一样,均为 $\dfrac{n}{s}$ 次;②任意两列

各个水平组合出现的次数一样多，均为 $\frac{n}{s^2}$ 次.

正交表中的 s,n,r 之间具有关系：$n=s^k$，$r=\dfrac{s^k-1}{s-1}$.

选取合适的正交表的要求有两点：①试验次数 n 尽可能小；②因为分析数据时要用方差分析的方法，所以要求自由度 $f_{表} \geqslant \sum f_{因}$，即 $n-1 \geqslant \sum f_{因}$，其中，$f_{表}=n-1$ 表示正交表总的自由度，$\sum f_{因}$ 表示所有因子与交互作用的自由度之和.

下面通过具体例子，介绍如何用正交表安排试验及如何进行数据分析. 本节介绍不考虑交互作用的正交试验设计及分析和考虑有交互作用的正交试验设计及分析.

4.3.2 正交试验设计

1. 不考虑交互作用的正交试验设计

例 4.2 为了考察影响某种化工产品转化率(％)的因素，选取了三个有关因素：反应温度(℃)、反应时间(单位：min)、碱的浓度(％)，而每个因素取三种水平，且认为三个因素间无任意交互作用，如何选取合适的正交表？因子和水平见表 4.13.

表 4.13 因子和水平表

水平	因子		
	温度(A)	时间(B)	碱的浓度(C)
1	80	90	5
2	85	120	6
3	90	150	7

问反应温度、反应时间、碱的浓度分别对转化率有无显著影响($\alpha=0.05$)?

解 因为 $\sum f_{因}=6$，所以试验次数 $n \geqslant 7$.

因为水平数 $s=3$，所以 $n=3^k \geqslant 7$，并且要求试验次数 n 尽可能小，所以 $k=2$，且 $r=4 \geqslant 3$，$n=9$，故选用 $L_9(3^4)$，见表 4.12.

选定正交表后，就要把因子放到正交表的列的位置，称为**表头设计**，表头设计有一条原则：因子与交互作用不能混杂. 由于本例中没有交互作用，所以可以将三个因子 A,B,C 放到 $L_9(3^4)$ 的任意三列. 表头设计好后，就可以按照表中的数字安排试验，如将 A,B,C 依次放到前三列，那么每次试验按照表 4.12 中的前三列安排试验，如第 4 次试验的试验条件就是 $A_2B_1C_2$. 按照表 4.12 安排好试验后进行试验，获得指标值，见表 4.14.

表 4.14 实验组合和指标值表

试验号	因子				
	A	B	C	组合水平	指标值
1	1	1	1	1	$A_1B_1C_1$	X_1	31
2	1	2	2	2	$A_1B_2C_2$	X_2	54
3	1	3	3	3	$A_1B_3C_3$	X_3	38
4	2	1	2	3	$A_2B_1C_2$	X_4	53

续表

试验号	因子				组合水平	指标值	
	A	B	C				
5	2	2	3	1	$A_2B_2C_3$	X_5	49
6	2	3	1	2	$A_2B_3C_1$	X_6	42
7	3	1	3	2	$A_3B_1C_3$	X_7	57
8	3	2	1	3	$A_3B_2C_1$	X_8	62
9	3	3	2	1	$A_3B_3C_2$	X_9	64

按照正交表得到试验值,下面需要对试验值进行分析,分析的方法主要有两种:极差分析和方差分析.

1) 正交试验结果的极差分析法

极差分析又称直观分析法,它具有计算简便、直观形象的优点.记 R_i 表示各列的极差,其值大小反映了该列对应的因子处于不同试验条件下对试验指标值的影响情况.显然,R_i 越大,表示第 i 列对应的因子处于不同试验条件下对试验指标值的影响越大.极差分析法包括计算和判断两个步骤:

(1) 计算各因子各个水平的均值,分别算出各因子处于不同水平下的极差;

(2) 判断因子影响力的大小.选出各因子的最优水平,再组合在一起.

由正交表可以看出指标值满足的数学模型为

$$
\begin{cases}
X_1 = \mu + a_1 + b_1 + c_1 + \varepsilon_1, \\
X_2 = \mu + a_1 + b_2 + c_2 + \varepsilon_2, \\
X_3 = \mu + a_1 + b_3 + c_3 + \varepsilon_3, \\
X_4 = \mu + a_2 + b_1 + c_2 + \varepsilon_4, \\
X_5 = \mu + a_2 + b_2 + c_3 + \varepsilon_5, \\
X_6 = \mu + a_2 + b_3 + c_1 + \varepsilon_6, \\
X_7 = \mu + a_3 + b_1 + c_3 + \varepsilon_7, \\
X_8 = \mu + a_3 + b_2 + c_1 + \varepsilon_8, \\
X_9 = \mu + a_3 + b_3 + c_2 + \varepsilon_9, \\
\sum_{i=1}^{3} a_i = 0 \quad \sum_{j=1}^{3} b_j = 0 \quad \sum_{k=1}^{3} c_k = 0, \\
\varepsilon_i \sim N(0, \sigma^2), i = 1, 2, \cdots, n \\
\text{且它们之间相互独立.}
\end{cases}
$$

其中,称 μ 为总平均,也称一般平均.称 a_i, b_j, c_k 分别表示 A_i, B_j, C_k 水平的效应,$\overline{X}_{ij}$ 表示第 i 列的第 j 个水平对应的试验值之和的平均值,如

$$
\begin{aligned}
\overline{X}_{11} &= \frac{X_1 + X_2 + X_3}{3} \\
&= \frac{(\mu + a_1 + b_1 + c_1 + \varepsilon_1) + (\mu + a_1 + b_2 + c_2 + \varepsilon_2) + (\mu + a_1 + b_3 + c_3 + \varepsilon_3)}{3} \\
&= \mu + a_1 + \frac{\varepsilon_1 + \varepsilon_2 + \varepsilon_3}{3} = \mu + a_1 + \overline{\varepsilon}_{11}.
\end{aligned}
$$

可以看出的确是由因子 A 处于第 1 个水平对试验值产生影响，与因子 A 的其他水平以及其他因子的影响无关. 同理，如 $\overline{X}_{12}=\mu+a_2+\dfrac{\varepsilon_4+\varepsilon_5+\varepsilon_6}{3}=\mu+a_2+\overline{\varepsilon}_{12}$，只有因子 A 处于第 2 水平对试验值产生影响. $\overline{X}_{13}=\mu+a_3+\dfrac{\varepsilon_7+\varepsilon_8+\varepsilon_9}{3}=\mu+a_3+\overline{\varepsilon}_{13}$，只有因子 A 处于第 3 水平对试验值产生影响.

可以看出一定要按照正交表的安排进行试验，这样在分析数据时，才不会产生影响因素混杂现象.

例 4.2 的各因子在各个水平时的均值与极差的计算结果，见表 4.15.

表 4.15 数据处理表

试验号	因子					
	A	B	C		组合水平	指标值
1	1	1	1	1	$A_1B_1C_1$	X_1 31
2	1	2	2	2	$A_1B_2C_2$	X_2 54
3	1	3	3	3	$A_1B_3C_3$	X_3 38
4	2	1	2	3	$A_2B_1C_2$	X_4 53
5	2	2	3	1	$A_2B_2C_3$	X_5 49
6	2	3	1	2	$A_2B_3C_1$	X_6 42
7	3	1	3	2	$A_3B_1C_3$	X_7 57
8	3	2	1	3	$A_3B_2C_1$	X_8 62
9	3	3	2	1	$A_3B_3C_2$	X_9 64
$\overline{X}_{i1}$	41	47	45	48		
$\overline{X}_{i2}$	48	$\underline{55}$	$\underline{57}$	51		
$\overline{X}_{i3}$	$\underline{61}$	48	48	51		
R_i	20	8	12			

在表 4.15 中，$\overline{X}_{i1}$、$\overline{X}_{i2}$ 和 $\overline{X}_{i3}$ 分别表示第 i 列的第 1、2 和 3 水平的平均值，由表 4.15 可见：3 个因子的极差大小顺序为 $R_A>R_C>R_B$，即 3 个因子对化工产品转化率影响最大的是反应温度，其次是碱的浓度，最后是反应时间. 比较各因素的水平均值可见，各因子的最优水平分别为 A_3,B_2,C_2. 综合在一起可知最优水平组合为 $A_3B_2C_2$.

2）正交试验结果的方差分析法

极差分析法很简单，但对于因子的效应的显著性是否显著没办法进行检验，下面采用方差分析法.

（1）提出假设.

$$H_{01}:a_1=a_2=a_3=0, \quad H_{11}:a_1,a_2,a_3 \text{ 不全为 } 0;$$
$$H_{02}:b_1=b_2=b_3=0, \quad H_{12}:b_1,b_2,b_3 \text{ 不全为 } 0;$$
$$H_{03}:c_1=c_2=c_3=0, \quad H_{13}:c_1,c_2,c_3 \text{ 不全为 } 0.$$

（2）F 检验.

要对这些假设进行检验，根据方差分析对数据进行平方和分解，见表 4.16.

表 4.16 数据处理表

试验号	因子				组合水平	指标值	
	A	B	C				
1	1	1	1	1	$A_1B_1C_1$	X_1	31
2	1	2	2	2	$A_1B_2C_2$	X_2	54
3	1	3	3	3	$A_1B_3C_3$	X_3	38
4	2	1	2	3	$A_2B_1C_2$	X_4	53
5	2	2	3	1	$A_2B_2C_3$	X_5	49
6	2	3	1	2	$A_2B_3C_1$	X_6	42
7	3	1	3	2	$A_3B_1C_3$	X_7	57
8	3	2	1	3	$A_3B_2C_1$	X_8	62
9	3	3	2	1	$A_3B_3C_2$	X_9	64
$\overline{X}_{i1}$	41	47	45	48	$\overline{X} = \dfrac{1}{n}\sum\limits_{i=1}^{n} X_i = 50$		
$\overline{X}_{i2}$	48	55	57	51			
$\overline{X}_{i3}$	61	48	48	51	$Q_T = \sum\limits_{i=1}^{n}(X_i - \overline{X})^2 = 984$		
Q_i	618	114	234	18			

其中，$\overline{X} = \dfrac{1}{9}\sum\limits_{i=1}^{9} X_i = \mu + \dfrac{\varepsilon_1 + \varepsilon_2 + \varepsilon_3 + \varepsilon_4 + \varepsilon_5 + \varepsilon_6 + \varepsilon_7 + \varepsilon_8 + \varepsilon_9}{9} = \mu + \bar{\varepsilon}$，

$$Q_T = \sum_{i=1}^{n}(X_i - \overline{X})^2, \quad Q_i = \frac{n}{s}\sum_{j=1}^{s}(\overline{X}_{ij} - \overline{X})^2, (i = 1,2,3),$$

根据前面的 $\overline{X}_{11} = \mu + a_1 + \bar{\varepsilon}_{11}, \overline{X}_{12} = \mu + a_2 + \bar{\varepsilon}_{12}, \overline{X}_{13} = \mu + a_3 + \bar{\varepsilon}_{13}$ 可以看出第一列的三个均值只与因子 A 处于的 3 水平有关系. 所以

$$Q_1 = 3\sum_{j=1}^{3}(\overline{X}_{1j} - \overline{X})^2 = 3\sum_{j=1}^{3}(a_j + \bar{\varepsilon}_{1j} - \bar{\varepsilon})^2 = Q_A,$$

同理

$$Q_2 = Q_B, \quad Q_3 = Q_c,$$

$$\overline{X}_{41} = \frac{X_1 + X_5 + X_9}{3}$$

$$= \frac{(\mu + a_1 + b_1 + c_1 + \varepsilon_1) + (\mu + a_2 + b_2 + c_3 + \varepsilon_5) + (\mu + a_3 + b_3 + c_2 + \varepsilon_9)}{3}$$

$$= \mu + \frac{\varepsilon_1 + \varepsilon_5 + \varepsilon_9}{3} = \mu + \bar{\varepsilon}_{41},$$

同理，$\overline{X}_{42} = \mu + \bar{\varepsilon}_{42}, \overline{X}_{43} = \mu + \bar{\varepsilon}_{43}$，可以看出 $\overline{X}_{41}, \overline{X}_{42}, \overline{X}_{43}$ 只与误差项有关，与其他因子无关，所以

$$Q_4 = 3\sum_{j=1}^{3}(\overline{X}_{4j} - \overline{X})^2 = 3\sum_{j=1}^{3}(\bar{\varepsilon}_{4j} - \bar{\varepsilon})^2 = Q_E,$$

由分解定理知

$$Q_T = Q_1 + Q_2 + Q_3 + Q_E$$

$$\begin{cases} \dfrac{Q_1}{\sigma^2} \overset{H_{01}}{\sim} \chi^2(2), \\[2mm] \dfrac{Q_2}{\sigma^2} \overset{H_{02}}{\sim} \chi^2(2), \\[2mm] \dfrac{Q_3}{\sigma^2} \overset{H_{03}}{\sim} \chi^2(2), \\[2mm] \dfrac{Q_E}{\sigma^2} \sim \chi^2(2). \end{cases} ,\text{且 } Q_1,Q_2,Q_3,Q_E \text{ 相互独立.}$$

由此找到检验统计量：

$$F_A = \frac{\dfrac{Q_1}{\sigma^2}/2}{\dfrac{Q_E}{\sigma^2}/2} = \frac{Q_1/2}{Q_E/2} = \frac{S_1^2}{S_E^2} \overset{H_{01}}{\sim} F(2,2).$$

所以在给定显著性水平 α 时,拒绝域为

$$W_A = \{F_A > F_\alpha(2,2)\} \overset{\text{若}\alpha=0.05}{=\!=\!=} \{F_A > 19.00\}.$$

其他类似,由此作出方差分析表,见表 4.17.

表 4.17　方差分析表

来　源	平方和	自由度	均方离差	F 值	临界值	显著性
因子 A	618	2	309	34.33	19.00	显著 *
因子 B	114	2	57	6.33	19.00	不显著
因子 C	234	2	117	13.00	19.00	不显著
误差 E	18	$8-2-2-2=2$	9			
总和 T	984	8				

3）最优水平组合

（1）每个因子比较在各个水平下均值的大小,就可确定哪一水平最优：A_3、B_2、C_2；

（2）由于不考虑交互作用,只要将各因子的最优水平组合在一起,即为最优水平组合；

（3）考虑到因子 B,C 的影响不显著,所以最优水平组合可以选择成本低的组合：$A_3B_1C_1$.

注：在实际生活中有时需在指标值和成本间进行抉择.

2．有交互作用的正交试验设计

例 4.3　为了考察影响某种化工产品转化率(%)的因素,选取了三个有关因素：反应温度(℃)、反应时间(单位：min)、碱的浓度(%),而每个因素取 2 水平($\alpha=0.05$),见表 4.18.

4.9

表 4.18　因子和水平表

水平	因子		
	反应温度(A)	反应时间(B)	碱的浓度(C)
1	80	90	5
2	85	120	6

问反应温度、反应时间、碱的浓度及交互作用分别对转化率有无显著影响?

解 (1) 因为 $\sum f_因 = 6$,且当水平数 $s = 2$ 时,试验次数 $n = 2^k \geq 7$,而且试验次数尽可能小,所以取 $k = 3$,则表中可以安排的因子数 $r = 7$,试验次数 $n = 8$,故选用 $L_8(2^7)$,见表 4.19.

表 4.19 $L_8(2^7)$ 表

试验号	因子						
	1	2	3	4	5	6	7
1	1	1	1	1	1	1	1
2	1	1	1	2	2	2	2
3	1	2	2	1	1	2	2
4	1	2	2	2	2	1	1
5	2	1	2	1	2	1	2
6	2	1	2	2	1	2	1
7	2	2	1	1	2	2	1
8	2	2	1	2	1	1	2

(2) 选定正交表后,因子 A、B、C 及交互作用在正交表中应如何摆放? 要进行表头设计. 由于本例中有交互作用,所以因子就不能随意摆放. 通常先安排两个因子,然后借助相应的交互作用表 4.20,找出交互列的位置. 如 A、B 放到第 1、2 列,根据交互作用表 4.20 可以知道第 1、2 列的交互作用列是第 3 列,于是第 3 列上的表头就是 $A \times B$,以便进行数据分析. 若将因子 C 放到第 4 列,则再根据交互作用表 4.20 可以知道其余的交互作用放在哪列,这样还剩下一个空白列,根据前面数据分析的知识了解到这是误差列.

表 4.20 $L_8(2^7)$ 的两两交互作用列表

列号	列号					
	1	2	3	4	5	6
7	6	5	4	3	2	1
6	7	4	5	2	3	
5	4	7	6	1		
4	5	6	7			
3	2	1				
2	3					

(3) 按照表 4.20 的 $L_8(2^7)$ 正交表安排试验,如第 2 行因子 A,B,C 的水平数对应的安排的试验是 $A_1 B_1 C_2$,第 6 行因子 A,B,C 的水平数对应的安排的试验是 $A_2 B_1 C_2$,依次做完 8 次试验后,得到试验值,试验数据的处理方法与没有交互作用的正交表数据处理方法一样,得到的结果见表 4.21.

表 4.21 数据处理表

	A	B	$A \times B$	C	$A \times C$	$B \times C$	试验组合	试验值
1	1	1	1	1	1	1	$A_1 B_1 C_1$	805
2	1	1	1	2	2	2	$A_1 B_1 C_2$	750

续表

	A	B	$A \times B$	C	$A \times C$	$B \times C$		试验组合	试验值
3	1	2	2	1	1	2	2	$A_1 B_2 C_1$	885
4	1	2	2	2	2	1	1	$A_1 B_2 C_2$	850
5	2	1	2	1	2	1	2	$A_2 B_1 C_1$	965
6	2	1	2	2	1	2	1	$A_2 B_1 C_2$	870
7	2	2	1	1	2	2	1	$A_2 B_2 C_1$	811
8	2	2	1	2	1	1	2	$A_2 B_2 C_2$	730
$\overline{X}_{i1}$	822.5	847.5	774.0	866.5	822.5	837.5	834.0	$\overline{X} = \dfrac{1}{n}\sum\limits_{i=1}^{n} X_i = 833.25$	
$\overline{X}_{i2}$	844.0	819.0	892.5	800.0	844.0	829.0	832.5		
Q_i	924.5	1624.5	28084.5	8844.5	924.5	144.5	4.5	$Q_T = \sum\limits_{i=1}^{n}(X_i - \overline{X})^2 = 40551.5$	

将相关数据汇总成方差分析表 4.22.

表 4.22　方差分析表

来　源	平方和	自由度	均方离差	F 值	临界值	显著性
因子 A	924.5	1	924.5	205.44	161.45	显著
因子 B	1624.5	1	1624.5	361.00	161.45	显著
$A \times B$	28084.5	1	28084.5	6241.00	161.45	很显著
因子 C	8844.5	1	8844.5	1965.44	161.45	显著
$A \times C$	924.5	1	924.5	205.44	161.45	显著
$B \times C$	144.5	1	144.5	32.11	161.45	不显著
误差 E	4.5	1	4.5			
总　和	40551.5	7				

根据表 4.22 知, 因子 A、B、C 以及交互作用 $A \times B$ 和 $A \times C$ 对试验指标值有显著性的影响, 交互作用 $B \times C$ 对于试验指标值没有显著性的影响.

（4）选出最优组合.

① 各因子的最优水平: 对于本例中试验值转化率是越大越好, 所以对于因子 A, 因为 $\overline{X}_{12}$ 大, 所以在 A_2 条件下是最优水平; 对于因子 B, 因为 $\overline{X}_{21}$ 大, 所以在 B_1 条件下是最优水平; 对于因子 C, 因为 $\overline{X}_{41}$ 大, 所以在 C_1 条件下是最优水平. ② 交互作用的最优水平组合, 如 $A \times B$ 各个组合的均值, 见表 4.23.

表 4.23　$A \times B$ 组合的均值

组合	$A_1 \times B_1$	$A_1 \times B_2$	$A_2 \times B_1$	$A_2 \times B_2$
均值	777.5	867.5	917.5	770.5

由表 4.23 知, 对于 $A \times B$ 组合的均值, 在组合 $A_2 \times B_1$ 下均值最大, 所以在 $A_2 \times B_1$ 条件下是最优的, 对于 $A \times C$ 的分析类似. 由于 $B \times C$ 的影响不显著, 故可以不考虑其交互作用的最优水平组合. 但若各因子的最优水平与交互作用的最优水平组合出现矛盾如何解决? 应**优先考虑显著性大**的, 所以综上知 (A_2, B_1, C_1) 是最优水平组合.

若需要其他类型的正交表或交互作用表,可参考附录[6],更详细的可参考文献[15].

4.4 统计分析软件训练

训练项目 1 单因素方差分析

软件训练案例 1 考察温度对某化工产品得率(%)的影响,选了 5 种不同的温度(单位:℃),在同一温度下各做了 3 次试验,测得结果见表 4.24.

表 4.24 化工产品得率表

温 度	60	65	70	75	80
得 率	90	97	96	84	84
	92	93	96	83	86
	88	92	93	88	82

R 软件 采用 anova()函数可以实现单因素方差分析.

```
> delv <- c(90,92,88,97,93,92,96,96,93,84,83,88,84,86,82)    ♯输入得率的数据
> temp <- factor(rep(1:5, each = 3))                         ♯温度是每 3 个是一组,分为 5 组
> data <- data.frame(delv, temp)                             ♯数据的结构是得率和温度
> anova_result <- aov(delv~temp, data = data)                ♯进行单因素方差分析
> summary(anova_result)                                      ♯输出方差分析结果
```

结果输出,见表 4.25.

表 4.25 方差分析表

	Df	Sum Sq	Mean Sq	F value	Pr(> F)
temp	4	303.6	75.9	15.18	0.000299 ***
residuals	10	50.0	5.0		

结论:根据第 3 章假设检验的 P 值的判断可以知道:一般认为当 $P < 0.05$ 时,则认为统计量的实际值落入拒绝域内,所以认为因子 A 对试验指标有显著影响,即温度对于得率的影响是显著的.

训练项目 2 两因素方差分析

软件训练案例 2 为了考察肥料品种、土壤种类以及交互作用对小麦产量有无显著性的影响.选取了 4 种不同肥料、3 种土壤,得亩产量(单位:kg),见表 4.26.

表 4.26 亩产量表

肥料品种	土壤种类		
	B_1	B_2	B_3
A_1	693,506	607,358	810,705
A_2	810,705	981,964	792,883

续表

肥料品种	土壤种类		
	B_1	B_2	B_3
A_3	791,642	810,705	843,766
A_4	917,669	657,703	901,703

R 软件 采用 anova() 函数可以实现两因素方差分析.

```
> wheat_data < - data.frame      #创建数据框
fertilizer = rep(rep(c("A1", "A2", "A3", "A4"), each = 4), times = 3),      #创建数据框
 + soil = rep(c("B1", "B2", "B3"), each = 4, times = 4),               #创建数据框
 + yield = c(693, 506, 607, 358, 810, 705, 810, 705, 981, 964, 792, 883, 791, 642, 810, 705,
   843, 766, 917, 669, 657, 703, 901, 703)
 + )
> model < - aov(yield~fertilizer * soil, data = wheat_data)   #进行两因素有交互作用的方差分析
> summary(model)
```

结果输出见表 4.27.

表 4.27 方差分析

	Df	Sum Sq	Mean Sq	F value	Pr(> F)
fertilizer	3	114	38	0.004	0.99968
soil	2	294536	147268	14.454	2.47e-05 ***
fertilizer:soil	6	267940	44657	4.383	0.00202 **
residuals	36	366791	10189		

结论：根据第 3 章假设检验的 P 值的判断可以知道：一般认为当 $P<0.05$ 时，则认为统计量的实际值落入拒绝域内，所以认为因子 A 对试验指标有显著影响，对于因子 B 和交互作用的解释类似. 肥料的品种对小麦产量没有显著影响；土壤的种类对小麦产量有极显著影响；肥料的品种与土壤的种类的交互作用对小麦产量有显著影响.

小结

"方差分析"是从可比组的数据中分解出可追溯到某些指定来源的变异的一种技巧. 本章介绍了单因素方差分析、无交互作用的两因素方差分析以及等重复试验的两因素方差分析的数据处理方法. 因子和水平数都较多，会导致全面试验的试验次数太多，本章介绍了部分试验的实施方法——正交试验设计. 在正交试验设计中介绍了完备型正交表，简称正交表的选取、正交表的表头设计、按照正交表安排试验以及分析处理由正交试验设计得到的数据的极差法和方差分析法.

习题 4

A 组

1. 用 5 种不同的施肥方案分别得到某种农作物的收获量(单位：kg)如下：

	施 肥 方 案				
	I	II	III	IV	V
收获量	67,67,55,42	98,96,91,66	60,69,50,35	79,64,81,70	90,70,79,88

设收获量均服从正态分布且方差相同,试检验这 5 种施肥方案对农作物的收获量是否有显著影响($\alpha=0.05$).

2. 粮食加工厂用 4 种不同的方法储藏粮食,储藏一段时间后,分别抽样化验,得到粮食含水率如下:

	储 藏 粮 食 的 方 法			
	I	II	III	IV
含水率	7.3,8.3,7.6, 8.4,8.3	5.8,7.4,7.1	8.1,6.4,7.0	7.9,9.0

设含水率均服从正态分布且方差相同,试检验这 4 种不同的储藏方法对粮食的含水率是否有显著影响($\alpha=0.05$)?

3. 某高校为了评估不同学院的学生在"数值分析"课程考试成绩上是否有显著差异,现随机抽取了某学年第一学期共 70 名同学的考试成绩,共涉及 6 个学院,具体数据见下表,试分析不同学院学生的考试成绩有无显著差异($\alpha=0.05$).

学 院	成 绩											
机械学院	87	71	75	78	76	66	61	67	82	74	72	71
动力学院	89	77	96	83	80	94	66	70	73	85	69	83
光电学院	77	80	89	83	86	70	80	90	69	82	67	
物理学院	68	92	77	73	77	89	70	83	82	80	58	69
土木学院	59	67	77	60	73	75	74	59	84	68	71	59
化工学院	83	60	66	57	81	76	74	76	70	65	60	

4. 茶是世界上最广泛的一种饮料,但很少人知其营养价值.任一种茶叶都含有叶酸,它是一种维生素 B.如今已有测定茶叶中叶酸含量的方法.为研究各产地的绿茶的叶酸含量是否有显著差异,特选四个产地绿茶,按随机次序测试其叶酸含量(单位:mg),测试结果见下表.

品种	叶 酸 含 量						
A1	7.9	6.2	6.6	8.6	8.9	10.1	9.6
A2	5.7	7.5	9.8	6.1	8.4		
A3	6.4	7.1	7.9	4.5	5.0	4.0	
A4	6.8	7.5	5.0	5.3	6.1	7.4	

试分析不同品种的茶叶中叶酸含量有无显著差异($\alpha=0.05$).

B 组

1. 分析肥料品种、土壤种类以及交互作用对小麦产量有无显著性的影响($\alpha=0.05$).选取了 4 种不同肥料、3 种土壤,亩产量(单位:kg)见下表:

肥料品种	土壤种类		
	B_1	B_2	B_3
A_1	693,506	607,358	810,705
A_2	810,705	981,964	792,883
A_3	791,642	810,705	843,766
A_4	917,669	657,703	901,703

2. 分析含铜量和温度对于某种钢的冲击值（$kg \cdot m/cm^2$）的影响是否显著（$\alpha = 0.05$）. 不同状态下的实测数据见下表：

含铜量	试 验 温 度		
	20℃	0℃	−20℃
0.2%	10.6	7.0	4.2
0.4%	11.6	11.0	6.8
0.8%	14.5	13.3	11.5

3. 分析黄豆粉与蛋白胨的含量,磷酸二氢钾的含量,基量对于某种微生物的适宜培养有无显著性的影响（$\alpha = 0.05$）. 每个因子取 3 个水平,试验数据见下表：

	B_1			B_2			B_3		
	C_1	C_2	C_3	C_1	C_2	C_3	C_1	C_2	C_3
A_1	68.9	65.5	80.5	68.4	54.0	75.0	47.6	38.6	37.0
A_2	92.5	86.3	98.5	113.0	115.0	97.1	117.0	79.5	90.0
A_3	69.0	85.8	65.5	137.5	110.0	115.5	129.5	73.3	91.2

4.11

4.12

第5章 回归分析

早在 19 世纪,英国著名生物统计学家高尔顿发现:高个子父母的子代一般也高,但不像父母那么高;矮个子父母的子代一般也矮,但不像父母这么矮.高尔顿把这种后代身高向中间靠拢的趋势称为"**回归现象**". 在实际问题中,我们也会遇到各种变量,它们之间的相互关系有的是**确定性关系**,又称**函数关系**.例如圆的面积和圆的半径之间是确定性关系.而有的是**相关关系**,根据父母的身高,能估计出子代身高的大概值,但不能完全确定,这就是相关关系的特点.父母的身高可以影响子代的身高,称父母的身高为**可控变量**,又称**自变量**.子代的身高称为**因变量(响应变量)**.

回归分析是研究变量之间相关关系的一种应用统计方法.它通过建立变量之间的经验回归方程,来实现对问题的预测或控制.回归分析在现代具有更为广泛的意义,因此人们把由一组变量的变化去推测另一组变量变化的方法统称为"回归方法".

5.1 一元线性回归分析

5.1.1 一元线性回归模型

设 x,y 间有某种相关关系,x 为可控的自变量,y 为可预测的随机变量,即为因变量(响应变量).寻找它们之间的关系表达式就是回归分析的主要任务.

当 x 取定一个数值时,可能有多个 y 值与之对应,对 y 取平均,即令

$$E(y \mid x) = f(x),$$

而在这个确定的关系之外,随机因素也会造成 y 的波动,记该波动项为 ε,此时随机因素引起的偏差为

$$\varepsilon = y - f(x),$$

这时 x,y 间的相关关系可以表示为

$$y = f(x) + \varepsilon.$$

根据函数 $f(x)$ 的形式,回归分析可分为线性回归和非线性回归;根据自变量 x 的个数,回归分析可分为一元回归和多元回归.若 $f(x) = \beta_0 + \beta_1 x$,即 $y = \beta_0 + \beta_1 x + \varepsilon$,$\varepsilon \sim N(0,\sigma^2)$,称其为一元正态线性回归模型,它反映了除 x,y 之间的函数关系外的随机因素对 y 的影响,其中 $\varepsilon \sim N(0,\sigma^2)$ 的几何解释如图 5.1 所示.

在实际问题中,对于一元线性回归模型为 $y = \beta_0 + \beta_1 x + \varepsilon$,$\beta_0$,$\beta_1$ 均未知,需要从收集到的样本值 (x_i,y_i),$i=1,2,\cdots,n$ 出发进行估计.一般要求收集的样本之间相互独立

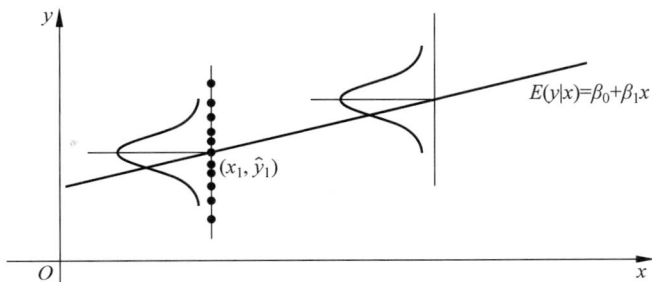

图 5.1　假设 $\varepsilon \sim N(0, \sigma^2)$ 的解释

且满足

$$\begin{cases} y_1 = \beta_0 + \beta_1 x_1 + \varepsilon_1, \\ \quad\quad\vdots \\ y_n = \beta_0 + \beta_1 x_n + \varepsilon_n, \\ \varepsilon_i \sim N(0, \sigma^2), i = 1, 2, \cdots, n \\ \text{且它们之间相互独立}. \end{cases}$$

　　在一个自变量的情况下，可以通过画 $(x_i, y_i), i = 1, 2, \cdots, n$ 的散点图观察变量间的关系，如果散点分布在某条直线附近，就可以假定这组数据满足一元线性回归模型.

　　本章主要介绍线性回归分析模型，该模型需要解决 3 个问题：

（1）未知参数的估计；

（2）对模型提出的相关假设进行检验；

（3）在关注点处进行预测或控制.

5.1.2　回归参数的最小二乘估计

1. 参数的估计

　　如何求出 β_0、β_1 的估计？我们的直观想法是希望图 5.2 中的点 $(x_i, y_i), i = 1, 2, \cdots, n$ 与直线上的点 $(x_i, \hat{y}_i)$ 的偏离程度越小越好，其中 $\hat{y}_i$ 是 y_i 的估计值，是直线 $x = x_i$ 与根据 β_0、β_1 的估计值作出的直线 $\hat{y}_i = \hat{\beta}_0 + \hat{\beta}_1 x_i$ 的交点的纵轴.

　　为避免对所有点的偏离值 $e_i = y_i - \hat{y}_i$ 求和时有正负相互抵消的情况，可以用偏离值的绝对值代替偏离. 寻找合适的回归方程，只需使偏离值的绝对值之和 $\sum_{i=1}^{n} |y_i - \hat{y}_i|$ 达到最小，但绝对值求导不容易，所以用 $\sum_{i=1}^{n} (y_i - \hat{y}_i)^2$ 代替绝对值之和. 记

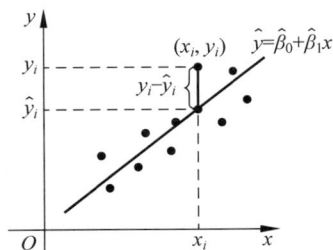

图 5.2　残差的图形表示

$$Q(\beta_0, \beta_1) = \sum_{i=1}^{n} (y_i - \hat{y}_i)^2 = \sum_{i=1}^{n} (y_i - \beta_0 - \beta_1 x_i)^2,$$

此式反映了估计值与观察值之间的偏差. 我们只要求出使 $Q(\beta_0, \beta_1)$ 达到最小时，得到的值

就可以认为是 β_0、β_1 的估计值,这种估计参数的方法称为**最小二乘估计法**,称得到的 $\hat{\beta}_0$、$\hat{\beta}_1$ 为 β_0、β_1 的**最小二乘估计（LSE）**.

根据微积分中的最值求解方法,只需令 $Q(\beta_0,\beta_1)$ 的偏导数为零,从而得到

$$\begin{cases} \dfrac{\partial Q}{\partial \beta_0} = -2 \sum_{i=1}^{n} (y_i - \beta_0 - \beta_1 x_i) = 0, \\ \dfrac{\partial Q}{\partial \beta_1} = -2 \sum_{i=1}^{n} (y_i - \beta_0 - \beta_1 x_i) x_i = 0. \end{cases}$$

经整理得

$$\begin{cases} n\beta_0 + \beta_1 \sum_{i=1}^{n} x_i = \sum_{i=1}^{n} y_i, \\ \sum_{i=1}^{n} x_i \beta_0 + \beta_1 \sum_{i=1}^{n} x_i^2 = \sum_{i=1}^{n} x_i y_i. \end{cases} \tag{5.1}$$

该方程组称为正规方程组. 记

$$\bar{x} = \frac{1}{n} \sum_{i=1}^{n} x_i, \quad \bar{y} = \frac{1}{n} \sum_{i=1}^{n} y_i, \quad \overline{x^2} = \frac{1}{n} \sum_{i=1}^{n} x_i^2, \quad \overline{xy} = \frac{1}{n} \sum_{i=1}^{n} x_i y_i,$$

$$L_{xx} = \sum_{i=1}^{n} (x_i - \bar{x})^2 = n(\overline{x^2} - \bar{x}^2), \quad L_{xy} = \sum_{i=1}^{n} (x_i - \bar{x})(y_i - \bar{y}) = n(\overline{xy} - \bar{x}\bar{y}),$$

$$L_{yy} = \sum_{i=1}^{n} (y_i - \bar{y})^2 = n(\overline{y^2} - \bar{y}^2).$$

化简方程组(5.1),得

$$\begin{cases} \beta_0 + \beta_1 \bar{x} = \bar{y}, \\ \bar{x} \beta_0 + \beta_1 \overline{x^2} = \overline{xy}. \end{cases}$$

从而可得方程组的解为

$$\begin{cases} \hat{\beta}_1 = \dfrac{\overline{xy} - \bar{x}\bar{y}}{\overline{x^2} - \bar{x}^2} = \dfrac{L_{xy}}{L_{xx}}, \\ \hat{\beta}_0 = \bar{y} - \hat{\beta}_1 \bar{x}. \end{cases}$$

其中,称 $\hat{\beta}_0$ 为**回归常数**,$\hat{\beta}_1$ 为**回归系数**,$\hat{y} = \hat{\beta}_0 + \hat{\beta}_1 x$ 为 y 关于 x 的**经验回归直线方程**,简称回归方程. 回归方程的另一种形式是

$$\hat{y} - \bar{y} = \hat{\beta}_1 (x - \bar{x}). \tag{5.2}$$

方程(5.2)表示经验回归直线方程必过点 $(\bar{x}, \bar{y})$.

2. 最小二乘估计的性质

性质 5.1 $\hat{\beta}_1 \sim N\left(\beta_1, \dfrac{\sigma^2}{L_{xx}}\right)$.

证明 因为 $\hat{\beta}_1 = \dfrac{L_{xy}}{L_{xx}} = \dfrac{\sum\limits_{i=1}^{n} (x_i - \bar{x})(y_i - \bar{y})}{L_{xx}} = \dfrac{\sum\limits_{i=1}^{n} (x_i - \bar{x}) y_i}{L_{xx}} = \sum\limits_{i=1}^{n} \left(\dfrac{x_i - \bar{x}}{L_{xx}}\right) y_i,$

易见 $\hat{\beta}_1$ 是 $y_1, y_2, \cdots, y_n$ 的线性组合，且 $y_i \sim N(\beta_0 + \beta_1 x_i, \sigma^2)$ 相互独立，所以 $\hat{\beta}_1$ 服从正态分布.

又因为

$$E(\hat{\beta}_1) = E \sum_{i=1}^{n} \left(\frac{x_i - \bar{x}}{L_{xx}} \right) y_i = \sum_{i=1}^{n} \left(\frac{x_i - \bar{x}}{L_{xx}} \right) E y_i = \sum_{i=1}^{n} \left(\frac{x_i - \bar{x}}{L_{xx}} \right) (\beta_0 + \beta_1 x_i)$$

$$= \beta_1 \frac{1}{L_{xx}} \sum_{i=1}^{n} (x_i - \bar{x}) x_i = \beta_1 \frac{1}{L_{xx}} \sum_{i=1}^{n} (x_i - \bar{x})(x_i - \bar{x}) = \beta_1,$$

$$D(\hat{\beta}_1) = D \sum_{i=1}^{n} \left(\frac{x_i - \bar{x}}{L_{xx}} \right) y_i = \frac{1}{L_{xx}^2} \sum_{i=1}^{n} (x_i - \bar{x})^2 D y_i = \frac{\sigma^2}{L_{xx}},$$

故 $\hat{\beta}_1 \sim N\left(\beta_1, \dfrac{\sigma^2}{L_{xx}} \right)$.

注：(1) 因为 $E(\hat{\beta}_1) = \beta_1$，所以 $\hat{\beta}_1$ 是 β_1 的无偏估计.

(2) 因为 $D(\hat{\beta}_1) = E(\hat{\beta}_1 - E(\hat{\beta}_1))^2 = E(\hat{\beta}_1 - \beta_1)^2 = \dfrac{\sigma^2}{L_{xx}}$，而此时方差 $D(\hat{\beta}_1)$ 的大小反映了参数 β_1 的估计值 $\hat{\beta}_1$ 与未知的真实值 β_1 之间的偏离，我们当然希望这种偏离越小越好，也就是 $\dfrac{\sigma^2}{L_{xx}}$ 越小越好，而 σ^2 是总体误差的偏离，这是没有办法改变的，只能控制 L_{xx} 越大越好，而 x 取值越分散，那么 L_{xx} 就越大，则估计值 $\hat{\beta}_1$ 就越接近真实值 β_1. 这说明在抽样获取回归分析的数据时，自变量的取值越分散，得到的估计值的精度就越高.

性质 5.2 $\hat{\beta}_0 \sim N\left(\beta_0, \sigma^2 \left(\dfrac{1}{n} + \dfrac{\bar{x}^2}{L_{xx}} \right) \right)$.

证明　因为 $\hat{\beta}_0$ 是 $y_1, y_2, \cdots, y_n$ 的线性组合，且 $y_i \sim N(\beta_0 + \beta_1 x_i, \sigma^2)$ 相互独立，所以 $\hat{\beta}_0$ 服从正态分布.

又因为

$$E(\hat{\beta}_0) = E(\bar{y} - \hat{\beta}_1 \bar{x}) = E(\bar{y}) - \beta_1 \bar{x} = \beta_0 + \beta_1 \bar{x} - \beta_1 \bar{x} = \beta_0,$$

$$D(\hat{\beta}_0) = D(\bar{y} - \hat{\beta}_1 \bar{x}) = D \left(\sum_{i=1}^{n} \left(\frac{1}{n} - \frac{\bar{x}(x_i - \bar{x})}{L_{xx}} \right) y_i \right) = \sigma^2 \sum_{i=1}^{n} \left(\frac{1}{n} - \frac{\bar{x}(x_i - \bar{x})}{L_{xx}} \right)^2$$

$$= \sigma^2 \left(\sum_{i=1}^{n} \frac{1}{n^2} - 2 \sum_{i=1}^{n} \frac{\bar{x}(x_i - \bar{x})}{n L_{xx}} + \frac{\bar{x}^2}{L_{xx}^2} \sum_{i=1}^{n} (x_i - \bar{x})^2 \right) = \sigma^2 \left(\frac{1}{n} + \frac{\bar{x}^2}{L_{xx}} \right),$$

故 $\hat{\beta}_0 \sim N\left(\beta_0, \sigma^2 \left(\dfrac{1}{n} + \dfrac{\bar{x}^2}{L_{xx}} \right) \right)$.

注：(1) $\hat{\beta}_0$ 是 β_0 的无偏估计.

(2) n 越大，x 取值越分散，则得到的估计值 $\hat{\beta}_0$ 就越接近真实值 β_0.

5.1.3　显著性检验

前面介绍了利用一组样本值使用最小二乘估计法可以得到 $\hat{\beta}_0$、$\hat{\beta}_1$，说明如果散点在平面图上的分布是杂乱无章的,则按最小二乘估计法也能求出 $\hat{\beta}_0$、$\hat{\beta}_1$,但是在这种情况下所得到的回归直线是没有实际意义的,因此要先判断两个变量之间是否真的存在较强的相关关系.下面我们介绍三种检验方法.

1. 判定系数检验

在实际工作中,判断变量 y 与变量 x 之间的线性相关性,可以定义

$$R = \frac{\sum\limits_{i=1}^{n}(x_i - \bar{x})(y_i - \bar{y})}{\sqrt{\sum\limits_{i=1}^{n}(x_i - \bar{x})^2 \sum\limits_{i=1}^{n}(y_i - \bar{y})^2}}$$

为样本相关系数.也称 R^2 为**判定系数**,可以推出

$$R^2 = \frac{L_{xy}^2}{L_{xx}^2 L_{yy}^2} = \frac{SS_R}{SS_T} = 1 - \frac{SS_E}{SS_T}.$$

根据判定系数的表达式可知,R^2 越接近1,说明 y 与 x 之间的残差平方和越小,则 y 与 x 之间的相关性越强或回归函数与数据之间的拟合程度越高.规定:

$0 \leqslant R^2 < 0.5$,认为 y 与 x 之间不具有显著的相关关系;

$0.5 \leqslant R^2 < 0.8$,认为 y 与 x 之间具有显著的相关关系;

$0.8 \leqslant R^2 \leqslant 1$,认为 y 与 x 之间具有高度显著的相关关系.

2. 回归模型的假设检验

从最小二乘估计的公式可知,在计算过程中并不一定要知道 y 与 x 之间是否有线性相关的关系,但如果不存在这种关系,那么求得的回归方程是没有意义的,因此需要检验 y 与 x 间的线性关系是否显著.而造成 y 与 x 的线性关系不显著的原因有三点:

(1) y 与 x 无任何关系;

(2) y 与 x 有显著的关系,但不是线性关系(可参见非线性回归拟合);

(3) y 与 x 有线性关系,但存在其他更重要的变量对 y 有显著性影响,从而削弱了 x 对 y 的影响(可采用多元线性回归拟合).

当 y 与 x 的线性关系不显著时,表现为 β_1 与 0 点之间的差异不显著,所以用 $\beta_1 = 0$ 表示.而根据假设检验中原假设 H_0 的给出方法:把想要说明的当成备择假设,会有很强的说服力,因为通过检验是想说明 y 与 x 间具有很强的线性关系,所以假设定为

$$H_0: \beta_1 = 0, \quad H_1: \beta_1 \neq 0.$$

为检验假设是否为真,我们从分析引起因变量 y 变动的原因入手,发现原因有两点:

(1) 若 y 与 x 具有很强的线性关系,x 变动时,y 会随着 x 的变化而显著变化;

(2) 其他随机因素造成的影响.

下面通过平方和的分解,将这两个原因引起 $y_1, y_2, \cdots, y_n$ 差异的波动分离开.

我们称 $SS_T = L_{yy}$ 为 y 的**总的离差平方**,反映了数据的总的波动.称 $y_i - \hat{y}_i$ 为**残差**,

$$SS_E = \sum_{i=1}^{n}(y_i - \hat{y}_i)^2 = \sum_{i=1}^{n}(y_i - \hat{\beta}_0 - \hat{\beta}_1 x_i)^2 = Q(\hat{\beta}_0, \hat{\beta}_1)$$ 为**残差平方和**,反映了随机因素造成的数据的波动.称 $SS_R = \sum\limits_{i=1}^{n}(\hat{y}_i - \bar{y})^2$ 为**回归平方和**,反映了回归关系强弱造成的数

据的波动. 它们之间有一个具有统计意义的平方和分解公式:

$$SS_T = SS_R + SS_E.$$

证明
$$\sum_{i=1}^{n}(y_i - \overline{y})^2 = \sum_{i=1}^{n}[(y_i - \hat{y}_i) + (\hat{y}_i - \overline{y})]^2$$

$$= \sum_{i=1}^{n}(y_i - \hat{y}_i)^2 + \sum_{i=1}^{n}(\hat{y}_i - \overline{y})^2 + 2\sum_{i=1}^{n}(y_i - \hat{y}_i)(\hat{y}_i - \overline{y})$$

$$= \sum_{i=1}^{n}(y_i - \hat{y}_i)^2 + \sum_{i=1}^{n}(\hat{y}_i - \overline{y})^2,$$

其中的交叉项可以证明为 0.

$$\sum_{i=1}^{n}(y_i - \hat{y}_i)(\hat{y}_i - \overline{y}) = \sum_{i=1}^{n}(y_i - \hat{\beta}_0 - \hat{\beta}_1 x_i)(\hat{\beta}_0 + \hat{\beta}_1 x_i - \overline{y})$$

$$= \sum_{i=1}^{n}[y_i - \overline{y} - \hat{\beta}_1(x_i - \overline{x})][\hat{\beta}_1(x_i - \overline{x})]$$

$$= \hat{\beta}_1(L_{xy} - \hat{\beta}_1 L_{xx}) = 0.$$

回归平方和的计算式为

$$SS_R = \sum_{i=1}^{n}(\hat{y}_i - \overline{y})^2 = \sum_{i=1}^{n}(\hat{\beta}_0 + \hat{\beta}_1 x_i - \hat{\beta}_0 + \hat{\beta}_1 \overline{x})^2 = \hat{\beta}_1^2 L_{xx}.$$

下面我们利用第 4 章方差分析中的分解定理导出检验统计量的分布. 在 $\varepsilon_i \sim N(0, \sigma^2)$, $i = 1, 2, \cdots, n$, 且 ε_i 相互独立的条件下, H_0 成立, $y_i \sim N(\beta_0 + \beta_1 x_i, \sigma^2)$ 相互独立, 根据第 1 章的抽样分布定理知

$$\frac{SS_T}{\sigma^2} \sim \chi^2(n-1).$$

根据性质 5.1: $\hat{\beta}_1$ 的分布为 $\hat{\beta}_1 \sim N\left(\beta_1, \dfrac{\sigma^2}{L_{xx}}\right)$, 在 H_0 成立时, $\dfrac{\hat{\beta}_1}{\sigma/\sqrt{L_{xx}}} \sim N(0,1)$, 知

$$\frac{SS_R}{\sigma^2} = \frac{\hat{\beta}_1^2 L_{xx}}{\sigma^2} \sim \chi^2(1).$$

而 SS_E 是 $y_1, y_2, \cdots, y_n$ 的线性组合的平方和:

$$SS_E = \sum_{i=1}^{n}(y_i - \hat{y}_i)^2 = \sum_{i=1}^{n}(y_i - \hat{\beta}_0 - \hat{\beta}_1 x_i)^2,$$

由代数的知识可知, 有 n 个变量, 两个约束条件, 那么自由度就是 $n-2$.

由于自由度 $n-1 = 1 + (n-2)$, 所以由分解定理可知, 在 H_0 成立时,

$$\frac{SS_E}{\sigma^2} \sim \chi^2(n-2), \text{且 } SS_E \text{ 与 } SS_R \text{ 相互独立}.$$

由此构造出检验统计量

$$F = \frac{\dfrac{SS_R}{\sigma^2}/1}{\dfrac{SS_E}{\sigma^2}/(n-2)} = \frac{SS_R/1}{SS_E/(n-2)} = \frac{MS_R}{MS_E} \overset{H_0}{\sim} F(1, n-2),$$

其中,称 $MS_R = \dfrac{SS_R}{1}$ 为回归均方离差平方和,称 $MS_E = \dfrac{SS_E}{n-2} = \hat{\sigma}^2$ 为残差均方离差平方和.

当 H_1 成立时,F 值有增大的趋势,故拒绝域为 $W = \{F > F_\alpha(1, n-2)\}$.将上述计算过程列成一张表格,称为方差分析表,见表 5.1.

表 5.1 方差分析表

来 源	平方和	自由度	均方离差	F 值	临界值	显著性
回归 R	SS_R	1	MS_R	MS_R/MS_E	$F_\alpha(1, n-2)$	
残差 E	SS_E	$n-2$	MS_E			
总和 T	SS_T	$n-1$				

由于 $\dfrac{SS_E}{\sigma^2} \sim \chi^2(n-2)$,根据 χ^2 分布的期望性质知,$E\left(\dfrac{SS_E}{\sigma^2}\right) = n-2$,即 $E\left(\dfrac{SS_E}{n-2}\right) = \sigma^2$,所以 $\dfrac{SS_E}{n-2}$ 是 σ^2 的无偏估计,将它记为 $\hat{\sigma}^2 = \dfrac{SS_E}{n-2}$.

3. 回归系数的假设检验

由于 SS_E 与 SS_R 相互独立,$SS_R = \hat{\beta}_1^2 L_{xx}$,所以 SS_E 与 $\hat{\beta}_1$ 相互独立,

$$F = \frac{\dfrac{SS_R}{\sigma^2}/1}{\dfrac{SS_E}{\sigma^2}/(n-2)} = \frac{\hat{\beta}_1^2 L_{xx}}{SS_E/(n-2)} = \frac{\hat{\beta}_1^2}{\hat{\sigma}^2/L_{xx}} \overset{H_0}{\sim} F(1, n-2).$$

根据 t 分布和 F 分布之间的关系可知,若 $F = T^2 \sim F(1, n)$,则 $T \sim t(n)$.由此可以得到另一个在原假设 $H_0: \beta_1 = 0$ 成立时的检验统计量:

$$T = \frac{\hat{\beta}_1}{\hat{\sigma}/\sqrt{L_{xx}}} \overset{H_0}{\sim} t(n-2),$$

所以在给定显著性水平为 α 时,拒绝域 $W = \{|T| \geqslant t_{\alpha/2}(n-2)\}$.

5.1.4 预测与控制

1. 预测

若相关关系通过了显著性检验,就可以用回归方程预测.在这里预测分为两种:一种是**点预测**,在新的点 $x = x_0$ 处,代入回归方程 $\hat{y}_0 = \hat{\beta}_0 + \hat{\beta}_1 x_0$,可以得到 y_0 的点预测 $\hat{y}_0 = \hat{\beta}_0 + \hat{\beta}_1 x_0$;另一种是求出 y_0 的**区间预测**.通过下面的定理给出.

定理 5.1 在一元线性模型中,在 $x = x_0$ 处,$y_0, y_1, y_2, \cdots, y_n$ 均服从正态分布且相互独立,则

$$\frac{y_0 - \hat{y}_0}{\hat{\sigma}\sqrt{1 + \dfrac{1}{n} + \dfrac{(x_0 - \bar{x})^2}{L_{xx}}}} \sim t(n-2).$$

证明　因为 $\hat{y}_0 = \hat{\beta}_0 + x_0\hat{\beta}_1$ 为 $\hat{\beta}_0, \hat{\beta}_1$ 的线性组合,又因为 $\hat{\beta}_0 = \bar{y} - \hat{\beta}_1\bar{x}$, $\hat{\beta}_1 = \dfrac{\overline{xy} - \bar{x}\bar{y}}{\overline{x^2} - \bar{x}^2} = \dfrac{L_{xy}}{L_{xx}}$ 为 $y_1, y_2, \cdots, y_n$ 的线性组合,所以 $\hat{y}_0$ 为 $y_1, y_2, \cdots, y_n$ 的线性组合,故 $\hat{y}_0$ 服从正态分布.

又 $y_0, y_1, y_2, \cdots, y_n$ 均服从正态分布且相互独立,则 y_0 与 $\hat{y}_0$ 相互独立,所以 $y_0 - \hat{y}_0$ 服从正态分布.又因为

$$E(y_0 - \hat{y}_0) = E(y_0) - E(\hat{y}_0) = \beta_0 + \beta_1 x_0 - E(\hat{\beta}_0 + \hat{\beta}_1 x_0) = 0,$$

$$D(y_0 - \hat{y}_0) = D(y_0) + D(\hat{y}_0) = \sigma^2 + D(\hat{\beta}_0 + \hat{\beta}_1 x_0) = \sigma^2 + D(\bar{y} + \hat{\beta}_1(x_0 - \bar{x}))$$

$$= \sigma^2 + D(\bar{y}) + (x_0 - \bar{x})^2 D(\hat{\beta}) = \sigma^2 + \frac{\sigma^2}{n} + (x_0 - \bar{x})^2 \frac{\sigma^2}{L_{xx}}$$

$$= \left(1 + \frac{1}{n} + \frac{(x_0 - \bar{x})^2}{L_{xx}}\right)\sigma^2,$$

故 $\dfrac{y_0 - \hat{y}_0}{\sqrt{1 + \dfrac{1}{n} + \dfrac{(x_0 - \bar{x})^2}{L_{xx}}}\,\sigma} \sim N(0,1).$

又 $\dfrac{SS_E}{\sigma^2} = \dfrac{(n-2)\hat{\sigma}}{\sigma^2} \sim \chi^2(n-2)$,因为 SS_E 与 $\hat{\beta}$ 相互独立,所以 $\hat{\sigma}^2, y_0, \hat{y}_0$ 相互独立.

根据 t 分布的定义知

$$\frac{\dfrac{y_0 - \hat{y}_0}{\sqrt{1 + \dfrac{1}{n} + \dfrac{(x_0 - \bar{x})^2}{L_{xx}}}\,\sigma}}{\sqrt{\dfrac{(n-2)\hat{\sigma}^2}{\sigma^2} / (n-2)}} = \frac{y_0 - \hat{y}_0}{\hat{\sigma}\sqrt{1 + \dfrac{1}{n} + \dfrac{(x_0 - \bar{x})^2}{L_{xx}}}} \sim t(n-2).$$

则 y_0 的置信水平为 $1-\alpha$ 的预测区间为

$$\left(\hat{y}_0 - t_{\alpha/2}(n-2)\hat{\sigma}\sqrt{1 + \frac{1}{n} + \frac{(x_0 - \bar{x})^2}{L_{xx}}},\quad \hat{y}_0 + t_{\alpha/2}(n-2)\hat{\sigma}\sqrt{1 + \frac{1}{n} + \frac{(x_0 - \bar{x})^2}{L_{xx}}}\right).$$
$$\tag{5.3}$$

图 5.3 所示为在不同的 x 值上预测区间的示意图.

注:由图 5.3 可知,① 当 $|x_0 - \bar{x}|$ 越小时,预测的 y_0 的区间长度越小,则预测的精度越高;$|x_0 - \bar{x}|$ 越大,预测的 y_0 精确越低.② 当 n 很大且 $|x_0 - \bar{x}|$ 较小时,$\delta(x) = u_{\alpha/2}\hat{\sigma}$,则

$$\sqrt{1 + \frac{1}{n} + \frac{(x_0 - \bar{x})^2}{L_{xx}}} \approx 1,$$ 故预测的区间可简化为

$$(\hat{\beta}_0 + \hat{\beta}_1 x_0 - u_{\alpha/2}\hat{\sigma}, \hat{\beta}_0 + \hat{\beta}_1 x_0 + u_{\alpha/2}\hat{\sigma}).$$

2. 控制

要使真实值的取值以 $1-\alpha$ 的概率落在指定的区间内,即 $P\{y_1 \leqslant y \leqslant y_2\} = 1-\alpha$,自变

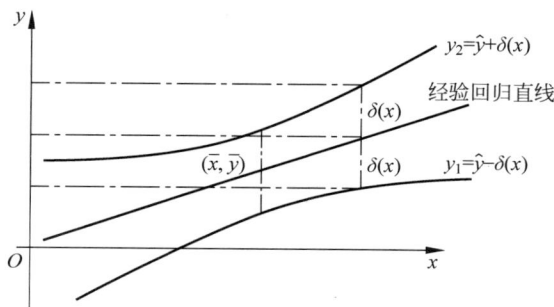

图 5.3 预测区间示意图

量 x 应控制在什么范围,这就是控制问题.

一般取

$$\begin{cases} \hat{y}_0 - \delta(x) = y_1, \\ \hat{y}_0 + \delta(x) = y_2. \end{cases} \tag{5.4}$$

利用预测区间的表达式(5.3)的启示,可令 $\delta(x) = t_{\alpha/2}(n-2)\hat{\sigma}\sqrt{1 + \dfrac{1}{n} + \dfrac{(x_0 - \bar{x})^2}{L_{xx}}}$,

代入方程组(5.4)中反解出 x,就可以得到控制区间 (x_1, x_2),但一般由于 $\delta(x)$ 是关于 x 的非线性函数,所以求解时会比较困难.

但当样本容量很大,且 x 在 $\bar{x}$ 附近时,则可令 $\delta(x) = u_{\alpha/2}\hat{\sigma}$,并且将 $\hat{y}_0 = \hat{\beta}_0 + \hat{\beta}_1 x_0$ 代入方程组(5.4),得

$$\begin{cases} \hat{\beta}_0 + \hat{\beta}_1 x - u_{\alpha/2}\hat{\sigma} = y_1, \\ \hat{\beta}_0 + \hat{\beta}_1 x + u_{\alpha/2}\hat{\sigma} = y_2. \end{cases}$$

由此可得

$$\begin{cases} x_1 = \dfrac{1}{\hat{\beta}_1}(y_1 - \hat{\beta}_0 + u_{\alpha/2}\hat{\sigma}), \\ x_2 = \dfrac{1}{\hat{\beta}_1}(y_2 - \hat{\beta}_0 - u_{\alpha/2}\hat{\sigma}). \end{cases}$$

若 $\hat{\beta}_1 > 0$,则控制区间为 (x_1, x_2),若 $\hat{\beta}_1 < 0$,则控制区间为 (x_2, x_1).

例 5.1 某电器商为 x:广告费投入金额(单位:百万元)与 y:产品销量(单位:万台)间的关系,经调查得到表 5.2 中的数据.

表 5.2 广告费投入金额与产品销量的统计数据

广告费	3.5	1.0	4.0	2.0	1.0	3.0	4.5	1.5	3.0	5.0
产品销量	8.3	2.2	10.7	5.5	4.8	9.2	13.5	3.3	6.7	12.2

(1) 建立广告费投入金额与产品销量之间的经验回归直线;

(2) 用三种检验方法检验两变量间的线性关系是否显著($\alpha = 0.1$);

(3) 当广告费为 3.7(百万元)时,预测产品销量($\alpha = 0.1$).

解　(1) $\bar{x} = \frac{1}{n}\sum_{i=1}^{n}x_i = 2.85$, $\bar{y} = \frac{1}{n}\sum_{i=1}^{n}y_i = 7.64$, $\overline{xy} = \frac{1}{n}\sum_{i=1}^{n}x_iy_i = 26.425$,

$$\overline{x^2} = \frac{1}{n}\sum_{i=1}^{n}x_i^2 = 9.975, \quad \overline{y^2} = \frac{1}{n}\sum_{i=1}^{n}y_i^2 = 71.302,$$

$$L_{xx} = \sum_{i=1}^{n}(x_i - \bar{x})^2 = n(\overline{x^2} - \bar{x}^2) = 18.525,$$

$$L_{xy} = \sum_{i=1}^{n}(x_i - \bar{x})(y_i - \bar{y}) = n(\overline{xy} - \bar{x}\,\bar{y}) = 46.51,$$

$$L_{yy} = \sum_{i=1}^{n}(y_i - \bar{y})^2 = n(\overline{y^2} - \bar{y}^2) = 129.324,$$

得 $\begin{cases} \hat{\beta}_1 = \dfrac{L_{xy}}{L_{xx}} = 2.51066, \\ \hat{\beta}_0 = \bar{y} - \hat{\beta}_1\bar{x} = 0.48462. \end{cases}$

所以广告费投入金额与产品销量间的经验回归直线方程为 $\hat{y} = 0.48462 + 2.51066x$.

(2) $SS_T = L_{yy} = 129.324$,

$SS_R = \hat{\beta}_1^2 L_{xx} = 2.51066^2 \times 18.525 \approx 116.7709$,

$SS_E = SS_T - SS_R = 129.324 - 116.7709 = 12.5531$,

$R^2 = \dfrac{SS_R}{SS_T} = \dfrac{116.7709}{129.324} \approx 0.902933 > 0.8$,

说明广告费投入金额与产品销量间具有显著的线性关系.

$$H_0: \beta_1 = 0, \quad H_1: \beta_1 \neq 0.$$

检验统计量 $T = \dfrac{\hat{\beta}_1}{\hat{\sigma}/\sqrt{L_{xx}}} \overset{H_0}{\sim} t(n-2)$.

给定 $\alpha = 0.1$, 拒绝域 $W = \{|T| > t_{\alpha/2}(n-2)\} = \{|T| > 1.8595\}$.

$\hat{\beta}_1 = 2.51066$, $\hat{\sigma}^2 = \dfrac{SS_E}{n-2} = 1.5691$, $L_{xx} = 18.525$, 得 $|T| = 8.63$,

故拒绝 H_0, 即认为广告费投入金额与产品销量间的线性关系是显著的. 方差分析见表 5.3.

表 5.3　方差分析表

来源	平方和	自由度	均方离差	F 值	临界值	显著性
回归	116.77	1	116.77	74.42	3.46	显著
残差	12.55	8	1.57			
总和	129.32	9				

(3) 当 $x_0 = 3.7$ 时, 代入 $\hat{y} = 0.48462 + 2.51066x$, 得 $\hat{y}_0 = 9.774062$.

代入 $\left(\hat{y}_0 - t_{\alpha/2}(n-2)\hat{\sigma}\sqrt{1 + \dfrac{1}{n} + \dfrac{(x_0 - \bar{x})^2}{L_{xx}}}, \hat{y}_0 + t_{\alpha/2}(n-2)\hat{\sigma}\sqrt{1 + \dfrac{1}{n} + \dfrac{(x_0 - \bar{x})^2}{L_{xx}}} \right)$ 中,

则预测区间为 $(7.2881, 12.2601)$.

5.2 一元非线性回归分析

在许多实际问题中,变量间的关系未必是线性关系,但如果样本的散点图大致呈现出非线性的曲线,又存在某种变换可将该曲线转变为直线,则可以利用该变换把问题转化为线性回归问题,从而利用线性回归的相关理论寻求变量间的关系.下面介绍 6 种常用的曲线函数表达式和图形及线性变换的函数变换.

1. 双曲线

双曲线的函数为 $\dfrac{1}{y}=a+\dfrac{b}{x}$,对应的曲线如图 5.4 所示.

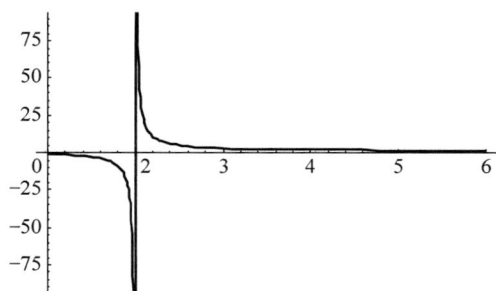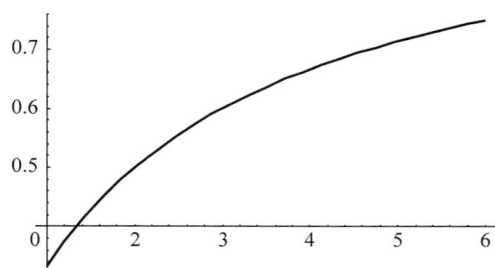

(1) $a>0, b<0$ (2) $a>0, b>0$

图 5.4 双曲线函数示意图

作变量代换:令 $u=\dfrac{1}{x}, v=\dfrac{1}{y}$,则 $v=a+bu$.

2. 幂函数曲线

幂函数曲线为 $y=ax^{b}$,对应的曲线如图 5.5 所示.

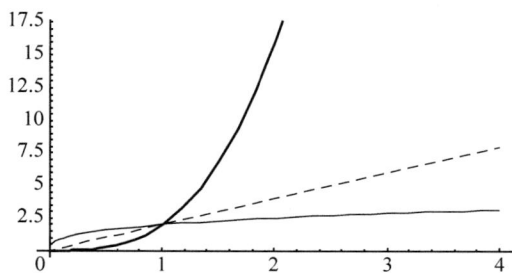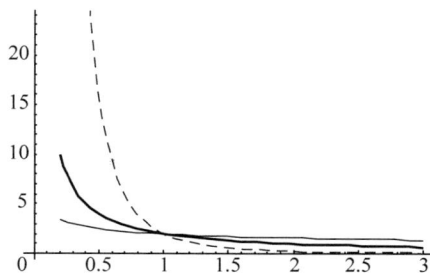

(1) $a>0, b<0$ (2) $a>0, b>0$

图 5.5 幂函数曲线示意图

作变量代换:$\ln y=\ln a+b\ln x$,令 $u=\ln x, v=\ln y, A=\ln a$,则 $v=A+bu$.

3. 指数函数曲线

指数函数曲线为 $y=a\mathrm{e}^{bx}$,对应的曲线如图 5.6 所示.

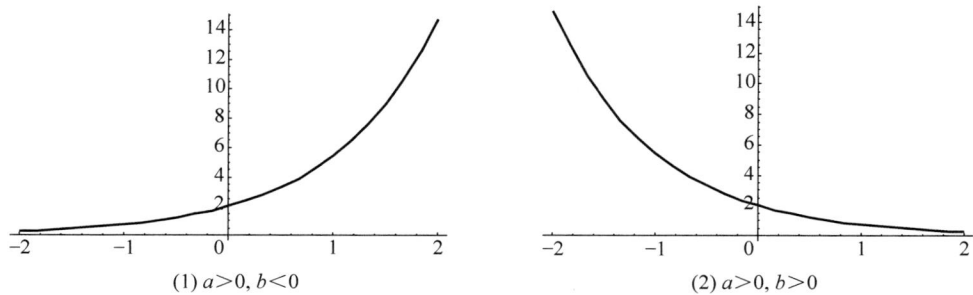

(1) $a>0, b<0$ (2) $a>0, b>0$

图 5.6 指数函数曲线示意图

作变量代换：$\ln y=\ln a+bx$，令 $v=\ln y$，$A=\ln a$，则 $v=A+bx$.

4. 倒指数函数曲线

倒指数函数曲线为 $y=a\mathrm{e}^{\frac{b}{x}}$，对应的曲线如图 5.7 所示.

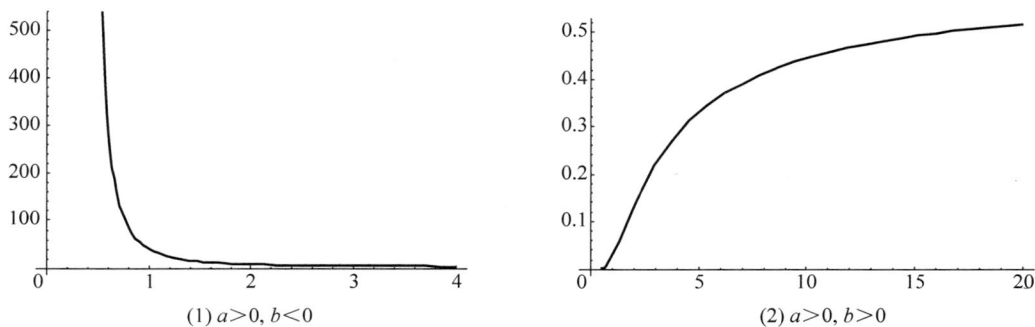

(1) $a>0, b<0$ (2) $a>0, b>0$

图 5.7 倒指数函数曲线示意图

特点：有水平渐近线：$y=a$.

作变量代换：$\ln y=\ln a+\dfrac{b}{x}$，令 $u=\dfrac{1}{x}$，$v=\ln y$，$A=\ln a$，则 $v=A+bu$.

5. 对数函数曲线

对数函数曲线为 $y=a+b\log x$，对应的曲线如图 5.8 所示.

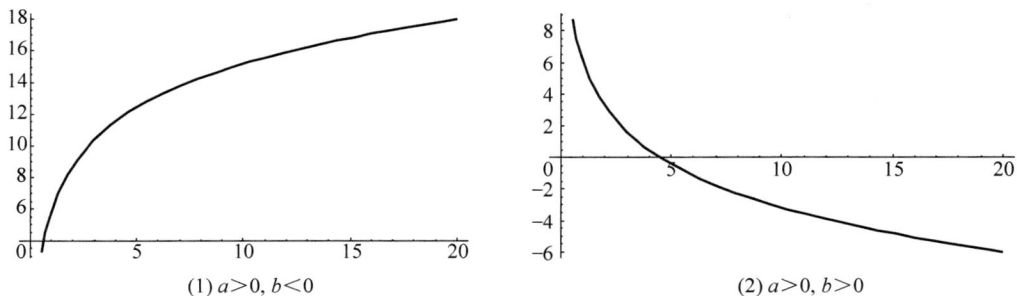

(1) $a>0, b<0$ (2) $a>0, b>0$

图 5.8 对数函数曲线示意图

作变量代换：令 $u = \log x$，则 $y = a + bu$.

6. S 型函数曲线

S 型函数曲线为 $y = \dfrac{1}{a + be^{-x}}$，对应的曲线如图 5.9 所示.

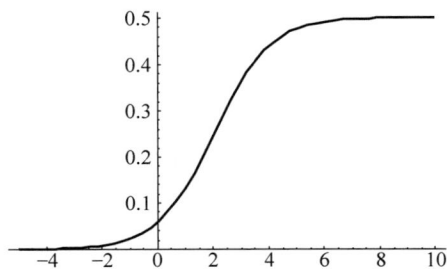

图 5.9　S 型函数曲线示意图

作变量代换：令 $u = e^{-x}$，$v = \dfrac{1}{y}$，则 $v = a + bu$.

例 5.2　出钢时所用的盛钢水的钢包，由于钢水对耐火材料的浸蚀，容积（单位：cm^3）不断增大，数据见表 5.4.

表 5.4　使用次数与钢包容积的统计数据

使用次数	2	3	4	5	6	7	8	9
钢包容积	6.42	8.20	9.58	9.50	9.70	10.00	9.93	9.99
使用次数	10	11	12	13	14	15	16	
钢包容积	10.49	10.59	10.60	10.80	10.60	10.90	10.76	

求使用次数 x 与钢包容积 y 之间的关系.

解　(1) 描点，如图 5.10 所示.

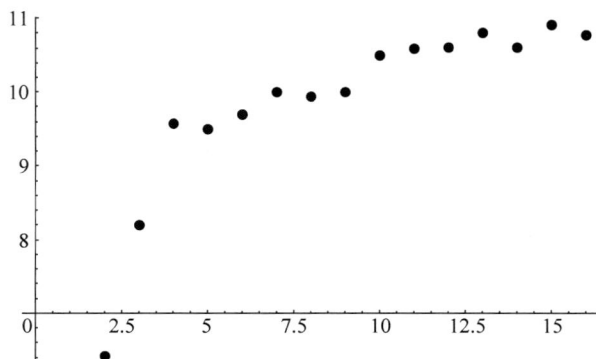

图 5.10　使用次数与钢包容积的数据散点图

(2) 从散点图的趋势可以看出与倒指数曲线：$y = ae^{\frac{b}{x}}$ 的趋势很相似，所以选择倒指数函数曲线进行拟合. 作变量变换为 $\ln y = \ln a + \dfrac{b}{x}$，令 $u = \dfrac{1}{x}$，$v = \ln y$，$A = \ln a$，则 $v = A + bu$，

变换后的数据见表 5.5.

表 5.5 变换后的数据

u	0.500	0.333	0.250	0.200	0.167	0.142	0.125	0.111
v	1.859	2.104	2.259	2.251	2.272	2.303	2.296	2.303
u	0.100	0.091	0.083	0.077	0.071	0.067	0.063	
v	2.350	2.359	2.361	2.379	2.361	2.389	2.376	

根据最小二乘估计的公式可算得 $\begin{cases} \hat{A}=2.4587, \\ \hat{b}=-1.1107. \end{cases}$ 所以 $\begin{cases} \hat{a}=\mathrm{e}^{\hat{A}}=11.6789, \\ \hat{b}=-1.1107. \end{cases}$

故使用次数 x 与钢包容积 y 之间的检验回归关系为 $\hat{y}=11.6789\mathrm{e}^{-\frac{1.1107}{x}}$.

大家可以看到散点图的趋势与对数曲线 $y=a+\log x$ 的图像也很相似,哪种曲线更合适?由于曲线回归方法有多种,因而就产生了回归拟合方程优劣的选取问题.一般选取判定系数 R^2 越接近 1 的曲线,这样残差平方和就会越小,说明选取的曲线拟合得就越贴切,但若处理的数据来源于实际问题,而实际数据可能会由于实际情况的限制,不能展示事物发展的全貌,所以选取合适的曲线还要根据实际意义,不能一味地追求 R^2 最大的曲线.

5.3 多元回归分析

在实际问题中,影响因变量的自变量 $x_1,x_2,\cdots,x_{p-1}$ 往往不止一个,因此无法通过散点图的帮助来确定模型.我们先讨论一种简单又普遍的模型,这就是多元线性回归模型.在介绍多元线性回归模型的理论中,我们引用矩阵进行标记会使思路清晰.

补充 1:设随机向量 $\boldsymbol{X}=\begin{bmatrix} X_1 \\ X_2 \\ \vdots \\ X_n \end{bmatrix}$,则期望 $E(\boldsymbol{X})=\begin{bmatrix} E(X_1) \\ E(X_2) \\ \vdots \\ E(X_n) \end{bmatrix}$,协方差阵

$$\mathrm{Cov}(\boldsymbol{X})=E\big[(\boldsymbol{X}-E(\boldsymbol{X}))(\boldsymbol{X}-E(\boldsymbol{X}))^{\mathrm{T}}\big]=\begin{bmatrix} \mathrm{Cov}(X_1,X_1) & \cdots & \mathrm{Cov}(X_1,X_n) \\ \vdots & & \vdots \\ \mathrm{Cov}(X_n,X_1) & \cdots & \mathrm{Cov}(X_n,X_n) \end{bmatrix}.$$

补充 2:设随机向量 $\boldsymbol{X}=\begin{bmatrix} X_1 \\ X_2 \\ \vdots \\ X_n \end{bmatrix}$,$\boldsymbol{A}$ 为 $m\times n$ 的矩阵,则 $\mathrm{Cov}(\boldsymbol{AX})=\boldsymbol{A}\,\mathrm{Cov}(\boldsymbol{X})\boldsymbol{A}^{\mathrm{T}}$.

补充 3:对于正态随机向量 $\boldsymbol{X}_n\sim N(\boldsymbol{\mu},\boldsymbol{\Sigma})$,其中 $\boldsymbol{X}=\begin{bmatrix} X_1 \\ X_2 \\ \vdots \\ X_n \end{bmatrix}$,$\boldsymbol{\mu}=\begin{bmatrix} \mu_1 \\ \mu_2 \\ \vdots \\ \mu_n \end{bmatrix}$,$\boldsymbol{\Sigma}=$

$$\begin{bmatrix} a_{11} & a_{12} & \cdots & a_{1n} \\ a_{21} & a_{22} & \cdots & a_{2n} \\ \vdots & \vdots & & \vdots \\ a_{n1} & a_{n2} & \cdots & a_{nn} \end{bmatrix}, 则\ a_{ii} = \mathrm{Cov}(X_i, X_i) = D(X_i), 且每个分量\ X_i \sim N(\mu_i, a_{ii}).$$

5.3.1 多元线性回归模型

当自变量 $x_1, x_2, \cdots, x_{p-1}$ 与因变量 y 有关,且满足关系式 $y = \beta_0 + \beta_1 x_1 + \cdots + \beta_{p-1} x_{p-1} + \varepsilon$ 时,称此模型为 $p-1$ 元线性回归模型. 收集到的 n 组数据 $(x_{i1}, x_{i2}, \cdots, x_{ip-1}, y_i), i = 1, 2, \cdots, n$,满足如下**模型**:

$$\begin{cases} y = \beta_0 + \beta_1 x_1 + \cdots + \beta_{p-1} x_{p-1} + \varepsilon, \\ \varepsilon \sim N(0, \sigma^2). \end{cases}$$

实际数据满足

$$\begin{cases} y_1 = \beta_0 + \beta_1 x_{11} + \cdots + \beta_{p-1} x_{1p-1} + \varepsilon_1, \\ \qquad\qquad\qquad \vdots \\ y_n = \beta_0 + \beta_1 x_{n1} + \cdots + \beta_{p-1} x_{np-1} + \varepsilon_n, \\ \varepsilon_i \sim N(0, \sigma^2), i = 1, 2, \cdots, n\ \text{且相互独立}, \end{cases} \quad \text{其中}, n \gg p - 1.$$

为书写方便,采用矩阵形式,令

$$\boldsymbol{y} = \begin{bmatrix} y_1 \\ y_2 \\ \vdots \\ y_n \end{bmatrix}, \quad \boldsymbol{X} = \begin{bmatrix} 1 & x_{11} & x_{12} & \cdots & x_{1p-1} \\ 1 & x_{21} & x_{22} & \cdots & x_{2p-1} \\ \vdots & \vdots & \vdots & & \vdots \\ 1 & x_{n1} & x_{n2} & \cdots & x_{np-1} \end{bmatrix}, \quad \boldsymbol{\beta} = \begin{bmatrix} \beta_0 \\ \beta_1 \\ \vdots \\ \beta_{p-1} \end{bmatrix}, \quad \boldsymbol{\varepsilon} = \begin{bmatrix} \varepsilon_1 \\ \varepsilon_2 \\ \vdots \\ \varepsilon_n \end{bmatrix},$$

则多元线性回归模型为

$$\begin{cases} \boldsymbol{y} = \boldsymbol{X}\boldsymbol{\beta} + \boldsymbol{\varepsilon}, \\ \boldsymbol{\varepsilon} \sim N(\boldsymbol{0}, \sigma^2 \boldsymbol{I}_n). \end{cases}$$

其中, $\boldsymbol{0} = \begin{bmatrix} 0 \\ 0 \\ \vdots \\ 0 \end{bmatrix}_{n \times 1}, \sigma^2 \boldsymbol{I}_n = \begin{bmatrix} \sigma^2 & \cdots & 0 \\ \vdots & \ddots & \vdots \\ 0 & \cdots & \sigma^2 \end{bmatrix}_{n \times n}.$

和一元线性回归模型一样,下面要做 3 个方面的工作:

(1) 估计 β, σ^2;

(2) 对模型和所有 $(\beta_1, \beta_2, \cdots, \beta_{p-1})$ 以及单个 $\beta_j, j = 1, 2, \cdots, p-1$ 进行假设检验;

(3) 在 $x_0 = (x_{01}, x_{02}, \cdots, x_{0(p-1)})$ 处对 y 作预测.

5.3.2 回归参数的最小二乘估计

1. 参数的估计

同样采用最小二乘估计的方法,对 $\beta_0, \beta_1, \cdots, \beta_{p-1}$ 进行估计,即求出估计值 $\hat{\beta}_0, \hat{\beta}_1, \cdots,$

$\hat{\beta}_{p-1}$,使

$$Q(\boldsymbol{\beta}) = \sum_{i=1}^n (y_i - \hat{y}_i)^2 = \sum_{i=1}^n (y_i - \beta_0 - \beta_1 x_{i1} - \cdots - \beta_{p-1} x_{i,p-1})^2$$

达到最小,则称$\hat{\beta}$为$\boldsymbol{\beta}$的**最小二乘估计**.根据微积分中的最值求法,只需令其偏导数为 0,从而得到正规方程组

$$\begin{cases} \dfrac{\partial Q}{\partial \beta_0} = -2\sum_{i=1}^n (y_i - \beta_0 - \beta_1 x_{i1} - \cdots - \beta_{p-1} x_{i,p-1}) = 0, \\ \dfrac{\partial Q}{\partial \beta_1} = -2\sum_{i=1}^n (y_i - \beta_0 - \beta_1 x_{i1} - \cdots - \beta_{p-1} x_{i,p-1}) x_{i1} = 0, \\ \qquad\qquad \vdots \\ \dfrac{\partial Q}{\partial \beta_{p-1}} = -2\sum_{i=1}^n (y_i - \beta_0 - \beta_1 x_{i1} - \cdots - \beta_{p-1} x_{i,p-1}) x_{i,p-1} = 0. \end{cases}$$

正规方程组用矩阵形式表示为

$$\boldsymbol{X}^{\mathrm{T}} \boldsymbol{X} \boldsymbol{\beta} = \boldsymbol{X}^{\mathrm{T}} \boldsymbol{y},$$

若$\boldsymbol{X}^{\mathrm{T}} \boldsymbol{X}$可逆,则$\boldsymbol{\beta}$的最小二乘估计$\hat{\boldsymbol{\beta}}$为

$$\hat{\boldsymbol{\beta}} = (\boldsymbol{X}^{\mathrm{T}} \boldsymbol{X})^{-1} \boldsymbol{X}^{\mathrm{T}} \boldsymbol{y}, \tag{5.5}$$

其中,称$\hat{y} = \hat{\beta}_0 + \hat{\beta}_1 x_1 + \cdots + \hat{\beta}_{p-1} x_{p-1}$为经验回归平面方程,称$\hat{\beta}_0$为经验回归常数,称$\hat{\beta}_j,(j=1,2,\cdots,p-1)$为经验回归系数.

2. 参数的性质

性质 5.3 $\hat{\boldsymbol{\beta}}$的分布$\hat{\boldsymbol{\beta}} = (\boldsymbol{X}^{\mathrm{T}} \boldsymbol{X})^{-1} \boldsymbol{X}^{\mathrm{T}} \boldsymbol{y} \sim N(\boldsymbol{\beta}, \sigma^2 (\boldsymbol{X}^{\mathrm{T}} \boldsymbol{X})^{-1})$.

证明:因为$\hat{\boldsymbol{\beta}} = (\boldsymbol{X}^{\mathrm{T}} \boldsymbol{X})^{-1} \boldsymbol{X}^{\mathrm{T}} \boldsymbol{y}$,

所以$\hat{\boldsymbol{\beta}}$是$\boldsymbol{y}$的线性组合且$\boldsymbol{y} \sim N(\boldsymbol{X}\boldsymbol{\beta}, \sigma^2 \boldsymbol{I})$,

故$\hat{\boldsymbol{\beta}}$服从正态分布.

$$E(\hat{\boldsymbol{\beta}}) = E(\boldsymbol{X}^{\mathrm{T}} \boldsymbol{X})^{-1} \boldsymbol{X}^{\mathrm{T}} \boldsymbol{y} = (\boldsymbol{X}^{\mathrm{T}} \boldsymbol{X})^{-1} \boldsymbol{X}^{\mathrm{T}} E\boldsymbol{y} = (\boldsymbol{X}^{\mathrm{T}} \boldsymbol{X})^{-1} \boldsymbol{X}^{\mathrm{T}} E(\boldsymbol{X}\boldsymbol{\beta} + \boldsymbol{\varepsilon})$$
$$= (\boldsymbol{X}^{\mathrm{T}} \boldsymbol{X})^{-1} \boldsymbol{X}^{\mathrm{T}} \boldsymbol{X}\boldsymbol{\beta} = \boldsymbol{\beta},$$

根据公式$\mathrm{Cov}(\boldsymbol{A}\boldsymbol{X}) = \boldsymbol{A}\mathrm{Cov}(\boldsymbol{X})\boldsymbol{A}^{\mathrm{T}}$,

则 $\mathrm{Cov}(\hat{\boldsymbol{\beta}}) = \mathrm{Cov}((\boldsymbol{X}^{\mathrm{T}} \boldsymbol{X})^{-1} \boldsymbol{X}^{\mathrm{T}} \boldsymbol{y}) = (\boldsymbol{X}^{\mathrm{T}} \boldsymbol{X})^{-1} \boldsymbol{X}^{\mathrm{T}} \mathrm{Cov}(\boldsymbol{y})((\boldsymbol{X}^{\mathrm{T}} \boldsymbol{X})^{-1} \boldsymbol{X}^{\mathrm{T}})^{\mathrm{T}}$
$$= (\boldsymbol{X}^{\mathrm{T}} \boldsymbol{X})^{-1} \boldsymbol{X}^{\mathrm{T}} \mathrm{Cov}(\boldsymbol{y}) \boldsymbol{X} (\boldsymbol{X}^{\mathrm{T}} \boldsymbol{X})^{-1} = (\boldsymbol{X}^{\mathrm{T}} \boldsymbol{X})^{-1} \boldsymbol{X}^{\mathrm{T}} \sigma^2 \boldsymbol{I} \boldsymbol{X} (\boldsymbol{X}^{\mathrm{T}} \boldsymbol{X})^{-1}$$
$$= \sigma^2 (\boldsymbol{X}^{\mathrm{T}} \boldsymbol{X})^{-1}.$$

故$\hat{\boldsymbol{\beta}} \sim N(\boldsymbol{\beta}, \sigma^2 (\boldsymbol{X}^{\mathrm{T}} \boldsymbol{X})^{-1})$.

注:$\hat{\boldsymbol{\beta}}$是$\boldsymbol{\beta}$的无偏估计.

根据$\hat{\boldsymbol{\beta}}$的分布可知每个分量的分布为$\hat{\beta}_j \sim N(\beta_j, \sigma^2 c_{jj})$,则标准化为

$$\frac{\hat{\beta}_j - \beta_j}{\sigma \sqrt{c_{jj}}} \sim N(0,1), \quad (j=1,2,\cdots,p-1),$$

其中, $E(\hat{\pmb{\beta}}) = \begin{bmatrix} E(\hat{\beta}_0) \\ E(\hat{\beta}_1) \\ \vdots \\ E(\hat{\beta}_{p-1}) \end{bmatrix} = \begin{bmatrix} \beta_0 \\ \beta_1 \\ \vdots \\ \beta_{p-1} \end{bmatrix}, c_{jj}$ 是 $(\pmb{X}^\mathrm{T}\pmb{X})^{-1} = \begin{bmatrix} c_{00} & c_{01} & \cdots & c_{0,p-1} \\ c_{10} & c_{11} & \cdots & c_{1,p-1} \\ \vdots & \vdots & & \vdots \\ c_{p-1,0} & c_{p-1,1} & \cdots & c_{p-1,p-1} \end{bmatrix}$ 的

第 $j+1$ 个对角元.

5.3.3 显著性检验

为了给出检验统计量,作平方和分解,记总的平方和为

$$SS_T = \sum_{i=1}^{n} (y_i - \overline{y})^2 = \sum_{i=1}^{n} ((y_i - \hat{y}_i) + (\hat{y}_i - \overline{y}))^2 = SS_E + SS_R,$$

其中,称 $SS_E = \sum_{i=1}^{n} (y_i - \hat{y}_i)^2$ 为残差平方和,称 $SS_R = \sum_{i=1}^{n} (\hat{y}_i - \overline{y})^2$ 为回归平方和. 由第 4 章方差分析中介绍的分解定理可知,在 H_0 成立时,

$$\frac{SS_R}{\sigma^2} \sim \chi^2(p-1), \quad \frac{SS_E}{\sigma^2} \sim \chi^2(n-p),$$

且 SS_R 与 SS_E 相互独立.

1. 判定系数检验

根据一元线性回归部分可知判定系数的计算公式为

$$R^2 = 1 - \frac{SS_E}{SS_T}.$$

根据判定系数的表达式可知: R^2 越接近 1,说明因变量与自变量之间的相关性越强或回归函数曲线选取得与数据之间的拟合程度越高. 所以 R^2 不仅是选择非线性曲线方程好坏的标准,也是多元回归拟合方程好坏的标准. 但用 R^2 评价模型拟合的好坏时存在一个问题,就是在原有模型中增加自变量,即使增加的自变量与因变量之间没有统计学意义,但 R^2 仍会增大,而选择回归方程好坏的标准又是 R^2 越大越好,所以按照这个标准,最终选择的模型就是包含所有自变量的回归模型,显然,这不是我们需要的模型. 我们需要的模型满足:自变量个数越少越好,而且所选择的自变量都对因变量的影响是显著的,没有入选的自变量对因变量的影响都是不显著的. 故需要对自变量的个数 $p-1$,也就是 p 进行惩罚,即 p 值变大, R^2 要变小. 因此需要对其进行修正,所以引入修正复相关系数:

$$R_{adj}^2 = 1 - \frac{SS_E/(n-p)}{SS_T/(n-1)} = 1 - \frac{n-1}{n-p}(1 - R^2).$$

可以证明: $R_{adj}^2 < R^2$. 当然,还有一些其他的衡量多元线性回归模型优劣的标准,如 AIC 准则、BIC 准则、 C_p 统计量等,大家若有兴趣,可查阅张文彤编写的《SPSS 统计软件分析教程》.

2. 回归模型的假设检验

这个检验是做全体自变量与因变量之间线性关系的显著性检验. 根据一元线性回归模

型的检验方法,可知多元的所有自变量与因变量之间线性关系是否显著,可以写成假设为

$$H_0\beta_1=\beta_2=\cdots=\beta_{p-1}=0, \quad H_1 \text{ 至少有一个 } \beta_j \neq 0,$$

检验统计量为

$$F=\frac{\dfrac{SS_R}{\sigma^2}/(p-1)}{\dfrac{SS_E}{\sigma^2}/(n-p)}=\frac{SS_R/(p-1)}{SS_E/(n-p)}=\frac{MS_R}{MS_E}\overset{H_0}{\sim}F(p-1,n-p),$$

其中,称 $MS_R=\dfrac{SS_R}{p}$ 为回归均方离差平方和,称 $MS_E=\dfrac{SS_E}{n-p}=\hat{\sigma}^2$ 为残差均方离差平方和. 与一元线性回归的拒绝域确定方法一样,给定显著性水平 α,拒绝域 $W=\{F>F_\alpha(p-1, n-p)\}$.

将上述计算过程列成一张表格,称为方差分析表,见表 5.6.

表 5.6 方差分析表

来 源	平方和	自由度	均方离差	F 值	临界值	显著性
回归 R	SS_R	$p-1$	MS_R	MS_R/MS_E	$F_\alpha(p-1,n-p)$	
残差 E	SS_E	$n-p$	MS_E			
总和 T	SS_T	$n-1$				

注:其中 $p-1$ 是自变量的个数.

当拒绝 H_0 时,意味着全体自变量与因变量的线性相关关系显著,但并不意味着其中某个自变量 x_i 对因变量 y 的影响都显著. 所以下面要进行每个自变量与因变量之间线性关系的显著性检验.

3. 回归系数的显著性检验

这个检验是做单个自变量与因变量之间线性关系的显著性检验.

$$H_0:\beta_j=0, \quad H_1:\beta_j \neq 0, j=1,2,\cdots,p-1.$$

由于 $\dfrac{SS_E}{\sigma^2}\sim\chi^2(n-p)$,根据第 1 章中 χ^2 分布的期望性质知,$E\left(\dfrac{SS_E}{\sigma^2}\right)=n-p$,即 $E\left(\dfrac{SS_E}{n-p}\right)=\sigma^2$,所以 $\dfrac{SS_E}{n-p}$ 是 σ^2 的无偏估计,将它记为 $\hat{\sigma}^2=\dfrac{SS_E}{n-p}$.

而 $SS_R=\sum\limits_{i=1}^{n}(\hat{y}_i-\bar{y})^2$ 与 $\hat{\beta}_j$ 有关,SS_E 与 SS_R 相互独立,所以 SS_E 与 $\hat{\beta}_j$ 相互独立,根据 t 分布的定义可知,在 H_0 成立时检验统计量为

$$T_j=\frac{\dfrac{\hat{\beta}_j}{\sigma\sqrt{c_{jj}}}}{\sqrt{\dfrac{SS_E}{\sigma^2}/(n-p-1)}}=\frac{\hat{\beta}_j}{\hat{\sigma}\sqrt{c_{jj}}}\overset{H_0}{\sim}t(n-p), \tag{5.6}$$

所以在给定置信水平为 α 时,拒绝域 $W=\{|T_j|>t_{\alpha/2}(n-p)\}$. 进行 $p-1$ 次检验,将上述计算过程列成一张表格,见表 5.7.

表 5.7 单个变量显著性检验表

变量	偏回归系数	标准误	t 值	临界值	显著性
x_1	$\hat{\beta}_1$	$\hat{\sigma}\sqrt{c_{11}}$	$\hat{\beta}_1/\hat{\sigma}\sqrt{c_{11}}$	$t_{\alpha/2}(n-p)$	
x_2	$\hat{\beta}_2$	$\hat{\sigma}\sqrt{c_{22}}$	$\hat{\beta}_2/\hat{\sigma}\sqrt{c_{22}}$		
$\vdots$	$\vdots$	$\vdots$	$\vdots$		
x_{p-1}	$\hat{\beta}_{p-1}$	$\hat{\sigma}\sqrt{c_{p-1,p-1}}$	$\hat{\beta}_{p-1}/\hat{\sigma}\sqrt{c_{p-1,p-1}}$		

5.3.4 预测

和一元回归类似,如果经过检验,回归方程有意义,且每一个系数均显著不为 0,可以用它作预测.同样在这里预测分为两种:一种是**点预测**,在预测点 $\boldsymbol{x}_0^{\mathrm{T}}=(x_{01},x_{02},\cdots,x_{0p-1})$ 处,代入回归方程 $\hat{\boldsymbol{y}}=X\hat{\beta}$,可以得到 y_0 的点估计 $\hat{y}_0=\hat{\beta}_0+\hat{\beta}_1 x_{01}+\cdots+\hat{\beta}_{p-1}x_{0p-1}$.另一种是求出 y_0 的**区间预测**.通过下面的定理给出 y_0 的预测区间.

定理 5.2 $\boldsymbol{x}_0^{\mathrm{T}}=(x_{01},x_{02},\cdots,x_{0p-1})$ 处,$y_0,y_1,y_2,\cdots,y_n$ 均服从正态分布且相互独立,则

$$\frac{y_0-\hat{y}_0}{\hat{\sigma}\sqrt{1+\boldsymbol{x}_0^{\mathrm{T}}(\boldsymbol{X}^{\mathrm{T}}\boldsymbol{X})^{-1}\boldsymbol{x}_0}}\sim t(n-p).$$

定理的证明思路和一元的类似,故 y_0 的置信水平为 $1-\alpha$ 的预测区间为

$$\left(\hat{y}_0-t_{\alpha/2}(n-p)\hat{\sigma}\sqrt{1+\boldsymbol{x}_0^{\mathrm{T}}(\boldsymbol{X}^{\mathrm{T}}\boldsymbol{X})^{-1}\boldsymbol{x}_0},\quad \hat{y}_0+t_{\alpha/2}(n-p)\hat{\sigma}\sqrt{1+\boldsymbol{x}_0^{\mathrm{T}}(\boldsymbol{X}^{\mathrm{T}}\boldsymbol{X})^{-1}\boldsymbol{x}_0}\right).$$

5.3.5 多元非线性回归分析

前面介绍了多元线性回归,在实际生活中还会遇到多元非线性回归问题.我们要根据实际问题的专业背景选取相关的函数,如在经济学中,有一个著名的科布-道格拉斯生产函数,这个函数指出,生产产出 Y 与资本 K、土地 S、劳动 L 之间的近似关系式为

$$Y=A_0\mathrm{e}^{\lambda t}K^{\alpha}S^{\beta}L^{\gamma}.$$

这是一个多元非线性回归,但对它取对数,就可以转化为线性函数:

$$\ln Y=\ln A_0+\lambda t+\alpha\ln K+\beta\ln S+\gamma\ln L,$$

再用多元线性回归方法拟合即可.

例 5.3 中国民航客运量的回归模型.y:民航客运量(单位:万人),x_1:国民收入(单位:亿元),x_2:消费额(单位:亿元),x_3:铁路客运量(单位:万人),x_4:民航航线里程(单位:万千米),x_5:来华旅游入境人数(单位:万人).数据来源于《统计摘要》,见表 5.8.

表 5.8 中国民航客运量表

序号	y	x_1	x_2	x_3	x_4	x_5
1	231	3010	1888	81491	14.89	180.92
2	298	3350	2195	86389	16.00	420.39
3	343	3688	2531	92204	19.53	570.25

续表

序号	y	x_1	x_2	x_3	x_4	x_5
4	401	3941	2799	95300	21.82	776.71
5	445	4258	3054	99922	23.27	792.43
6	391	4736	3358	106044	22.91	947.70
7	554	5652	3905	110353	26.02	1285.22
8	744	7020	4879	112110	27.72	1783.30
9	997	7859	5552	108579	32.43	2281.95
10	1310	9313	6386	112429	38.91	2690.23
11	1442	11738	8038	122645	37.38	3169.48
12	1283	13176	9005	113807	47.19	2450.14
13	1660	14384	9663	95712	50.68	2746.20
14	2178	16557	10969	95081	55.91	3335.65
15	2886	20223	12985	99693	83.66	3311.50
16	3383	24882	15949	105458	96.08	4152.70

求 y 与 x_1, x_2, x_3, x_4, x_5 之间的多元线性回归关系.

解 根据式(5.5)和式(5.6),计算结果见表 5.9 和表 5.10.

表 5.9 单个变量显著性检验表

变量	偏回归系数	标 准 误	t 值	$Pr > \lvert t \rvert$
常数项	450.90924	178.07772	3.53	0.0298
x_1	0.35390	0.08523	4.15	0.0020
x_2	-0.56148	0.12538	-4.48	0.0012
x_3	-0.00725	0.00207	-3.51	0.0056
x_4	21.57786	4.03005	5.35	0.0003
x_5	0.43519	0.05156	8.44	<0.0001

表 5.10 方差分析表

来 源	平方和	自由度	均方离差	F 值	$Pr > F$
回归 R	279123.6	5	55824.72	1128	<0.0000
残差 E	494.9	10	49.49		
总和 T	279618.5	15			

通过表 5.10 可知,所选择的自变量与因变量之间具有显著的线性关系. 通过表 5.9 可以看到每个变量都通过了检验,即每个自变量都与因变量之间具有显著的线性关系,但是通过直观的分析,自变量 x_2:消费额(单位:亿元)应该与因变量 y:民航客运量(单位:万人)之间的关系呈现正相关,但结果显示却是负相关,出现了矛盾,那是什么原因造成了这种情况的出现?

5.3.6 复共线性

在现实生活中,如果我们要研究我国居民消费状况. 影响居民消费的因素很多,一般有职工平均工资、银行利率、全国零售物价指数、货币发行量、储蓄额等,这些因素显然对居民消费产生重要影响,它们之间又有着很强的相关性.当模型的自变量间也存在线性关系时,称为**复共线性**.复共线性使计算 $\hat{\boldsymbol{\beta}} = (\boldsymbol{X}^{\mathrm{T}}\boldsymbol{X})^{-1}\boldsymbol{X}^{\mathrm{T}}\boldsymbol{y}$ 时,其中的 $\boldsymbol{X}^{\mathrm{T}}\boldsymbol{X}$ 不可逆,从而使 $\hat{\boldsymbol{\beta}}$ 无法计算,或即便 $\boldsymbol{X}^{\mathrm{T}}\boldsymbol{X}$ 可逆,但当 $\det(\boldsymbol{X}^{\mathrm{T}}\boldsymbol{X})$ 很小时,$\det((\boldsymbol{X}^{\mathrm{T}}\boldsymbol{X})^{-1})$ 很大,从而表现为估计值的某个分量很大或符号与实际明显不符.

关于复共线性的检验方法有**方差膨胀因子法**、**特征根判定法**.

把 $Tol_i = 1 - R_i^2$ 称为该自变量的容忍度,其中,R_i^2 是以第 i 个自变量为因变量,其他自变量为自变量所得到的线性回归模型的相关系数.约定当 $Tol_i < 0.1$,认为存在严重的复共线性.把 $VIF_i = \dfrac{1}{Tol_i}$ 称为该自变量的方差膨胀因子.约定当 $VIF_i > 10$,则认为存在严重的复共线性.

把 $k = \sqrt{\dfrac{\lambda_{\max}}{\lambda_{\min}}}$ 作为方阵 $\boldsymbol{X}^{\mathrm{T}}\boldsymbol{X}$ 的条件数,其中 λ 为 $\boldsymbol{X}^{\mathrm{T}}\boldsymbol{X}$ 的特征值.约定:

若 $k < 10$,则认为复共线性的程度很小;

若 $10 \leqslant k < 100$,则认为存在中等程度的复共线性;

若 $k \geqslant 100$,则认为存在严重的复共线性.

关于解决复共线性的问题有逐步回归、岭回归、主成分回归、Lasso 回归等方案,详细可参考相关资料.

5.4 逐步回归分析 *

在实际问题中研究者在收集资料时,一般会尽可能多地收集对因变量 y 有影响的各种自变量,以免担心会遗漏信息,但这样做的一个缺点是:可能会有一些自变量对因变量 y 的变化贡献很小,但也列入回归方程,增加了取得数据和分析数据的负担,且得到的回归方程过于复杂,不便使用.什么是"最优"回归方程呢? 这有许多不同的准则,在不同的准则下"最优"的方程可能不同.当然我们希望"最优"回归方程中自变量个数最少,且每个自变量对因变量的影响都是显著的,这就是最佳回归方程准则.现在有多种方法可以挑选出"最优"的方程,如"向前法""向后法""逐步回归法"等,由于"逐步回归法"更能挑选出最优的回归方程,所以常被大家采用.

逐步回归的基本思想是,将自变量一个一个地引入,引入的自变量需要满足的条件是:经过检验,它与因变量的关系是显著的.同时,每引入一个新的自变量,对已入选的自变量都要逐个进行检验,将不显著的自变量剔除,这样直到所有引入是自变量均不可剔除,没有新的自变量无法再加入为止,这就保障所有入选的自变量都是显著的,经过若干步骤后便可得到"最优"回归方程.由此可见,逐步回归法在选择自变量的过程中包含有两个基本步骤:一是引入新的自变量到回归方程中,二是从回归方程中剔除经检验不显著的自变量.据此,下面我们给出引入和剔除自变量的方法.

先讨论如何引入自变量.为方便计,假设已入选 $q-1$ 个自变量 $x_1, x_2, \cdots, x_{q-1}$ 与 y 之间的回归方程为

$$y = \boldsymbol{X}_q \boldsymbol{\varphi}_q + \varepsilon. \tag{5.7}$$

其中,$\boldsymbol{X}_q = (x_1, x_2, \cdots, x_{q-1})$,$\boldsymbol{\varphi}_q^{\mathrm{T}} = (\varphi_0, \varphi_1, \cdots, \varphi_{q-1})$

现在考虑把不在回归方程中的自变量记为 $x_q, \cdots, x_p$,逐个引入回归方程中,这时回归方程(5.7)变为

$$y = \boldsymbol{X}_q \boldsymbol{\varphi}_q + \beta_i x_i + \varepsilon = (\boldsymbol{X}_q \quad x_i) \begin{bmatrix} \boldsymbol{\varphi}_q \\ \beta_i \end{bmatrix} + \varepsilon.$$

显然,自变量 $x_i, i = q, \cdots, p$ 能否引入回归方程中,相当于检验

$$H_{引}: \beta_i = 0, \quad i = q, \cdots, p$$

是否被拒绝. 我们选用检验统计量

$$F_{引}(i) = \frac{(S_q^2 - S_i^2)/1}{S_i^2/(n-q)} \overset{H_{剔}}{\sim} F(1, n-q),$$

其中,S_i^2 是 $y = \boldsymbol{X}_q \boldsymbol{\varphi}_q + \beta_i x_i + \varepsilon$ 的残差平方和,S_q^2 是 $y = \boldsymbol{X}_q \boldsymbol{\varphi}_q + \varepsilon$ 的残差平方和.

证明略,详细证明见参考文献[4].

我们要计算所有待引入的自变量 $x_i, i = q, \cdots, p$,比较这些 $F_{引}(i), i = q, \cdots, p$,不妨设其中最大者为 $F_{引}(q)$,即

$$F_{引}(q) = \max\{F_{引}(q), F_{引}(q+1), \cdots, F_{引}(p)\},$$

那么对于显著性水平 α,拒绝域为 $W = \{F_{引}(q) > F_\alpha(1, n-q)\}$,当然也可以根据 $Pr > F$ 的值的大小进行判断在 $x_q, x_{q+1}, \cdots, x_p$ 中有没有需要引入回归方程中的自变量. 如果将自变量 x_q 引入回归方程,然后用$(X_q \quad x_q)$代替 X_q,再逐个考察剩余的自变量,直到没有自变量选入回归方程为止.

下面讨论如何剔除自变量. 为方便计,假设已入选的 $q \leqslant p-1$ 自变量为 $x_1, x_2, \cdots, x_q$ 与 y 之间的回归方程为

$$y = \boldsymbol{X}_{q+1} \boldsymbol{\varphi}_{q+1} + \varepsilon,$$

其中,$\boldsymbol{X}_{q+1} = (\boldsymbol{X}_q \quad x_q)$,$\boldsymbol{\varphi}_{q+1} = \begin{bmatrix} \boldsymbol{\varphi}_q \\ \beta_q \end{bmatrix}$,$x_q^{\mathrm{T}} = (x_{1q}, \cdots, x_{nq})$,$\varepsilon \sim N_n(0, \sigma^2 \boldsymbol{I})$.

现在考虑回归方程的自变量 $x_1, x_2, \cdots, x_q$ 是否有要剔除的,显然,要确定 x_q 是否剔除,就是相当于做如下的假设检验:

$$H_{剔}: \beta_q = 0$$

根据前面的讨论,可以知道选取检验统计量:

$$F_{剔}(q) = \frac{(S_q^2 - S_{q+1}^2)/1}{S_{q+1}^2/(n-q-1)} \overset{H_{剔}}{\sim} F(1, n-q-1),$$

其中,S_{q+1}^2 是 $y = X_{q+1} \varphi_{q+1} + \varepsilon = X_q \varphi_q + \beta_q x_q + \varepsilon$ 的残差平方和,S_q^2 是 $y = X_q \varphi_q + \varepsilon$ 的残差平方和. 对于给定的显著性水平 α,拒绝域为 $W = \{F_{引}(q) > F_\alpha(1, n-q-1)\}$,当然也可以根据 $Pr > F$ 的值的大小进行判断是否剔除 x_q. 当然,如果

$$\min\{F_{剔}(1), F_{剔}(2), \cdots, F_{剔}(q)\} \geqslant F_\alpha(1, n-q-1),$$

就说明 $x_1, x_2, \cdots, x_q$ 中没有需要剔除的自变量.

5.8

5.5 Logistic 回归*

在回归分析中,自变量和因变量都是连续型的变量. 在方差分析中,自变量是离散型的

变量,因变量是连续型的变量. 而在实际问题中,也会经常遇到自变量是连续型的变量,而因变量是离散型的变量,尤其还是二分类变量的情形,如在考研中,要研究考研成功与否与各科成绩之间的关系;在医学研究中,要考察某种疾病的发病与否与人们的某些生活习惯之间的关系.

记 $\boldsymbol{x}=(X_1,X_2,\cdots,X_{p-1})$ 表示影响因变量发生的因素,$\pi(\boldsymbol{x})$ 表示相应的概率,我们希望建立 $\pi(\boldsymbol{x})$ 与 $\boldsymbol{x}=(X_1,X_2,\cdots,X_{p-1})$ 之间的线性回归方程,则依此可研究 $\boldsymbol{x}$ 与 $\pi(\boldsymbol{x})$ 间的依赖关系.

考虑简单的线性回归模型:
$$y=\beta_0+x_1\beta_1+\cdots+x_p\beta_p+\varepsilon,\quad y=0,1,$$
其中,每个 y 都是二分类变量,取值仅为 0 和 1. 因为 $E(\varepsilon)=0$,所以
$$E(y)=\beta_0+x_1\beta_1+\cdots+x_p\beta_p,$$
又因为 $E(y)=P\{y=1\}$,所以记 $P\{y=1\}=\pi(\boldsymbol{x})$,即
$$\pi(\boldsymbol{x})=\beta_0+x_1\beta_1+\cdots+x_p\beta_p.$$

$\pi(\boldsymbol{x})$ 的性质:① $0\leqslant\pi(\boldsymbol{x})\leqslant1$;② 以收入水平和购车概率的一元关系加以说明;当 $x>c_2$ 和 $x<c_1$ 时($c_2>c_1$),$\pi(\boldsymbol{x})$ 不会改变许多,也就是当收入低于某个水平或收入高于某个水平时,购车的概率不会随着收入的改变而改变很多. 但当 $c_1\leqslant x\leqslant c_2$ 时,$\pi(\boldsymbol{x})$ 会随着 x 的增大而增大(或减少),如在一定范围内,购车的概率会随着收入水平的提高而增大.

由性质①可知,我们需要对 $\pi(\boldsymbol{x})$ 进行变换,使 $\pi(\boldsymbol{x})$ 在 $0\sim1$ 之间取值时,变换后的函数的取值位于 $(-\infty,+\infty)$ 内;由性质②可知,$\pi(\boldsymbol{x})$ 的图形像一个 S 型,如图 5.11 所示.

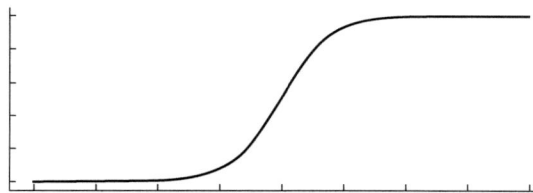

图 5.11　$\pi(\boldsymbol{x})$ 的图形

综合①②知,可对 $\pi(\boldsymbol{x})$ 作如下变换:
$$\theta(\pi(\boldsymbol{x}))=\ln\left(\frac{\pi(\boldsymbol{x})}{1-\pi(\boldsymbol{x})}\right),$$
即
$$\ln\left(\frac{\pi(\boldsymbol{x})}{1-\pi(\boldsymbol{x})}\right)=\beta_0+x_1\beta_1+\cdots+x_p\beta_p.\tag{5.8}$$

可以验证,当 $0<\pi(\boldsymbol{x})<1$ 时,$-\infty<\theta(\pi(\boldsymbol{x}))<+\infty$,且 $\theta(\pi(\boldsymbol{x}))=\ln\left(\frac{\pi(x)}{1-\pi(x)}\right)$ 是 S 型. 称式(5.8)为 **Logistic 回归方程**.

1. 参数估计

已知 y_i 的分布,即 $P\{y_i=1\}=\pi_i(\boldsymbol{x})$,$P\{y_i=0\}=1-\pi_i(\boldsymbol{x})$,故采用最大似然估计法. y_i 的 0-1 分布的数学表达式为
$$P(y_i)=(\pi_i(\boldsymbol{x}))^{y_i}(1-\pi_i(\boldsymbol{x}))^{1-y_i},\quad y_i=0,1,$$

相应的似然函数为

$$L(\boldsymbol{\beta}) = \prod_{i=1}^{n} P(y_i; \boldsymbol{\beta}) = \prod_{i=1}^{n} (\pi_i(\boldsymbol{x}))^{y_i} (1 - \pi_i(\boldsymbol{x}))^{1-y_i},$$

两边取对数为

$$\ln L(\boldsymbol{\beta}) = \ln \prod_{i=1}^{n} (\pi_i(\boldsymbol{x}))^{y_i} (1 - \pi_i(\boldsymbol{x}))^{1-y_i}$$

$$= \sum_{i=1}^{n} \left[y_i \ln \pi_i(\boldsymbol{x}) + (1 - y_i) \ln(1 - \pi_i(\boldsymbol{x})) \right]$$

$$= \sum_{i=1}^{n} \left[y_i \ln \left(\frac{\pi_i(\boldsymbol{x})}{1 - \pi_i(\boldsymbol{x})} \right) \right] + \sum_{i=1}^{n} \ln(1 - \pi_i(\boldsymbol{x})),$$

将定义式代入得

$$\ln L(\boldsymbol{\beta}) = \sum_{i=1}^{n} y_i \left(\beta_0 + \sum_{k=1}^{p} x_{ik} \beta_k \right) - \sum_{i=1}^{n} \ln \left[1 + \exp\left(\beta_0 + \sum_{k=1}^{p} x_{ik} \beta_k \right) \right]$$

想直接求出 $\hat{\boldsymbol{\beta}}$ 比较困难, 我们采用 Newton-Raphson 迭代算法, 从而求出 $\boldsymbol{\beta}$ 的最大似然估计 $\hat{\boldsymbol{\beta}}$.

2. 假设检验

在 Logistic 模型中, 需要检验自变量 x 与因变量 y 之间的关系是否显著, 即建立的模型是否合理和最优.

1) 方程拟合优度检验

Logistic 模型是通过最大似然估计求解的, 最大似然估计实际上是一个概率密度, 当参数向量取某一组值时的似然值(也就是概率密度), 相较于参数取其他组值时都要大, 因此我们有理由相信该组值最有可能是参数真值, 这是最大似然估计思想的最直观体现.

为了方便使用, 从对数似然值出发还可以计算出伪决定系数, 公式为

$$Cox\&SnellR^2 = 1 - \left(\frac{L(\boldsymbol{0})}{L(\hat{\boldsymbol{\beta}})} \right)^{\frac{2}{n}},$$

$$NegelkerkeR^2 = \frac{Cox\&SnellR^2}{1 - L(\boldsymbol{0})^{\frac{2}{n}}},$$

其中, $L(\boldsymbol{0})$ 为模型中只含有常数项时的似然值, $L(\hat{\boldsymbol{\beta}})$ 为当前模型的似然值. 而伪决定系数越大说明模型拟合得越好.

2) 回归模型的假设检验——全体自变量与因变量之间关系的显著性检验

为讨论方便, 不妨检验前 $X_1, X_2, \cdots, X_r$ 与因变量 y 之间关系是否显著, 假设为

$$H_0: \beta_1 = \beta_2 = \cdots = \beta_r = 0, \quad H_1: \beta_1, \beta_2, \cdots, \beta_r \text{ 至少有一个不为 } 0.$$

具体步骤如下:

(1) 先对含所有自变量 $X_1, X_2, \cdots, X_{p-1}$ 拟合 Logistic 模型, 利用 Newton-Raphson 迭代法求出 $\boldsymbol{\beta}$ 的最大似然估计 $\hat{\boldsymbol{\beta}}$, 代入对数似然函数求其值, 记为 L_p, 即

$$L_p = \ln(\hat{\boldsymbol{\beta}}, y_1, \cdots, y_n).$$

（2）假设 H_0 为真，拟合仅含自变量 $X_1, X_2, \cdots, X_r$ 的 Logistic 模型，利用 Newton-Raphson 迭代法求出 $\boldsymbol{\beta}_{H_0} = (\beta_0, \beta_1, \cdots, \beta_r)$ 的最大似然估计 $\hat{\boldsymbol{\beta}}_{H_0}$，代入对数似然函数求其值，记为 L_{H_0}，即

$$L_{H_0} = \ln(\hat{\boldsymbol{\beta}}_{H_0}, y_1, \cdots, y_n).$$

（3）构造似然比检验统计量.

$$K^2 = -2\left[\ln(\hat{\boldsymbol{\beta}}_{H_0}, y_1, \cdots, y_n) - \ln(\hat{\boldsymbol{\beta}}, y_1, \cdots, y_n)\right] = 2(L_p - L_{H_0})$$

由最大似然估计理论可证明，当 $n \to +\infty$ 时，K^2 渐近服从自由度为 r 的 χ^2 分布，即 $\chi^2(r)$，其中 r 是两模型参数个数之差，且若 K^2 值大，则意味着 H_0 不真. 因此，给定显著性水平 α 时，拒绝域为

$$W = \{K^2 > \chi_\alpha^2(r)\}.$$

3）偏回归系数的假设检验——单个自变量与因变量之间线性关系的显著性检验
假设为

$$H_0: \beta_j = 0, \quad H_1: \beta_j \neq 0, j = 1, 2, \cdots, p-1.$$

可以证明

$$\hat{\boldsymbol{\beta}} - \boldsymbol{\beta} \overset{a}{\sim} N(\mathbf{0}, I^{-1}(\boldsymbol{\beta})),$$

其中，$I(\boldsymbol{\beta})$ 为 $\boldsymbol{\beta}$ 的信息矩阵

$$I_{ij}(\boldsymbol{\beta}) = E_\beta\left(\frac{\partial \ln P_\beta(y, X_1, X_2, \cdots X_P)}{\partial \beta_i} \cdot \frac{\partial \ln P_\beta(y, X_1, X_2, \cdots X_P)}{\partial \beta_j}\right)$$

其中，$I_{ij}(\boldsymbol{\beta})$ 为信息矩阵 $I(\boldsymbol{\beta})$ 的第 i 行 j 列的元素，$P_\beta(y, X_1, X_2, \cdots X_P)$ 为当参数为 $\boldsymbol{\beta}$ 时 $(y, X_1, X_2, \cdots X_P)$ 的联合概率密度函数. 在实际应用中，常使用 Newton-Raphson 迭代方法计算 $\hat{\boldsymbol{\beta}}$，并且使用 $I(\boldsymbol{\beta})$ 的主对角线上的第 k 个元素作为层的方差的估计量，记为 $SE_{\hat{\beta}}^2$，由上式可知，当 $n \to +\infty$ 时，

$$\left(\frac{\hat{\beta}_j - \beta_j}{SE_{\hat{\beta}_j}}\right)^2 \overset{a}{\sim} \chi^2(1),$$

由此可得 Wald 检验统计量为

$$Wald = \left(\frac{\hat{\beta}_j}{SE_{\hat{\beta}_j}}\right)^2 \overset{H_0}{\sim} \chi^2(1),$$

给定显著性水平 α，拒绝域为

$$W = \{Wald > \chi_\alpha^2(1)\}.$$

3. 预测

对因变量结局预测的准确程度也可以反映模型的效果，显然预测的准确度越高越好. 给出预测点 $(x_{01}, x_{02}, \cdots, x_{0p-1})$，根据

$$\pi(\boldsymbol{x}) = \frac{\exp\left(\hat{\beta}_0 + \sum_{k=1}^{p-1} \hat{\beta}_k X_k\right)}{1 + \exp\left(\hat{\beta}_0 + \sum_{k=1}^{p-1} \hat{\beta}_k X_k\right)},$$

计算出 $\pi(\boldsymbol{x})$，若 $\pi(\boldsymbol{x}) > 0.5$，我们认为 $\hat{y} = 1$；若 $\pi(\boldsymbol{x}) < 0.5$，我们认为 $\hat{y} = 0$.

5.6 统计分析软件训练

训练项目 1 一元线性回归分析

软件训练案例 1 某电器商为分析 x：广告费投入金额（单位：百万元）与 y：产品销量（单位：万台）间的关系，经调查得到数据见表 5.11.

表 5.11 广告费投入金额与产品销量的统计数据

广告费	3.5	1.0	4.0	2.0	1.0	3.0	4.5	1.5	3.0	5.0
产品销量	8.3	2.2	10.7	5.5	4.8	9.2	13.5	3.3	6.7	12.2

（1）建立广告费投入金额与产品销量之间的经验回归直线；

（2）用三种检验方法检验两变量间的线性关系是否显著（$\alpha=0.1$）；

（3）当广告费为 3.7（百万元）时，预测产品销量（$\alpha=0.1$）.

R 软件 R 软件采用 lm() 函数实现变量间的一元线性回归关系的分析，我们给出一元线性回归分析的相关命令.

```
> x <- c(3.5,1.0,4.0,2.0,1.0,3.0,4.5,1.5,3.0,5.0)   # 输入 x 的数据
> y <- c(8.3,2.2,10.7,5.5,4.8,9.2,13.5,3.3,6.7,12.2)   # 输入 y 的数据
> sol = lm(y~x)                      # 做 x 与 y 间的回归
> summary(sol)
> plot(x,y)                          # 画出 (x,y) 的散点图
> abline(lm(sol))                    # 画出 (x,y) 的回归直线图
> new = data.frame(x = 3.7)          # 给出新的点 x = 3.7
> pred = predict(sol,new, interval = "prediction",level = 0.9)   # 在新的点做置信水平为90%
的置信区间
> pred
```

运行结果：

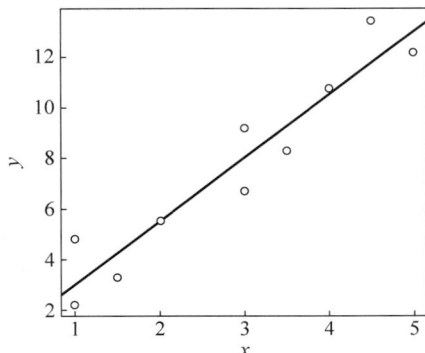

```
Coefficients:
                Estimate    Std.Error    t value    Pr(> F)
(Intercept)     0.4846      0.9192       0.527      0.612
x               2.5107      0.2910       8.627      2.53e-5 ***
Residual standard error: 1.253 0n 8 degrees of freedom
```

```
Miltiple R - squared: 0.9029, Adjusted R - Squared: 0.8908
F - statistic: 74.42 On 1 and 8 DF, p - value: 2.528e - 05
fit          lwr          upr
9.774062     7.288064     12.26006
```

因 p 值 $= 2.53\text{e-}5 < 0.05$,所以实际的 F 值落入拒绝域内,故认为自变量与因变量的线性关系显著.

训练项目2 一元非线性回归分析

软件训练案例2 出钢时所用的盛钢水的钢包,由于钢水对耐火材料的浸蚀,容积(单位: cm^3)不断增大,数据见表 5.12.

表 5.12 使用次数与钢包容积的统计数据

使用次数	2	3	4	5	6	7	8	9
钢包容积	6.42	8.20	9.58	9.50	9.70	10.00	9.93	9.99
使用次数	10	11	12	13	14	15	16	
钢包容积	10.49	10.59	10.60	10.80	10.60	10.90	10.76	

求使用次数 x 与钢包容积 y 之间的关系.

R 软件 R 软件采用 lm() 函数实现变量间的一元线性回归关系的分析.

```
> x <- c(2,3,4,5,6,7,8,9, 10,11,12,13,14,15,16)        ♯ 输入 x 的数据
> y <- c(6.42,8.20,9.58,9.50,9.70,10.00,9.93,9.99,10.49,10.59,10.60,10.80,10.60,10.90,10.76)
                                                       ♯ 输入 y 的数据
> u = 1/x                      ♯ 做 x 的变量变换
> v = log(y)                   ♯ 输入 y 的数据 ♯ 做 y 的变量变换
> sol = lm(v~u)                ♯ 做 u 与 v 间的回归
> summary(sol)
```

运行结果:

```
Coefficients:
                  Estimate      Std. Error     t value      Pr(> F)
    (Intercept)   2.45778       0.01259        195.22       < 2e - 16 ***
    u             - 1.11067     0.06379        - 17.41      2.17e - 10 ***
Residual standard error: 0.02899 On 13 degrees of freedom
Miltiple R - squared: 0.9589, Adjusted R - Squared: 0.9557
F - statistic: 303.2 On 1 and 13 DF, p - value: 2.165e - 10
```

故使用次数 x 与钢包容积 y 之间的关系为 $\ln \hat{y} = 2.245778 - 1.1107/x$.

R 软件 R 软件采用 lm() 函数实现变量间的一元线性回归关系的分析.

```
> x <- c(2,3,4,5,6,7,8,9, 10,11,12,13,14,15,16)        ♯ 输入 x 的数据
> y <- c(6.42,8.20,9.58,9.50,9.70,10.00,9.93,9.99,10.49,10.60,10.80,10.60,10.90,10.76)
                                                       ♯ 输入 y 的数据
> u = log(x)                   ♯ 做 x 的变量变换
> sol = lm(y~u)                ♯ 做 u 与 y 间的回归
> summary(sol)
```

运行结果：

```
Coefficients:
                  Estimate    Std.Error    t value    Pr(> F)
    (Intercept)   6.2389      0.4061       15.362     1.03e-09 ***
    u             1.7761      0.1906       9.321      4.04e-07 ***
Residual standard error: 0.4437 0n 13 degrees of freedom
Miltiple R-squared: 0.8698, Adjusted R-Squared: 0.8598
F-statistic: 86.88 0n 1 and 13 DF, p-value: 4.043e-07
```

故使用次数 x 与钢包容积 y 之间的关系为 $\hat{y}=6.2389+1.7761\ln x$.

对比选用的两个函数拟合后得到的判定系数,可以看出用倒指数函数曲线进行拟合比用对数函数曲线的判定系数大些,所以认为用倒指数拟合更为贴近.故这道题最终选用函数曲线为 $\ln\hat{y}=2.245778-1.1107/x$,整理后的表达式为 $\hat{y}=e^{2.245778-\frac{1.1107}{x}}$.

训练项目3 多元线性回归分析

软件训练案例3 中国民航客运量的回归模型. y:民航客运量(单位:万人), x_1:国民收入(单位:亿元), x_2:消费额(单位:亿元), x_3:铁路客运量(单位:万人), x_4:民航航线里程(单位:万千米), x_5:来华旅游入境人数(单位:万人).数据来源于《统计摘要》,见表5.8.求 y 与 x_1,x_2,x_3,x_4,x_5 之间的多元线性回归关系.

R软件 R软件采用lm()函数实现变量间的多元线性回归关系的分析,我们给出多元线性回归分析的相关命令.

```
> x1 = c(3010,3350,3688,3941,4258,4736,5652,7020,7859,9313,11738,13176,14384,16557,
  20223,24882)
> x2 = c(1888,2195,2531,2799,3054,3358,3905,4879,5552,6386,8038,9005,9663,10969,12985,15949)
> x3 = c(81491,86389,92204,95300,99922,106044,110353,112110,108579,112429,122645,113807,
  95712,95081, 99693,105458)
> x4 = c(14.89,16.00,19.53,21.82,23.27,22.91,26.02,27.72,32.43,38.91,37.38,47.19,50.68,
  55.91,83.66, 96.08)
> x5 = c(180.92,420.39,570.25,776.71,792.43,947.70,1285.22,1783.30,2281.95,2690.23,3169.48,
  2450.14, 2746.20,3335.65,3311.50,4152.70)
> y = c(231,298,343,401,445,391,554,744,997,1310,1442,1283,1660,2178, 2886,3383) #输入数据
> sol = lm(y~x1 + x2 + x3 + x4 + x5)    #做 y 与 x1,x2,x3,x4,x5 间的回归
> summary(sol)
```

运行结果：

```
Coefficients:
              Estimate      Std. Error    t value    Pr(>|t|)
(Intercept)   450.909240    178.077719    2.532      0.029764 *
x1            0.353898      0.085230      4.152      0.001973 **
x2            -0.561476     0.125384      -4.478     0.001183 **
x3            -0.007254     0.002067      -3.510     0.005633 **
x4            21.577860     4.030051      5.354      0.000322 ***
x5            0.435188      0.051560      8.440      7.34e-06 ***
Residual standard error: 49.49 on 10 degrees of freedom
Multiple R-squared: 0.9982, Adjusted R-squared: 0.9973
F-statistic: 1128 on 5 and 10 DF, p-value: 2.03e-13
```

小结

回归分析是研究自变量为非随机变量,因变量为随机变量两者之间存在相关关系的统计分析方法.本章讨论了一元线性回归、一元非线性回归、多元线性回归、多元非线性回归和逐步回归.研究线性相关关系的步骤大致如下:

(1) 根据最小二乘估计法得到参数的估计,从而找到回归直线方程.

(2) 计算相关系数,以检验相关关系是否显著;自变量与因变量之间线性相关关系是否显著性检验.在多元线性回归方程中,常采用逐步回归的方法,保证入选的自变量都对因变量有显著的影响,未入选的自变量都对因变量没有显著的影响.

(3) 介绍了当因变量为二分类变量时的 Logistic 回归.

习题 5

A 组

1. 某市欲对货运总量 y 与工业总产值 x 的数量关系进行研究,以便通过工业总产值预测货运总量.现将某年的数据整理计算得到 $\bar{x} = 34.4, \bar{y} = 3.38, s_x^2 = 37.24, s_y^2 = 0.1716, \overline{xy} = 118.69$,求 β_0, β_1 的最小二乘估计;求残差平方和,标准差 σ 的无偏估计,样本相关系数;检验线性回归的显著性;求 $x_0 = 50$ 时,y_0 的预测值和预测区间($\alpha = 0.05$).

2. 对工件表面作腐蚀刻线进行试验,测得蚀刻时间 x(单位:s)和蚀刻深度 y(单位:μm)的数据见下表:

蚀刻时间	20	30	40	50	60
蚀刻深度	13	16	17	20	23

设有 $y = \beta_0 + \beta_1 x + \varepsilon, \varepsilon \sim N(0, \sigma^2)$,取 $\alpha = 0.05$.试求出经验回归直线;样本相关系数,残差平方和及 $\hat{\sigma}$;检验回归的显著性;当 $x_0 = 45$ 时,求 y_0 的预测值和预测区间.

3. 对 27 个企业单位的研究中,记录了企业管理人员数 y 与工人数 x 的资料,见下表:

x	y	x	y	x	y
294	30	697	78	700	106
247	32	688	80	850	128
267	37	630	84	980	130
358	44	709	88	1025	160
423	47	627	97	1021	97
311	49	615	100	1200	180
450	56	999	109	1250	112
534	62	1022	114	1500	210
438	68	1015	117	1650	135

试求出经验回归直线；检验回归的显著性.

B 组

1. 测得蔗糖在酶的作用下 x：蔗糖密度（单位：mol/L）与 y：反应速度（单位：α）的结果见下表. 试建立 $y = \dfrac{x}{a+bx}$ 的回归方程，并进行显著性检验（$\alpha = 0.05$）.

蔗糖密度	0.0079	0.0100	0.0136	0.0262	0.0676	0.0995	0.0370
反应速度	6.0	7.0	9.0	12.5	19.0	20.5	22.0

2. 在研究细绿萍 x：生长量（单位：g）与 y：生长时间（单位：天）中，收集得到数据见下表，试选择合适的回归曲线建立回归方程.

生长时间	0	5	10	15	20	25	30	35
生长量	6	11	20	38	80	150	330	650

3. 某医师测得 10 名 3 岁儿童的身高（单位：cm）、体重（单位：kg）和体表面积（单位：cm^2）资料见下表. 试用多元回归方法确定以身高、体重为自变量，体表面积为因变量的回归方程.

儿童编号	体表面积（y）	身高（x_1）	体重（x_2）
1	5.382	88.0	11.0
2	5.299	87.6	11.8
3	5.358	88.5	12.0
4	5.292	89.0	12.3
5	5.602	87.7	13.1
6	6.014	89.5	13.7
7	5.830	88.8	14.4
8	6.102	90.4	14.9
9	6.075	90.6	15.2
10	6.411	91.2	16.0

4. 给出了杂质与盐的比、盐水的 pH、溶液流量和因变量净化效率的值，数据见下表，试写出回归表达式.

杂质与盐的比 x_1	盐水的 pH x_2	溶液流量 x_3	因变量净化效率 y
1.50	6.00	1315	243
1.50	6.00	1315	261
1.50	9.00	1890	244
1.50	9.00	1890	285
2.00	7.50	1575	202
2.00	7.50	1575	180

杂质与盐的比 x_1	盐水的 pH x_2	溶液流量 x_3	因变量净化效率 y
2.00	7.50	1575	183
2.00	7.50	1575	207
2.50	9.00	1315	216
2.50	9.00	1315	160
2.50	6.00	1890	104
2.50	6.00	1890	110

5.9

5.10

若 $\boldsymbol{x}_0^{\mathrm{T}} = (1, x_{01}, x_{02}, x_{03}) = (1, 1.50, 7.50, 1315)$，试预测 $y_0 (\alpha = 0.05)$.

第3篇　多元统计分析

多元统计分析是从经典统计学中发展起来的一个分支，它是运用数理统计来研究多变量问题的理论与方法，在自然科学、社会科学与工程技术的许多领域都有广泛的应用. 本篇主要介绍聚类分析与判别分析，主成分分析与因子分析.

第6章　聚类分析与判别分析

聚类分析是数理统计中研究分类的一种方法.在古老的分类学中人们主要依靠经验与专业知识实现分类,随着科学的发展,分类的要求越来越高,数学工具被引入分类学,逐步形成了聚类分析的相关理论.

样本或变量按照性质上的亲疏程度加以分类,使类别内数据"差异"尽可能小,类别间"差异"尽可能大的方法就是聚类分析.聚类分析方法目前在数据分析、模式识别、图像处理等领域有广泛的应用.

6.1　聚类分析的基本原理

如何衡量亲疏程度呢? 常用的聚类统计量有距离和相似系数两类.距离一般用于对样品聚类,而相似系数一般用于对变量聚类.这里的距离或相似系数代表样品或变量之间的相似程度.在实际研究中,对样品进行的聚类称为 Q 型聚类,对变量进行的聚类称为 R 型聚类.例如,根据考核高等院校的多项指标——学校规模、师资情况、教学科研水平等,可以将全国多所高等院校划分为重点院校、普通院校等类别.这就是对样品进行 Q 型聚类.对反映办学水平的指标如学校规模、师资情况、教学水平、科研水平等进行分类就是 R 型聚类.

6.1.1　距离与相似系数

1. 距离

定义 6.1　设有 n 个样品,每个样品由 p 个变量(指标)$x_1,x_2,\cdots,x_p$ 描述,可得数据矩阵:

$$\begin{bmatrix} x_{11} & x_{12} & \cdots & x_{1p} \\ x_{21} & x_{22} & \cdots & x_{2p} \\ \vdots & \vdots & & \vdots \\ x_{n1} & x_{n2} & \cdots & x_{np} \end{bmatrix}.$$

其中,$x_{ij}(i=1,2,\cdots,n;j=1,2,\cdots,p)$ 为第 i 个样品的第 j 个指标的观测值.第 i 个样品与第 j 个样品之间的距离记为 d_{ij},一般要求 d_{ij} 满足如下条件:

(1) $d_{ij} \geqslant 0$,对于一切 i,j;$d_{ij}=0$ 当且仅当第 i 个样品与第 j 个样品的各指标均相同;

(2) $d_{ij}=d_{ji}$,对于一切 i,j;

(3) $d_{ij} \leqslant d_{ik}+d_{kj}$,对于一切 i,j,k(三角不等式).

在聚类分析时,有些距离并不满足三角不等式,我们广义地称它为距离.下面介绍聚类分析中常用的闵科夫斯基(Minkowski)距离:

$$d(x_i, x_j) = \left[\sum_{k=1}^{p}(x_{ik} - x_{jk})^q\right]^{\frac{1}{q}}, \quad q > 0.$$

当 $q=1$ 时,称为绝对值距离,即 $d(x_i, x_j) = \sum_{k=1}^{p}|(x_{ik} - x_{jk})|$;

当 $q=2$ 时,称为欧氏(Euclid)距离,即 $d(x_i, x_j) = \left[\sum_{k=1}^{p}(x_{ik} - x_{jk})^2\right]^{\frac{1}{2}}$;

当 $q=+\infty$ 时,称为切比雪夫(Chebyshev)距离,即 $d(x_i, x_j) = \max_{1 \leqslant k \leqslant p}|(x_{ik} - x_{jk})|$.

闵科夫斯基距离简称闵氏距离,是用得很多的一种距离,其中绝对值距离和欧氏距离最常见也直观.闵氏距离适用于一般 p 维欧氏空间,它的缺点是没有考虑变量之间的相关性.

2. 相似系数

定义 6.2 一般称 c_{ij} 为 x_i 与 x_j 间的相似系数,如果对一切 i, j 满足

(1) $|c_{ij}| \leqslant 1$;

(2) $c_{ii} = 1$;

(3) $c_{ij} = c_{ji}$.

相似系数是用来描述变量间亲疏程度的分类统计量.两个变量相似系数的绝对值越接近 1,说明这两个变量的关系越密切,性质越接近.相似系数绝对值大的变量归为一类,反之归属于不同的类.常用的相似系数有以下两种.

1)相关系数

$$r_{ij} = \frac{\sum\limits_{k=1}^{n}(x_{ki} - \bar{x}_i)(x_{kj} - \bar{x}_j)}{\sqrt{\sum\limits_{k=1}^{n}(x_{ki} - \bar{x}_i)^2 \sum\limits_{k=1}^{n}(x_{kj} - \bar{x}_j)^2}}.$$

从统计角度看,两个变量的相关系数是描述两个变量线性关系强弱的一个很有用的特征数字.因此用任意两个变量的 n 个观测值对其相关系数的估计可作为两个变量关联性的一种度量.

2)夹角余弦

$$c_{ij} = \frac{\sum\limits_{k=1}^{n}x_{ki}x_{kj}}{\sqrt{\sum\limits_{k=1}^{n}x_{ki}^2 \cdot \sum\limits_{k=1}^{n}x_{kj}^2}}.$$

若将第 i 个变量的 n 个观测值和第 j 个变量的 n 个观测值看成 n 维空间中的两个向量,则 c_{ij} 正好是这两个向量的夹角余弦.若夹角余弦越大,夹角越小,则两个变量越相似.不难看出,相关系数实际上是对数据做标准化处理后的夹角余弦.

由前述的距离与相似系数的定义可以看出,用距离作为亲疏程度的度量值时,距离越小,意味着样品之间的关联性越大;用相似系数作为亲疏程度的度量值时,相似系数的绝对

值越大,意味着指标之间的关联性越大.为了统一,可采用以下公式变换:$d_{ij}^2 = 1 - c_{ij}^2$.另外,需要说明的是,有时样品之间也可以用相似系数来描述它们的亲疏程度,变量之间也可以用距离来描述它们的亲疏程度,使用时只要把计算公式做相应的处理即可.

6.1.2 数据资料矩阵的标准化处理

根据变量取值的不同,变量可以分为三类:定量变量、定序变量和定类变量.定量变量用连续的量来表示,如长度、重量和销量等.定序变量用等级来表示,如产品质量分为上、中和下三个等级.定类变量用一些类来表示,如人的职务、性别等.在实际应用中经常遇到的是具有数值特性的变量,因此本章只介绍定量变量的聚类分析方法.在对定量变量进行聚类之前,需要先考察数据是否应该标准化的问题.

设有 n 个样品,每个样品测量 m 个变量 $X_1, X_2, \cdots, X_m$,为消除各个变量所用量纲的影响,以保证各变量在分析中处于同等地位,可对数据资料矩阵做如下标准化处理:

$$\bar{x}_j = \frac{1}{n} \sum_{i=1}^{n} x_{ij}, \quad s_j = \sqrt{\frac{1}{n-1} \sum_{i=1}^{n} (x_{ij} - \bar{x}_j)^2},$$

$$x_{ij}^* = \frac{x_{ij} - \bar{x}_j}{s_j} \quad (i = 1, 2, \cdots, n; \, j = 1, 2, \cdots, m).$$

变换后各指标均值为 0,标准差为 1.根据实际问题的需要考虑是否进行数据资料的标准化处理,然后进行聚类分析.

本章介绍两种常用的聚类方法.即系统聚类法与 K-均值聚类法.

6.2 系统聚类法

系统聚类法是目前应用较为广泛的一种聚类方法,它起源于古老的植物分类学思想.在植物分类学中,分类的单位有门、纲、目、科、属、种,其中种是分类的基本单位,同种的植物共同特征最多,利用这种分类思想,聚类分析先把最相似的样品或变量分为一类,再将已聚合的小类按相似性再聚合,以此类推,最后将一切子类合为一类,从而得到一张按相似性大小逐步归类的谱系聚类图.

6.2.1 类间距离

在使用系统聚类法这一过程中,首次聚类后,需要定义类与类之间的距离.类与类之间的距离有许多定义方式,不同的定义方式往往产生不同的系统聚类图谱.常用的类间距离主要有最短距离法、最长距离法、重心法、类平均法和离差平方和法等.

考虑类 G_p 与类 G_q 之间的距离,并假设类 G_p 中共有 n_p 个元素(样品或变量),类 G_q 中共有 n_q 个元素.分别用 $\bar{x}_p = \frac{1}{n_p} \sum_{i=1}^{n_p} x_i$ 和 $\bar{x}_q = \frac{1}{n_q} \sum_{i=1}^{n_q} x_i$ 表示两个类的重心(即类内均值).

1. 最短距离法(nearest neighbor)

定义类 G_p 与类 G_q 中两个最近元素之间的距离为这两类之间的距离.

$$D(G_p, G_q) \triangleq \min\{d_{ij} \mid i \in G_p, j \in G_q\}.$$

2. 最长距离法(furthest neighbor)

定义类 G_p 与类 G_q 中两个最远元素之间的距离为这两类之间的距离.

$$D(G_p, G_q) \triangleq \max\{d_{ij} \mid i \in G_p, j \in G_q\}.$$

3. 重心法(centroid clustering)

定义类 G_p 与类 G_q 两类的重心之间的距离为这两类之间的距离.

$$D(G_p, G_q) \triangleq d(\bar{\boldsymbol{x}}_p, \bar{\boldsymbol{x}}_q).$$

4. 类平均法(median clustering)

定义类 G_p 与类 G_q 中每两个元素之间距离的平均值为这两个类之间的距离.

$$D(G_p, G_q) \triangleq \frac{1}{n_p n_q} \sum_{i \in G_p} \sum_{j \in G_q} d_{ij}.$$

5. 离差平方和法(ward's method)

离差平方和法是 Ward(1936)提出的,也称 Ward 法,它是基于方差分析的思想,认为如果分类合理,同类间的离差平方和应当较小,不同类间的离差平方和应当较大.

假设将 n 个样品分为 k 类,记为 $G_1, G_2, \cdots, G_k$,n_t 表示 G_t 类的样品个数,$\bar{X}^{(t)}$ 表示 G_t 的重心,$X_{(i)}^{(t)}$ 表示 G_t 中第 i 个样品($i = 1, 2, \cdots, n_t$),则 G_t 中的样品的离差平方和为

$$W_t = \sum_{i=1}^{n_t} (\boldsymbol{X}_{(i)}^{(t)} - \bar{\boldsymbol{X}}^{(t)})^{\mathrm{T}} (\boldsymbol{X}_{(i)}^{(t)} - \bar{\boldsymbol{X}}^{(t)}),$$

k 个类的总离差平方和为

$$W = \sum_{t=1}^{k} W_t = \sum_{t=1}^{k} \sum_{i=1}^{n_t} (\bar{\boldsymbol{X}}_{(i)}^{(t)} - \bar{\boldsymbol{X}}^{(t)})^{\mathrm{T}} (\bar{\boldsymbol{X}}_{(i)}^{(t)} - \bar{\boldsymbol{X}}^{(t)}).$$

当 k 固定时,要选择使 W 达到极小的分类.

Ward 法的基本思想是,先将 n 个样品各自成一类,此时 $W = 0$,然后每次将其中某两类合并为一类,因每缩小一类离差平方和就要增加,每次选择使 W 增加最小的两类进行合并,直至所有样品为一类为止. Ward 法把两类合并后增加的离差平方和看成类间的平方距离,即把类 G_p 与类 G_q 的平方距离定义为

$$D_{pq}^2 = W_r - (W_p + W_q),$$

其中 $G_r = \{G_p, G_q\}$,W_r, W_p, W_q 分别为 G_r, G_p, G_q 类中样品的离差平方和.

在实际应用中,离差平方和应用比较广泛,分类效果也较好,但它要求样品间距离必须采用欧式距离.

由于各种聚类法所采用的类与类之间的距离的定义不同,产生不同的聚类结果是很自然的.对于一个具体问题,比较好的做法是试探各种聚类方法,同时对于一种给定的聚类法,采用几种不同的样品间距离(或变量间的相似系数)进行聚类,如果各种方法的聚类结果基本一致,则认为其聚类结果是可信的.另一个经验的总结是最短距离法适用于样品散点图(即将每个样品看成 m 维空间中的点所形成的图形)是条形图,甚至 S 型,而其他方法

则更适合椭球形.

6.2.2 系统聚类法的步骤

下面以 Q 型聚类分析为例,选取距离作为分类统计量,聚类方法选择最短距离法,则系统聚类分析的算法步骤如下:

系统聚类分析的计算基础是 n 个样品构成的距离矩阵,即

$$\boldsymbol{D} = \begin{bmatrix} 0 & & & \\ d_{21} & 0 & & \\ \vdots & \vdots & & \\ d_{n1} & d_{n2} & \cdots & 0 \end{bmatrix}.$$

第一步:

(1) 在矩阵 $\boldsymbol{D}$ 中寻找 0 以外距离最小的两类,合并为第 $n+1$ 类;

(2) 第 $n+1$ 类与其他各类的距离由原来的两类与其他各类的距离决定;

(3) 得到新类后,原来的两个类号被撤销,增加第 $n+1$ 行和第 $n+1$ 列,得到新的距离矩阵 $\boldsymbol{D}_1$,它与矩阵 $\boldsymbol{D}$ 相比降了一阶.

第二步:在矩阵 $\boldsymbol{D}_1$ 中重复第一步的工作,合并距离最小的两类,记为第 $n+2$ 类.距离矩阵的更新与第一步类似.

第三步:如此反复进行,直到得出的距离矩阵是 2×2 阶矩阵,最后把所有 n 个样品都聚成一类,聚类结束.

第四步:决定分类的个数及各类的成员.

到底分几类,并没有绝对正确的原则,一般可以参考实际问题的不同,结合谱系聚类图给出.

例 6.1 考虑下列 4 个样品的距离矩阵为

$$\boldsymbol{D} = \begin{array}{c} 1 \\ 2 \\ 3 \\ 4 \end{array} \begin{matrix} 1 & 2 & 3 & 4 \\ \begin{bmatrix} 0 & & & \\ 4 & 0 & & \\ 7 & 3 & 0 & \\ 9 & 5 & 2 & 0 \end{bmatrix} \end{matrix}.$$

试采用最短距离法、最长距离法对这 4 个样品做系统聚类分析,并画出谱系聚类图.

解

1. 最短距离法

将每个对象看作一个类,我们的聚类从合并最近的两个类开始,选择距离为 2 的 3 类与 4 类合并为新的第 5 类.

$$\boldsymbol{D}_1 = \begin{array}{c} 1 \\ 2 \\ 5 \end{array} \begin{matrix} 1 & 2 & 5 \\ \begin{bmatrix} 0 & & \\ 4 & 0 & \\ 7 & 3 & 0 \end{bmatrix} \end{matrix},$$

在 $\boldsymbol{D}_1$ 中选择距离为 3 的 2 类与 5 类合并为新的第 6 类,

$$\boldsymbol{D}_2 = \begin{matrix} & 1 & 6 \\ 1 \\ 6 \end{matrix} \begin{bmatrix} 0 & \\ 4 & 0 \end{bmatrix},$$

在 $\boldsymbol{D}_2$ 中选择距离为 4 的 1 类与 6 类合并一类. 这样我们就将 4 个样品点合并为一类. 最短距离法谱系如图 6.1 所示.

2. 最长距离法

将每个对象看作一个类, 我们的聚类从合并最近的两个类开始, 选择距离为 2 的 3 类与 4 类合并为新的第 5 类.

$$\boldsymbol{D}_1 = \begin{matrix} & 1 & 2 & 5 \\ 1 \\ 2 \\ 5 \end{matrix} \begin{bmatrix} 0 & & \\ 4 & 0 & \\ 9 & 5 & 0 \end{bmatrix},$$

在 $\boldsymbol{D}_1$ 中选择距离为 4 的 1 类与 2 类合并为新的第 6 类,

$$\boldsymbol{D}_2 = \begin{matrix} & 5 & 6 \\ 5 \\ 6 \end{matrix} \begin{bmatrix} 0 & \\ 9 & 0 \end{bmatrix},$$

在 $\boldsymbol{D}_2$ 中选择距离为 9 的 5 类与 6 类合并一类. 这样我们就将 4 个样品点合并为一类. 最长距离法谱系如图 6.2 所示.

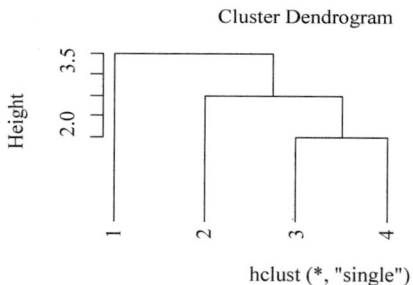

图 6.1　最短距离法谱系　　　　图 6.2　最长距离法谱系

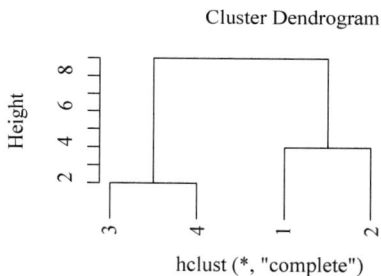

例 6.2　表 6.1 列出了 2022 年全国 31 个省、区、市的城镇居民家庭平均每人全年消费性支出的 8 项主要指标数据. 这 8 项指标是食品烟酒 x_1、衣着 x_2、居住 x_3、生活用品及服务 x_4、交通通信 x_5、教育文化娱乐 x_6、医疗保健 x_7、其他用品及服务 x_8，请分别用最长距离法、类平均法、重心法和 Ward 法对各地区作聚类分析.

表 6.1　31 个省、区、市消费性支出数据　　　　　　　　　　　　　元

	x_1	x_2	x_3	x_4	x_5	x_6	x_7	x_8
北京	9223.2	1860.8	17170.3	2193.3	4129.3	3008.0	3981.5	1116.8
天津	9313.1	1630.4	7468.1	1789.0	3888.6	2546.0	3555.5	1132.9
河北	6227.6	1350.9	4810.5	1314.5	2820.8	1864.3	2017.3	484.3
山西	5058.2	1208.7	3960.8	1034.2	2078.2	1809.0	1943.6	444.0

续表

	x_1	x_2	x_3	x_4	x_5	x_6	x_7	x_8
内蒙古	6269.4	1546.5	4836.3	1225.4	3457.8	2111.1	2262.7	589.3
辽宁	7140.0	1477.2	4702.1	1249.7	2855.8	2303.7	2192.3	628.9
吉林	5466.6	1158.8	3636.5	871.5	2389.6	1848.0	2067.9	458.4
黑龙江	6362.6	1358.9	3969.2	948.5	2618.2	2103.9	2524.9	525.8
上海	12653.0	1716.7	17073.5	2128.0	4529.2	3099.6	3616.5	1229.0
江苏	9138.7	1769.8	9073.0	1954.1	4586.9	2778.5	2564.0	983.1
浙江	10931.5	2098.1	10557.7	2312.6	5823.3	3549.1	2533.5	1165.4
安徽	7678.8	1413.3	4925.1	1354.4	2483.8	2416.2	1749.6	520.3
福建	9629.1	1469.5	8636.8	1586.9	3345.6	2807.2	1904.7	661.9
江西	6946.2	1107.0	5057.4	1252.0	2624.1	2447.5	1856.0	417.9
山东	6267.5	1485.9	4811.5	1668.2	3356.1	2566.2	2014.6	470.3
河南	5466.9	1323.3	4143.5	1202.9	2355.9	2180.1	1920.1	426.8
湖北	7519.5	1453.6	5385.2	1386.4	3432.8	2794.1	2299.9	556.4
湖南	7046.6	1366.4	5038.4	1490.6	3135.3	3250.3	2295.7	459.5
广东	11025.8	1178.3	8406.2	1636.0	4174.3	3196.3	1783.0	768.8
广西	5873.0	662.4	3892.6	970.1	2438.5	2396.4	1803.3	306.5
海南	8282.9	700.1	5045.7	900.3	2704.5	2129.7	1372.9	364.3
重庆	8599.9	1698.0	4782.7	1656.6	3078.2	2585.0	2350.5	620.2
四川	7738.3	1316.5	4361.8	1465.4	2806.4	2005.7	2105.4	502.4
贵州	5607.1	1117.1	3414.3	1108.8	2729.8	2216.2	1373.7	371.8
云南	6116.9	939.6	4111.1	1008.1	2256.4	2028.0	1825.2	365.4
西藏	5747.4	1305.1	3321.4	1092.0	2519.7	792.8	726.5	380.8
陕西	5594.6	1171.3	4524.9	1254.9	2455.8	2001.1	2400.3	445.5
甘肃	5364.2	1137.6	3918.5	1000.1	2322.2	1775.7	1612.6	358.5
青海	5874.3	1211.9	3318.2	953.4	2526.9	1175.2	1768.3	432.5
宁夏	5643.9	1260.8	3681.8	1220.0	2719.0	2129.8	2067.2	413.8
新疆	5765.3	1186.0	3303.4	1009.2	2357.0	1495.4	1968.5	842.3

解 在进行聚类分析之前,为消除数据数量级的影响,对数据作标准化处理. 然后,用 hclust() 作聚类分析,用 plot() 函数画出谱系聚类图. 最后用 rect.hclust() 将地区分成 5 类. 下面是相应的 R 程序.

```
> ####用数据框形式输入数据
> X <- data.frame(
+    x1 = c(9223.2,9313.1,6227.6,5058.2,6269.4,7140.0,5466.6,6362.6,12653.0,9138.7,
+       10931.5,7678.8,9629.1,6946.2,6267.5,5466.9,7519.5,7046.6,11025.8,5873,8282.9,
+       8599.9,7738.3,5607.1,6116.9,5747.4,5594.6,5364.2,5874.3,5643.9,5765.3),
+    x2 = c(1860.8,1630.4,1350.9,1208.7,1546.5,1477.2,1158.8,1358.9,1716.7,1769.8,2098.1,
+       1413.3,1469.5,1107,1485.9,1323.3,1453.6,1366.4,1178.3,662.4,700.1,1698,1316.5,
+       1117.1,939.6,1305.1,1171.3,1137.6,1211.9,1260.8,1186),
+    x3 = c(17170.3,7468.1,4810.5,3960.8,4836.3,4702.1,3636.5,3969.2,17073.5,9073,10557.7,
+       4925.1,8636.8,5057.4,4811.5,4143.5,5385.2,5038.4,8406.2,3892.6,5045.7,4782.7,
+       4361.8,3414.3,4111.1,3321.4,4524.9,3918.5,3318.2,3681.8,3303.4),
+
```

```
+   x4 = c(2193.3,1789,1314.5,1034.2,1225.4,1249.7,871.5,948.5,2128,1954.1,2312.6,1354.4,
+       1586.9,1252,1668.2,1202.9,1386.4,1490.6,1636,970.1,900.3,1656.6,1465.4,1108.8,
+       1008.1,1092,1254.9,1000.1,953.4,1220,1009.2),
+   x5 = c(4129.3,3888.6,2820.8,2078.2,3457.8,2855.8,2389.6,2618.2,4529.2,4586.9,
+       5823.3,2483.8,3345.6,2624.1,3356.1,2355.9,3432.8,3135.3,4174.3,2438.5,2704.5,
+       3078.2,2806.4,2729.8,2256.4,2519.7,2455.8,2322.2,2526.9,2719,2357),
+   x6 = c(3008,2546,1864.3,1809,2111.1,2303.7,1848,2103.9,3099.6,2778.5,3549.1,2416.5,
+       2807.2,2447.5,2566.2,2180.1,2794.1,3250.3,3196.3,2396.4,2129.7,2585,2005.7,
+       2216.2,2028,792.8,2001.1,1775.7,1175.2,2129.8,1495.4),
+   x7 = c(3981.5,3555.5,2017.3,1943.6,2262.7,2192.3,2067.9,2524.9,3616.5,2564,2533.5,
+       1749.6,1904.7,1856,2014.6,1920.1,2299.9,2295.7,1783,803.3,1372.9,2350.5,
+       2105.4,11373.7,1825.2,726.5,2400.3,1612.6,1768.3,2067.2,1968.5),
+   x8 = c(1116.8,1132.9,484.3,444,589.3,628.9,458.4,525.8,1229,983.1,1165.4,520.3,661.9,
+       417.9,470.3,426.8,556.4,459.5,768.8,306.5,364.3,620.2,502.4,371.8,365.4,
+       380.8,445.5,358.5,432.5,413.8,842.3),
+   row.names = c("北京","天津","河北","山西","内蒙古","辽宁","吉林","黑龙江","上海",
+       "江苏","浙江","安徽","福建","江西","山东","河南","湖北","湖南","广东","广西",
+       "海南","重庆","四川","贵州","云南","西藏","陕西","甘肃","青海","宁夏","新疆")
+   )
> ####生成距离结构,生成系统聚类
> d<-dist(scale(X))
> hc1 <- hclust(d,"complete")
> hc2 <- hclust(d,"average")
> hc3 <- hclust(d,"centroid")
> hc4 <- hclust(d,"ward.D2")
> ####绘出谱系图
> opar <- par(mfrow = c(2,1),mar = c(6,6,1,1))
> plot(hc1,hang = -1)
> re1 <- rect.hclust(hc1,k = 5,border = "red")
> plot(hc2,hang = -1)
> re2 <- rect.hclust(hc2,k = 5,border = "red")
> plot(hc3,hang = -1)
> re3 <- rect.hclust(hc3,k = 5,border = "red")
> plot(hc4,hang = -1)
> re4 <- rect.hclust(hc4,k = 5,border = "red")
> par(opar)
```

其结果如图 6.3 所示：

按照最长距离法得到的 5 类分别为

第 1 类：浙江.

第 2 类：天津、江苏、北京、上海.

第 3 类：广东、山东、湖北、湖南、福建、重庆.

第 4 类：西藏.

第 5 类：海南、广西、云南、河北、四川、安徽、江西、内蒙古、辽宁、黑龙江、陕西、河南、宁夏、新疆、贵州、青海、甘肃、山西、吉林.

按照类平均法得到的 5 类分别为

第 1 类：北京、上海.

第 2 类：浙江.

第 3 类：天津、江苏.

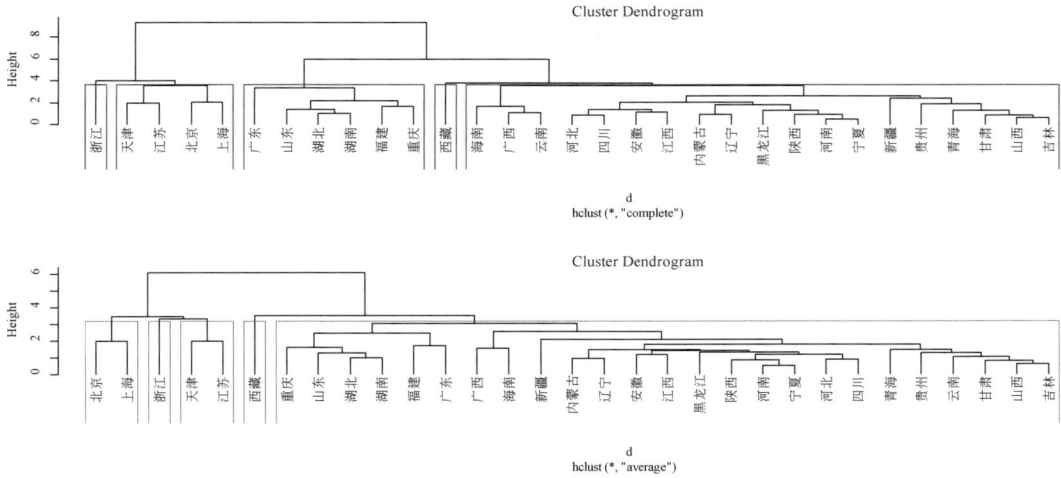

图 6.3 消费性支出的谱系（最长距离法和类平均法）

第 4 类：西藏.

第 5 类：重庆、山东、湖北、湖南、福建、广东、广西、海南、新疆、内蒙古、辽宁、安徽、江西、黑龙江、陕西、河南、宁夏、河北、四川、青海、贵州、云南、甘肃、山西、吉林.

如图 6.4 所示，按照重心法得到的 5 类分别为

第 1 类：西藏、新疆、青海、黑龙江、江西、贵州、云南、河北、甘肃、山西、吉林、陕西、河南、宁夏、四川、安徽、内蒙古、辽宁、山东、湖北、湖南、广西、海南、福建、重庆.

第 2 类：广东.

第 3 类：浙江.

第 4 类：天津、江苏.

第 5 类：北京、上海.

按照 Ward 法（Ward.D2）得到的 5 类分别为

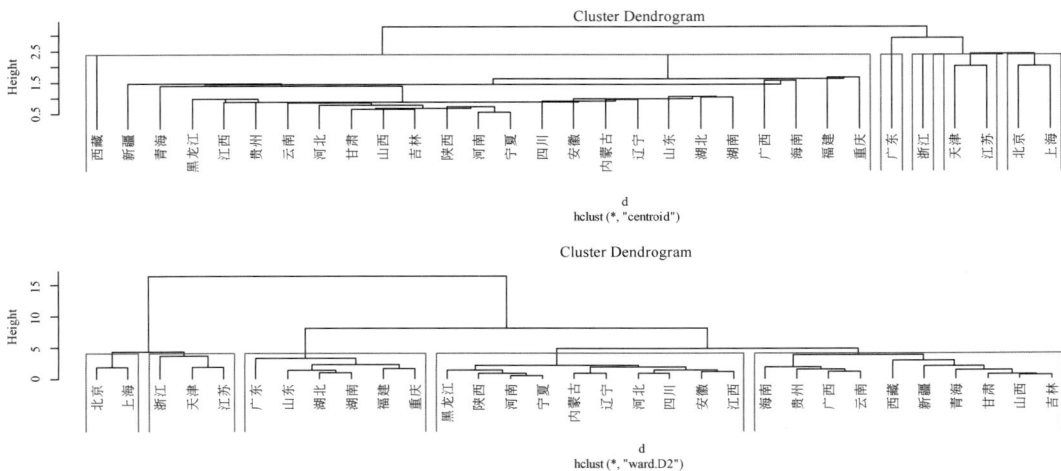

图 6.4 消费性支出的谱系（重心法和 Ward 法）

第 1 类：北京、上海.

第 2 类：浙江、天津、江苏.

第 3 类：广东、山东、湖北、湖南、福建、重庆.

第 4 类：黑龙江、陕西、河南、宁夏、内蒙古、辽宁、河北、四川、安徽、江西.

第 5 类：海南、贵州、广西、云南、西藏、新疆、青海、甘肃、山西、吉林.

4 种方法得到的类各有不同，可以根据具体的数据与背景进一步确定哪种聚类是较为合理的.

6.3　K-均值聚类法

系统聚类法一次形成类后就不能改变了，也就是某个个体若被分入一个类内，就不会再被调整，这就要求每次的分类都比较准确，对分类的方法要求较高，而且算法的计算量也比较大.基于这种情况，产生了 K-均值（K-means）聚类法，又名动态聚类法、快速聚类法或逐步聚类法.

6.3.1　K-均值聚类法的基本思想

K-均值聚类法的基本思想是先粗略地分一下类，然后按照某种最优原则修改不合理分类，直至类分得比较合理为止，这样就形成一个最终的分类结果.它具有计算量较小，占用计算机内存空间较少，方法简单的优点，因此也适用于大样本的 Q 型聚类分析.

6.3.2　选择凝聚点与初始分类

为了得到初始分类，首先选一批"凝聚点"，然后让样品向最近的凝聚点聚集，这样就由凝聚点聚集形成了初始分类，之后重复这一过程至样品点的分类不再变化，就可以得到 K-均值聚类法的分类.接下来我们用一个例子来说明这一过程.

例 6.3　现有五个样品，每个测量了一个指标，分别是 1,2,6,8,11，采用 K-均值法聚类，指定 $k=2$.

解　具体步骤如下：

(1) 随意将这些样品分成 $G_1^{(0)}=\{1,6,8\}$ 和 $G_2^{(0)}=\{2,11\}$ 两类，则这两个初始类的均值分别是 5 和 $6\frac{1}{2}$.

(2) 计算 1 到两个类（均值）的欧氏距离

$$d(1,G_1^{(0)})=|1-5|=4,\quad d(1,G_2^{(0)})=\left|1-6\frac{1}{2}\right|=5\frac{1}{2},$$

不用重新分配，计算 6 到两个类的距离

$$d(6,G_1^{(0)})=|6-5|=1,\quad d(6,G_2^{(0)})=\left|6-6\frac{1}{2}\right|=\frac{1}{2},$$

故 6 应重新分配到 $G_2^{(0)}$ 中，修正后的两个类为 $G_1^{(1)}=\{1,8\}$，$G_2^{(1)}=\{2,6,11\}$.新的类

均值分别为 $4\frac{1}{2}, 6\frac{1}{3}$. 计算

$$d(8, G_1^{(1)}) = \left| 8 - 4\frac{1}{2} \right| = 3\frac{1}{2},$$

$$d(8, G_2^{(1)}) = \left| 8 - 6\frac{1}{3} \right| = 1\frac{2}{3},$$

将结果 8 重新分配到 $G_2^{(1)}$ 中,两个新类为 $G_1^{(2)} = \{1\}, G_2^{(2)} = \{2, 6, 8, 11\}$,其类均值分别为 1 和 $6\frac{3}{4}$. 再计算

$$d(2, G_1^{(2)}) = |2 - 1| = 1,$$

$$d(2, G_2^{(2)}) = \left| 2 - 6\frac{3}{4} \right| = 4\frac{3}{4},$$

重新分配 2 到 $G_1^{(2)}$ 中,两个新类为 $G_1^{(3)} = \{1, 2\}$ 和 $G_2^{(3)} = \{6, 8, 11\}$,其类均值分别为 $1\frac{1}{2}, 8\frac{1}{3}$.

（3）再次计算每个样品到类均值的距离,将结果列于表 6.2 中.

表 6.2　各样品到类均值的距离

类	样品				
	1	2	6	8	11
$G_1^{(3)} = \{1, 2\}$	$\frac{1}{2}$	$\frac{1}{2}$	$4\frac{1}{2}$	$6\frac{1}{2}$	$9\frac{1}{2}$
$G_2^{(3)} = \{6, 8, 11\}$	$7\frac{1}{3}$	$6\frac{1}{3}$	$2\frac{1}{3}$	$\frac{1}{3}$	$2\frac{2}{3}$

经验证,所有样本点正确分类,聚类结束,分为 $\{1, 2\}$ 和 $\{6, 8, 11\}$ 两类. 可总结为如下计算步骤.

6.3.3　计算步骤

（1）自行指定需要聚类的类别数量,在实际分析过程中,研究者可根据问题反复尝试不同的类数,并进行比较,从而找出最优方案.

（2）选取聚类中心,或者可由数据本身结构的中心初步确定每个类别的中心.

（3）逐一计算每一个样品到各个类别聚类中心的距离,把各个样品按照距离最近的原则归入各类,并计算新形成类别的聚类中心.

（4）按照新的聚类中心,重新计算每一个样品与新的类别聚类中心的距离,并重新进行归类,更新聚类中心.

（5）重复步骤（4）,直至达到一定的收敛标准,或者达到自行指定的迭代次数为止.

由于事先指定了类别数,并且类别数远远小于样本容量,K-均值聚类法的速度要明显快于系统聚类法. 与系统聚类法相比,K-均值聚类法的计算量非常小,从而可以有效地处理多变量、大样本数据而不占用太多空间和计算时间. 同时,在分析时人们可以人为地指定初始中心位置,或者将曾做过的聚类分析结果作为初始位置引入分析,这在有可借鉴的分类

结果时是非常有用的. K-均值聚类法有时也可以用来改进系统聚类的结果,例如,先用类平均法聚类,然后将其各类的重心作为 K-均值聚类法的初始凝聚点重新聚类,这可使系统聚类时错分的样品有机会获得重新分类. 不过,K-均值聚类法能否有效地改善系统聚类,我们不能一概而论,还应视聚类的最终结果而定.

通过上述分析,我们也可以看到,使用 K-均值聚类法需要事先将指定样品分为多少类,其次只能对样本进行聚类而不能对变量聚类,而且所使用的变量必须都是连续型变量.

由于 K-均值聚类法对凝聚点的初始选择有一定敏感性,故再试一下其他初始的凝聚点也许是种不错的想法. 如果不同初始凝聚点的选择产生明显不同的最终聚类结果,或者迭代的收敛极缓慢,那么这可能表明这个样本没有自然的类可以形成.

例 6.4(续例 6.2) 应用 K-均值法对给出的 31 个省、自治区、市的消费水平进行聚类分析.

解 为消除数据数量级差异的影响,对数据作标准化处理,然后用 kmeans() 函数作 K-均值聚类,为与前面的方法作比较,类的个数选择为 5 类. 算法选择"Hartigan—Wong",即默认状态. 之后用 sort() 函数对问题进行排序.

```
> ＃＃＃＃应用 K-均值聚类对样品进行分类
> km <- kmeans(scale(X),5,nstart = 20)
> km
> ＃＃＃＃应用 sort()函数对分类情况排序
> sort(km $cluster)
```

得到如下结果:

K - means clustering with 5 clusters of sizes 8, 4, 3, 11, 5.
Cluster means:

	x_1	x_2	x_3	x_4	x_5	x_6	x_7	x_8
1	1.2921084	1.58951315	0.90444620	1.6537870	1.9952912	1.0858809	1.14204206	1.87329207
2	-0.3949786	-0.03894475	-0.38310106	-0.2866479	-0.4042243	-0.2442777	-0.05276849	-0.37350759
3	-0.6983830	-0.91744536	-0.58454627	-0.9269085	-0.7412927	-0.8910711	-0.76730762	-0.61027965
4	1.8789995	1.44621094	3.20269809	2.0119380	1.4828920	1.2450912	2.55262441	2.17033679
5	0.5498819	0.31715663	0.09295641	0.5250546	0.4172519	0.9342771	-0.05510232	-0.02044623

Clustering vector:

北京	天津	河北	山西	内蒙古	辽宁	吉林	黑龙江	上海	江苏	浙江	安徽	福建	江西
4	1	2	3	2	2	3	2	4	1	1	2	5	2

山东	河南	湖北	湖南	广东	广西	海南	重庆	四川	贵州	云南	西藏	陕西	甘肃
5	2	5	5	1	3	3	5	2	3	3	3	2	3

青海	宁夏	新疆
3	2	3

Within cluster sum of squares by cluster:
[1] 8.688898 11.586946 10.170467 15.888240 5.120100

这里 size 表示各类的个数,means 表示各类的均值,Clustering 表示聚类后的分类情况. 上述结果依次给出类内样品个数、分 5 类后每类的重心、分类结果、各类的类内离差平方和. 为便于看出聚类后的分类情况,程序中用 sort() 函数(sort(km $cluster))对分类结果排序后,经整理得到

第 1 类:天津、江苏、浙江.

第 2 类:河北、内蒙古、辽宁、黑龙江、安徽、江西、河南、四川、陕西、宁夏.

第 3 类:山西、吉林、广西、海南、贵州、云南、西藏、甘肃、青海、新疆.

第 4 类：北京、上海.

第 5 类：福建、山东、湖北、湖南、广东、重庆.

可以看到,类内的共性明显.分类结果较为理想.

6.4　判别分析的基本思想及意义

6.4.1　判别分析的应用

在科学研究中,经常遇到这样的问题：某研究对象以某种方式(如先前的结果或经验)已划分成若干类型.当得到一个新样品时,要判断该样品属于这几个已知类型中的哪一个,这类问题通常称为判别分析.也就是说,判别分析是根据所研究个体的某些指标的观测值来推断该个体所属类型的一种统计方法.

例如,在医学诊断中,一个病人肺部有阴影,医生要判断他患的是肺结核、肺部良性肿瘤还是肺癌,判别分析的目的是通过测得病人的指标如阴影的大小、边缘是否光滑、体温多少等来判断他应该属于哪个总体.再如在气象学中,根据已有气象资料如气温、气压、湿度等来判断明天是阴天还是晴天,是有雨还是无雨.总之,判别分析的应用十分广泛,在生产、科研和日常生活中经常遇到.

6.4.2　判别分析的意义

用统计的语言来描述判别分析,就是已知有 g 个总体 $G_1, G_2, \cdots, G_g$,它们的分布函数 $F_1(x), F_2(x), \cdots, F_g(x)$ 均为 p 维函数,对于任一给定的新样品,已知关于其指标 X 的观测值 $x = (x_1, x_2, \cdots, x_p)^{\mathrm{T}}$ 的情形下,我们要判断该样品应属于这 g 个总体中的哪一个.

在实际应用中,通常以取自各总体的关于指标 X 的样本作为该总体的代表,该样本称为训练样本.判别分析即提取训练样本中各总体的信息以构造一定的准则来决定新样品观测值的归属问题.训练样本往往是历史上对某现象长期观测或者是用昂贵的试验手段得到的,因此对当前的新样品观测值,我们自然希望将其指标值中的信息同各总体训练样本中的信息作比较,便可在一定程度上判定新样品观测值的所属类型.判别分析的任务是依据训练样本所提供的信息,建立在某种意义下最优(如误判概率最小,或误判损失最小等)的准则来判定一个新样品属于哪一个总体.根据判别准则的不同,我们主要介绍距离判别和Bayes 判别.

6.5　距离判别

距离判别是通过定义样品指标 X 的观测值到各总体的距离,以判定样品观测值属于哪个总体,常用的距离是马氏(Mahalanobis)距离.

6.5.1　马氏距离

我们来看如下情况：

已知有两个类 G_1 和 G_2,G_1 是设备 A 生产的产品,G_2 是设备 B 生产的同类产品. 考查耐磨程度 X,设备 A 的平均耐磨度 $\mu_1=80$,反映设备精度的方差 $\sigma_1^2=0.25$;设备 B 的产品质量稍差,其平均耐磨度 $\mu_2=75$,反映设备精度的方差 $\sigma_2^2=4$. 今有一产品 X_0,测得耐磨度 $x_0=78$,试判断该产品是哪一台设备生产的.

图 6.5 给出了 G_1 和 G_2 的正态分布曲线. 直观地看,$x_0=78$ 与 $\mu_1=80$(设备 A)的绝对距离更近些,按距离最近的原则是否应把该产品 X_0 判断为设备 A 生产的?

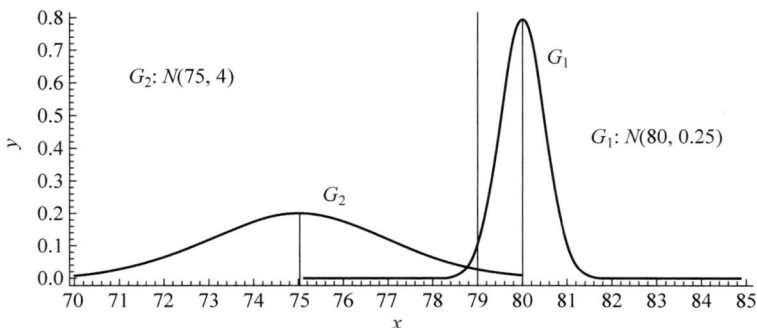

图 6.5 G_1 和 G_2 的正态分布曲线

考虑一种相对于分散性的距离. 记 X_0 与 G_1,G_2 的相对平方距离为 $d_1^2(x_0)$ 和 $d_2^2(x_0)$,则

$$d_1^2(x_0)=\frac{(x_0-\mu_1)^2}{\sigma_1^2}=\frac{(78-80)^2}{0.25}=16,$$

$$d_2^2(x_0)=\frac{(x_0-\mu_2)^2}{\sigma_2^2}=\frac{(78-75)^2}{4}=2.25.$$

因为 $d_1^2(x_0)>d_2^2(x_0)$,按这种距离准则应判 X_0 为设备 B 生产.

这是因为设备 B 生产的产品质量较分散,出现 $x_0=78$ 的可能性更大;而设备 A 生产的产品质量较集中,出现 x_0 的可能性较小. 因此判定 x_0 为设备 B 的产品更合理,这种相对于分散性的距离就是本节介绍的马氏距离.

定义 6.3   设 G 是 p 维总体,数学期望为 $\boldsymbol{\mu}$,协方差矩阵为 $\boldsymbol{\Sigma}$,定义 p 维样本 $\boldsymbol{X}$ 到总体 G 的马氏距离为

$$d(\boldsymbol{x},G)\triangleq\left[(\boldsymbol{x}-\boldsymbol{\mu})^{\mathrm{T}}\boldsymbol{\Sigma}^{-1}(\boldsymbol{x}-\boldsymbol{\mu})\right]^{\frac{1}{2}}. \tag{6.1}$$

6.5.2   两总体的距离判别

设 G_1,G_2 为两个不同的 p 维总体,数学期望分别为 $\boldsymbol{\mu}_1$ 和 $\boldsymbol{\mu}_2$,协方差矩阵分别为 $\boldsymbol{\Sigma}_1$ 和 $\boldsymbol{\Sigma}_2$. 设 $\boldsymbol{x}$ 为一个待判样品观测值,分别计算 $\boldsymbol{x}$ 到 G_1 和 G_2 的马氏距离 $d(\boldsymbol{x},G_1)$ 和 $d(\boldsymbol{x},G_2)$,哪个距离小,就判定 $\boldsymbol{x}$ 属于哪个总体. 判别准则如下:

$$\begin{cases} \boldsymbol{x}\in G_1, & \text{若 } d(\boldsymbol{x},G_1)\leqslant d(\boldsymbol{x},G_2), \\ \boldsymbol{x}\in G_2, & \text{若 } d(\boldsymbol{x},G_1)> d(\boldsymbol{x},G_2). \end{cases} \tag{6.2}$$

下面分别就两总体的协方差矩阵相等和不等两种情况进一步讨论上述判别准则.

1. 设 $\Sigma_1 = \Sigma_2 = \Sigma$

此时,考察样本观测值 x 到两总体的马氏距离的平方差,由于

$$
\begin{aligned}
& d^2(\boldsymbol{x}, G_2) - d^2(\boldsymbol{x}, G_1) \\
&= (\boldsymbol{x} - \boldsymbol{\mu}_2)^{\mathrm{T}} \boldsymbol{\Sigma}^{-1} (\boldsymbol{x} - \boldsymbol{\mu}_2) - (\boldsymbol{x} - \boldsymbol{\mu}_1)^{\mathrm{T}} \boldsymbol{\Sigma}^{-1} (\boldsymbol{x} - \boldsymbol{\mu}_1) \\
&= \boldsymbol{x}^{\mathrm{T}} \boldsymbol{\Sigma}^{-1} \boldsymbol{x} - 2\boldsymbol{x}^{\mathrm{T}} \boldsymbol{\Sigma}^{-1} \boldsymbol{\mu}_2 + \boldsymbol{\mu}_2^{\mathrm{T}} \boldsymbol{\Sigma}^{-1} \boldsymbol{\mu}_2 - \boldsymbol{x}^{\mathrm{T}} \boldsymbol{\Sigma}^{-1} \boldsymbol{x} + 2\boldsymbol{x}^{\mathrm{T}} \boldsymbol{\Sigma}^{-1} \boldsymbol{\mu}_1 - \boldsymbol{\mu}_1^{\mathrm{T}} \boldsymbol{\Sigma}^{-1} \boldsymbol{\mu}_1 \\
&= 2\boldsymbol{x}^{\mathrm{T}} \boldsymbol{\Sigma}^{-1} (\boldsymbol{\mu}_1 - \boldsymbol{\mu}_2) + \boldsymbol{\mu}_2^{\mathrm{T}} \boldsymbol{\Sigma}^{-1} \boldsymbol{\mu}_2 - \boldsymbol{\mu}_1^{\mathrm{T}} \boldsymbol{\Sigma}^{-1} \boldsymbol{\mu}_1 + \boldsymbol{\mu}_1^{\mathrm{T}} \boldsymbol{\Sigma}^{-1} \boldsymbol{\mu}_2 - \boldsymbol{\mu}_2^{\mathrm{T}} \boldsymbol{\Sigma}^{-1} \boldsymbol{\mu}_1 \\
&= 2\boldsymbol{x}^{\mathrm{T}} \boldsymbol{\Sigma}^{-1} (\boldsymbol{\mu}_1 - \boldsymbol{\mu}_2) - (\boldsymbol{\mu}_1 + \boldsymbol{\mu}_2)^{\mathrm{T}} \boldsymbol{\Sigma}^{-1} (\boldsymbol{\mu}_1 - \boldsymbol{\mu}_2) \qquad (6.3) \\
&= 2\left[\boldsymbol{x} - \frac{1}{2}(\boldsymbol{\mu}_1 + \boldsymbol{\mu}_2)\right]^{\mathrm{T}} \boldsymbol{\Sigma}^{-1} (\boldsymbol{\mu}_1 - \boldsymbol{\mu}_2) \\
&= 2(\boldsymbol{x} - \bar{\boldsymbol{\mu}})^{\mathrm{T}} \boldsymbol{\Sigma}^{-1} (\boldsymbol{\mu}_1 - \boldsymbol{\mu}_2).
\end{aligned}
$$

其中, $\bar{\boldsymbol{\mu}} = \dfrac{1}{2}(\boldsymbol{\mu}_1 + \boldsymbol{\mu}_2)$. 令

$$
W(\boldsymbol{x}) = (\boldsymbol{x} - \bar{\boldsymbol{\mu}})^{\mathrm{T}} \boldsymbol{\Sigma}^{-1} (\boldsymbol{\mu}_1 - \boldsymbol{\mu}_2), \qquad (6.4)
$$

则判别准则式(6.2)此时可简化为

$$
\begin{cases}
\boldsymbol{x} \in G_1, & \text{若 } W(\boldsymbol{x}) \geqslant 0, \\
\boldsymbol{x} \in G_2, & \text{若 } W(\boldsymbol{x}) < 0.
\end{cases}
$$

进一步,令 $\boldsymbol{a}^{\mathrm{T}} = (\boldsymbol{\mu}_1 - \boldsymbol{\mu}_2)^{\mathrm{T}} \boldsymbol{\Sigma}^{-1}$,则式(6.4)中的 $W(\boldsymbol{x})$ 可表为

$$
W(\boldsymbol{x}) = \boldsymbol{a}^{\mathrm{T}} (\boldsymbol{x} - \bar{\boldsymbol{\mu}}).
$$

上式表明,当 $\boldsymbol{\mu}_1, \boldsymbol{\mu}_2$ 及 $\boldsymbol{\Sigma}$ 均已知时,判别函数 $W(\boldsymbol{x})$ 此时为 $\boldsymbol{x}$ 的线性判别函数.线性判别函数因其使用方便而得到广泛的应用.

但在实际问题中,$\boldsymbol{\Sigma}$ 及 $\boldsymbol{\mu}_1, \boldsymbol{\mu}_2$ 通常是未知的.这时,可以通过训练样本对 $\boldsymbol{\Sigma}$ 及 $\boldsymbol{\mu}_1, \boldsymbol{\mu}_2$ 作估计. 设 $\boldsymbol{x}_1^{(1)}, \boldsymbol{x}_2^{(1)}, \cdots, \boldsymbol{x}_{n_1}^{(1)}$ 为来自 G_1 的容量为 n_1 的训练样本,$\boldsymbol{x}_1^{(2)}, \boldsymbol{x}_2^{(2)}, \cdots, \boldsymbol{x}_{n_2}^{(2)}$ 为来自 G_2 的容量为 n_2 的训练样本(每个 $\boldsymbol{x}_i^{(k)}$ ($k=1,2$) 均为 p 维列向量),其各自的样本均值向量可作为 $\boldsymbol{\mu}_1$ 和 $\boldsymbol{\mu}_2$ 的估计,即

$$
\hat{\boldsymbol{\mu}}_k = \frac{1}{n_k} \sum_{i=1}^{n_k} \boldsymbol{x}_i^{(k)} = \bar{\boldsymbol{x}}^{(k)}, \quad k=1,2, \qquad (6.5)
$$

联合样本协方差矩阵为

$$
\boldsymbol{S}_k = \frac{1}{n_k - 1} \sum_{i=1}^{n_k} (\boldsymbol{x}_i^{(k)} - \bar{\boldsymbol{x}}^{(k)})(\boldsymbol{x}_i^{(k)} - \bar{\boldsymbol{x}}^{(k)})^{\mathrm{T}}, \quad k=1,2, \qquad (6.6)
$$

可得到 $\boldsymbol{\Sigma}$ 的一个无偏估计为

$$
\hat{\boldsymbol{\Sigma}} \triangleq \frac{(n_1 - 1)\boldsymbol{S}_1 + (n_2 - 1)\boldsymbol{S}_2}{n_1 + n_2 - 2}.
$$

这时,判别函数 $W(\boldsymbol{x})$ 的估计为

$$
\hat{W}(\boldsymbol{x}) = (\boldsymbol{x} - \hat{\bar{\boldsymbol{\mu}}})^{\mathrm{T}} \hat{\boldsymbol{\Sigma}}^{-1} (\hat{\boldsymbol{\mu}}_1 - \hat{\boldsymbol{\mu}}_2),
$$

其中,$\hat{\bar{\boldsymbol{\mu}}} = \dfrac{1}{2}(\hat{\boldsymbol{\mu}}_1 + \hat{\boldsymbol{\mu}}_2)$. 对于给定的一个新样本 $\boldsymbol{x}$,视 $\hat{W}(\boldsymbol{x}) \geqslant 0$ 和 $\hat{W}(\boldsymbol{x}) < 0$,判定 $\boldsymbol{x}$ 属于

G_1 或 G_2.

2. 若$\Sigma_1 \neq \Sigma_2$

正如本节开始所述,可由 $d^2(x,G_1)$ 和 $d^2(x,G_2)$ 的大小判定 X 属于哪个总体,或令

$$W(x) = d^2(x,G_2) - d^2(x,G_1)$$
$$= (x - \mu_2)^T \Sigma_2^{-1}(x - \mu_2) - (x - \mu_1)^T \Sigma_2^{-1}(x - \mu_1),$$

则

$$\begin{cases} x \in G_1, & 若 W(x) \geqslant 0, \\ x \in G_2, & 若 W(x) < 0. \end{cases}$$

这时,判别函数 $W(x)$ 为 x 的二次函数.

在实际应用中,若$\mu_1, \mu_2, \Sigma_1, \Sigma_2$ 未知,可用各总体的训练样本对它们作估计,从而得到判别函数 $W(x)$ 的估计为

$$\hat{W}(x) = (x - \hat{\mu}_2)^T S_2^{-1}(x - \hat{\mu}_2) - (x - \hat{\mu}_1)^T S_1^{-1}(x - \hat{\mu}_1),$$

其中,$\hat{\mu}_1, \hat{\mu}_2$ 和 S_1, S_2 如式(6.5)和式(6.6)所示.

6.5.3 多总体的距离判别

设有 g 个 p 维总体 $G_1, G_2, \cdots, G_g$,均值向量分别为$\mu_1, \mu_2, \cdots, \mu_g$,协方差矩阵分别为$\Sigma_1, \Sigma_2, \cdots, \Sigma_g$. 类似两总体距离判别方法,计算新样品观测值 x 到各总体的距离,比较这 g 个距离,判定 x 属于其距离最短的总体(若最短距离不唯一,则可将 x 归于具有最短距离总体中的任一个,因此,不妨设最短距离唯一). 下面仍就各协方差矩阵相等和不相等的情况予以详细讨论.

1. 若$\Sigma_1 = \Sigma_2 = \cdots = \Sigma_g = \Sigma$

此时,由式(6.3)可知 x 到 G_j 和 G_i 的马氏距离的平方差为

$$d^2(x,G_j) - d^2(x,G_i) = 2\left[x - \frac{1}{2}(\mu_i + \mu_j)\right]^T \Sigma^{-1}(\mu_i - \mu_j),$$

令

$$W_{ij}(x) = \left[x - \frac{1}{2}(\mu_i + \mu_j)\right]^T \Sigma^{-1}(\mu_i - \mu_j). \tag{6.7}$$

则 x 到 G_i 的距离最小等价于对所有的 $j \neq i$,有 $W_{ij}(x) > 0$,从而判别准则为

$$x \in G_i,若对一切 j \neq i, W_{ij}(x) > 0, \tag{6.8}$$

当$\mu_1, \mu_2, \cdots, \mu_g$ 和Σ 未知时,仍可利用各总体的训练样本对其作估计. 设 $x_1^{(k)}, x_2^{(k)}, \cdots, x_{n_k}^{(k)}$ 为来自总体 G_k 的训练样本$(k=1,2,\cdots,g)$,令

$$\hat{\mu}_k = \frac{1}{n_k}\sum_{i=1}^{n_k} x_i^{(k)} = \bar{x}^{(k)}, \quad k=1,2,\cdots,g, \tag{6.9}$$

$$S_k = \frac{1}{n_k-1}\sum_{i=1}^{n_k}(x_i^{(k)} - \bar{x}^{(k)})(x_i^{(k)} - \bar{x}^{(k)})^T, \quad k=1,2,\cdots,g, \tag{6.10}$$

利用 $S_k(k=1,2,\cdots,g)$对Σ 的联合估计为

$$\hat{\boldsymbol{\Sigma}} = \frac{1}{n-g}[(n_1-1)\boldsymbol{S}_1 + (n_2-1)\boldsymbol{S}_2 + \cdots + (n_g-1)\boldsymbol{S}_g],$$

其中,$n = \sum_{i=1}^{g} n_i$.以 $\hat{\boldsymbol{\mu}}_k (k=1,2,\cdots,g)$ 和 $\hat{\boldsymbol{\Sigma}}$ 代替式(6.7)中的 $\boldsymbol{\mu}_k (k=1,2,\cdots,g)$ 及 $\boldsymbol{\Sigma}$,便可以得到判别函数 $W_{ij}(\boldsymbol{x})$ 的估计 $\hat{W}_{ij}(\boldsymbol{x})$,以 $\hat{W}_{ij}(\boldsymbol{x})$ 代替式(6.8)中的 $W_{ij}(\boldsymbol{x})$ 进行判别即可.

2. 若 $\boldsymbol{\Sigma}_1, \boldsymbol{\Sigma}_2, \cdots, \boldsymbol{\Sigma}_g$ 不全相同

这时只需直接计算

$$d^2(\boldsymbol{x}, G_i) = (\boldsymbol{x}-\boldsymbol{\mu}_i)^{\mathrm{T}} \boldsymbol{\Sigma}_i^{-1}(\boldsymbol{x}-\boldsymbol{\mu}_i), \quad i=1,2,\cdots,g, \tag{6.11}$$

若

$$\min_{1 \leqslant k \leqslant g} \{d^2(\boldsymbol{x}, G_k)\} = d^2(\boldsymbol{x}, G_i), \quad \text{则判 } \boldsymbol{x} \in G_i.$$

同样,若 $\boldsymbol{\mu}_i, \boldsymbol{\Sigma}_i (i=1,2,\cdots,g)$ 未知,可用它们的估计量 $\hat{\boldsymbol{\mu}}_i$ 和 $\boldsymbol{S}_i$(分别见式(6.9)和式(6.10))代入式(6.11)计算 $\boldsymbol{x}$ 到各总体的距离.

6.5.4 判别准则的评价

当一个判别准则提出以后,很自然的问题就是它们的优良性如何.通常,一个判别准则的优劣,用它的误判概率来衡量.以两总体为例,一个判别准则的误判概率即 $\boldsymbol{x}$ 属于 G_1 而判归 G_2 或者相反的概率.但只有当总体的分布完全已知时,才有可能精确计算误判概率.在实际应用中,这种情况是很少见的,因为在大多数情况下,我们可利用的资料只是来自各总体的训练样本,而总体的分布是未知的.下面我们以两个总体为例,介绍两种以训练样本为基础的评价判别准则优劣的方法.它们也很容易推广到多个总体的情况.

1. 貌似误判率法

当利用各总体的训练样本构造出判别准则后,评价此准则优劣的一个可行的办法是通过对训练样本中的各样品逐个回判,即将各样品观测值代入判别准则中进行再判别.利用回判的误判率来衡量判别准则的效果,具体方法如下:

设 G_1, G_2 为两个总体,$x_1^{(k)}, x_2^{(k)}, \cdots, x_{n_k}^{(k)} (k=1,2)$ 为来自 G_1 和 G_2 的容量分别为 n_1 和 n_2 的训练样本,以此按一定方法构造一个判别准则,以全体训练样本作为 n_1+n_2 个新样品,逐个代入已建立的判别准则中判别其归属,这个过程称为回判.为明了起见,将回判结果连同其实际分类列成如下的四格表6.3.

表 6.3   两总体回判结果

实际归类	回判情况		
	G_1	G_2	合 计
G_1	n_{11}	n_{12}	n_1
G_2	n_{21}	n_{22}	n_2

其中

n_{11}:属于 G_1 的样品被正确判归 G_1 的个数;n_{12}:属于 G_1 的样品被错误判归 G_2 的个数;

n_{21}：属于 G_2 的样品被错误判归 G_1 的个数；n_{22}：属于 G_2 的样品被正确判归 G_2 的个数.

很显然有

$$n_{11}+n_{12}=n_1, \quad n_{21}+n_{22}=n_2.$$

定义貌似误判概率为回判中错判样品的比例,记为 $\hat{\alpha}$,即

$$\hat{\alpha}=\frac{n_{12}+n_{21}}{n_1+n_2}.$$

$\hat{\alpha}$ 在一定程度上反映了某判别准则的误判率,且对任何误判准则都易于计算,但是,$\hat{\alpha}$ 是由建立判别函数的数据反过来又用作评估准则优劣的数据而得到的,因此 $\hat{\alpha}$ 作为真实误判率的估计是有偏的,往往比真实的误判率小.但作为误判概率的一种近似,当训练样本容量较大时,还是具有一定的参考价值.

2. 刀切法

刀切法也称 Lachenbruch 删除法或交差确认(Cross-Validation)法.其基本思想是每次剔除训练样本中的一个样品,利用其余容量为 n_1+n_2-1 的训练样本建立判别准则,再用所建立的判别准则对删除的那个样品观测值作判断,对训练样本中的每个样品观测值重复上述步骤,以其误判的比例作为误判概率的估计.具体地说:

(1) 从总体 G_1 的容量 n_1 的训练样本开始,剔除其中的一个样品观测值,用剩余的容量为 n_1-1 的训练样本和总体 G_2 的容量为 n_2 的训练样本建立判别准则;

(2) 用(1)中建立的判别函数对删除的那个样品观测值作判别;

(3) 重复步骤(1)和步骤(2),直到 G_1 的训练样本中的 n_1 个样本观测值依次被删除和判别,用 $n_{1M}^{(J)}$ 记录误判的样本观测值的个数;

(4) 对总体 G_2 的训练样本重复前述步骤并用 $n_{2M}^{(J)}$ 记录误判的样本观测值个数.则总的误判比例为

$$\hat{\alpha}_J \hat{=} \frac{n_{1M}^{(J)}+n_{2M}^{(J)}}{n_1+n_2}.$$

可以证明它是实际误判概率的渐近无偏估计.刀切法比貌似误判率法要合理些,但缺点是计算量较大.在各个常用的统计软件中均有相应的计算程序,因此刀切法还是值得推荐的一种评价判别准则优良性的方法.

最后需要指出的是,判别准则的误判率在一定程度上还依赖所考虑的各总体之间的分离程度.各总体之间相互离得越远,就越有可能建立有效的判别准则,否则,某些总体靠得很近,使用判别分析本身就意义不大,更不用说建立有效的判别准则了.

另外,各总体的协方差矩阵是否相等,严格地说也需要进行统计检验.当各总体服从多元正态分布时,我们可以对各总体的均值向量是否相等进行统计检验,以确定使用判别分析是否有意义.同时,也可对各总体的协方差阵是否相等进行检验,以确定是采用线性判别函数还是二次判别函数.但这些检验方法往往十分复杂,在实际应用中,我们可就协方差矩阵相等和不相等情况下,分别利用线性判别函数和二次判别函数作分析,通过貌似误判率法或刀切法估计各情况下判别准则的优劣,以选择一个较优的判别准则.

例 6.5 R 中提供了 Iris 数据集,该数据集是 R 自带的数据集,位于程序包 MASS 中,

是常用的分类数据,由 Fisher 在 1936 年整理.该数据集包含 150 个样品,每个样品包含 4 个属性(花萼长度、花萼宽度、花瓣长度、花瓣宽度),这些样品共分 3 个类,Setosa(山鸢尾)、Versicolour(杂色鸢尾)、Virginica(维吉尼亚鸢尾),每个类分别包含 50 个样品.请使用距离判别对鸢尾花建立判别准则进行分类.

解 我们调用 discriminiant.distance()函数进行距离判别.

```
> X <- iris[,1:4]
> G <- gl(3,50)
> source("C:\\Users\\Administrator\\Desktop\\discriminiant.distance.R")
> discriminiant.distance(X,G,var.equal = TRUE)    #调用两或多分类距离判别 R 程序,指定协
  方差矩阵相等
```

计算结果为

1	2	3	4	5	6	7	8	9	10	11	12	13	14	15	16	17	18	19	20
"1"	"1"	"1"	"1"	"1"	"1"	"1"	"1"	"1"	"1"	"1"	"1"	"1"	"1"	"1"	"1"	"1"	"1"	"1"	"1"

21	22	23	24	25	26	27	28	29	30	31	32	33	34	35	36	37	38	39	40
"1"	"1"	"1"	"1"	"1"	"1"	"1"	"1"	"1"	"1"	"1"	"1"	"1"	"1"	"1"	"1"	"1"	"1"	"1"	"1"

41	42	43	44	45	46	47	48	49	50	51	52	53	54	55	56	57	58	59	60
"1"	"1"	"1"	"1"	"1"	"1"	"1"	"1"	"1"	"1"	"2"	"2"	"2"	"2"	"2"	"2"	"2"	"2"	"2"	"2"

61	62	63	64	65	66	67	68	69	70	**71**	72	73	74	75	76	77	78	79	80
"2"	"2"	"2"	"2"	"2"	"2"	"2"	"2"	"2"	"2"	**"3"**	"2"	"2"	"2"	"2"	"2"	"2"	"2"	"2"	"2"

81	82	83	**84**	85	86	87	88	89	90	91	92	93	94	95	96	97	98	99	100
"2"	"2"	"2"	**"3"**	"2"	"2"	"2"	"2"	"2"	"2"	"2"	"2"	"2"	"2"	"2"	"2"	"2"	"2"	"2"	"2"

101	102	103	104	105	106	107	108	109	110	111	112	113	114	115	116	117	118	119	120
"3"	"3"	"3"	"3"	"3"	"3"	"3"	"3"	"3"	"3"	"3"	"3"	"3"	"3"	"3"	"3"	"3"	"3"	"3"	"3"

121	122	123	124	125	126	127	128	129	130	131	132	133	134	135	136	137	138	139	140
"3"	"3"	"3"	"3"	"3"	"3"	"3"	"3"	"3"	"3"	"3"	"3"	"3"	"3"	"3"	"3"	"3"	"3"	"3"	"3"

141	142	143	144	145	146	147	148	149	150
"3"	"3"	"3"	"3"	"3"	"3"	"3"	"3"	"3"	"3"

从结果上看,指定两总体的协方差矩阵相等时,第 71、84 号样品发生误判,回判的正确率为 $148/150 \approx 98.67\%$.

```
> source("C:\\Users\\Administrator\\Desktop\\discriminiant.distance.R")
> discriminiant.distance(X,G,var.equal = FALSE)    #指定协方差矩阵不等,语句 var.equal =
  FALSE 可省略
```

在两总体的协方差矩阵不相等时,第 71、73 号和第 84 号样品发生误判(结果略),回判的正确率为 $147/150 = 98\%$,在本例中,使用距离判别,协方差矩阵相等情形下的误判率稍低.

6.6 Bayes 判别 *

假定对所研究的总体在抽样前已有一定的认识,常用先验概率分布来描述这种认识.然后基于抽取的样本再对先验认识作修正,得到所谓后验概率分布,而各种统计推断都基

于后验概率分布来进行.将 Bayes 统计的思想用于判别分析,就得到 Bayes 判别方法.

在进行判别分析之前,我们通常对各总体已经有了一定的了解,实际中表现在某些总体较其他总体出现的可能性相对大一些.例如,对某厂生产的产品,正品总比次品多,即出现的样本观测值属于正品总体的可能性要比属于次品总体的可能性大.又如,在道路交通路口,车辆安全通过的可能性要比出现事故的可能性大.因此,一个合理的判别准则应该考虑到每个总体出现的可能性的大小,即先验概率分布.一般来说,一个随机样本观测值更应该考虑判入有较大可能出现的总体中.设 $G_1, G_2, \cdots, G_g$ 为 g 个 p 维总体,分别具有互不相同的 p 维概率密度函数 $f_1(\boldsymbol{x}), f_1(\boldsymbol{x}), \cdots, f_g(\boldsymbol{x})$.设这 g 个总体出现的先验概率分布为 $q_1, q_1, \cdots, q_g$,显然应有

$$q_i \geqslant 0 (i = 1, 2, \cdots, g) \quad 且 \quad \sum_{i=1}^{g} q_i = 1.$$

除考虑各总体出现的先验概率外,还应考虑误判所造成的损失.在大多数实际问题中,若将属于 G_1 的样本观测值判归为 G_2,则会造成一定的损失,反之亦然,但造成损失的程度可能有所不同.例如,将一个正品电子元件判为次品,所损失的只是生产厂家(如果这种元件的成本不是很昂贵的话),但若是次品而判为正品,使用在更大的系统中,则有可能造成整个系统的损坏.又如,将实际生病的人判为无病,有可能导致病情加重甚至死亡而造成损失.反之将无病者诊断为有病,可能对他们造成不必要的医疗费用支出和精神负担.总之,在制定判别准则时,应考虑误判的损失问题.而这通常在判别分析前就是可以估计的,我们用表 6.4 的损失矩阵描述.

表 6.4　损失矩阵

实际为	判定为			
	G_1	G_2	$\cdots$	G_g
G_1	0	$c(2\|1)$	$\cdots$	$c(g\|1)$
G_2	$c(1\|2)$	0	$\cdots$	$c(g\|2)$
$\vdots$	$\vdots$	$\vdots$		$\vdots$
G_g	$c(1\|g)$	$c(2\|g)$	$\cdots$	0

其中,表示 $c(j|i)$ 将实际属于 G_i 的样本观测值判为 G_j 所造成的损失.一个判别准则的实质就是对 $\boldsymbol{R}^p$ 空间作一个不相重叠的划分:$D_1, D_2, \cdots, D_g$,若样本观测值 $\boldsymbol{X}$ 落入 D_i,则判此样本观测值属于总体 G_i,因此一个判别准则可简记为 $D = (D_1, D_1, \cdots, D_g)$.

以 $P(j|i, D)$ 表示在判别准则 D 之下将事实上来自 G_i 的样本观测值误判为来自 G_j 的概率,则

$$P(j \mid i, D) = \int_{D_j} f_i(\boldsymbol{x}) \mathrm{d}x, \quad j = 1, 2, \cdots, g, j \neq i.$$

设由此误判而造成的损失为 $c(j|i)(j = 1, 2, \cdots, g$ 且 $j \neq i)$.因此,在一个给定的判别准则 D 之下对 G_i 而言所造成的损失,应该是误判为 $G_1, \cdots, G_{i-1}, G_{i+1}, \cdots, G_k$ 的所有损失,按照各误判概率加权求和,即在此判别规则下,将来自 G_i 的样本观测值错判为其他总体的期望损失为(注意 $c(i|i) = 0$)

$$l_i \triangleq \sum_{j=1}^{g} c(j \mid i) P(j \mid i, D).$$

又由于各总体 G_i 出现的先验概率为 $q_i (i = 1, 2, \cdots, g)$，故在判别准则 D 之下总期望损失为

$$L \triangleq \sum_{i=1}^{g} q_i l_i = \sum_{i=1}^{g} \sum_{j=1}^{g} q_i c(j \mid i) P(j \mid i, D).$$

我们看到，总期望损失 L 与判别准则 D 有关，Bayes 判别即选择 $D = (D_1, D_2, \cdots, D_g)$，使 L 达到最小.

例 6.6（续例 6.5） 请使用 Bayes 判别对鸢尾花数据进行分析.

解 调用已编函数 discriminiant. bayes() 对问题进行分析，取每类数据的前 40 个数据作为训练样本，后 10 个数据作为待测样本，

```
> ####设置训练样本集与待测样本集
> source("C:\\Users\\Administrator\\Desktop\\discriminiant.bayes.R")
> num <- c(1:40, 51:90, 101:140)
> X <- iris[num, 1:4]; G <- iris[num, 5]
> Tst <- iris[-num, 1:4]

> ####在不同总体的协方差矩阵相等的情形下进行判别分析
> sol <- discriminiant. bayes(X, G, Tst, var.equal = TRUE)
> discriminiant. bayes(X, G, Tst)

> ####在不同总体的协方差矩阵不等的情形下进行判别分析
> sol <- discriminiant. bayes(X, G, Tst, var.equal = FALSE)
> discriminiant. bayes(X, G, Tst)
```

在总体协方差矩阵相同的假设下，计算结果为

41	42	43	44	45
"setosa"	"setosa"	"setosa"	"setosa"	"setosa"
46	47	48	49	50
"setosa"	"setosa"	"setosa"	"setosa"	"setosa"
91	92	93	94	95
"versicolor"	"versicolor"	"versicolor"	"versicolor"	"versicolor"
96	97	98	99	100
"versicolor"	"versicolor"	"versicolor"	"versicolor"	"versicolor"
141	142	143	144	145
	"virginica"	"virginica"	"virginica"	"virginica"
146	147	148	149	150
"virginica"	"virginica"	"virginica"	"virginica"	"virginica"

预测结果全部正确，错判概率为 0. 将上述程序中 var. equal = TRUE 改为 var. equal = FALSE 后，在协方差矩阵不等的情况下，同样预测结果全部正确，错判概率为 0.

小结

本章介绍了聚类分析与判别分析两种用于分类的多元统计方法.

聚类分析中我们介绍了系统聚类法与 K-means 聚类法. 系统聚类法是首先将每个样品

各成一类,然后将距离最近的两类合并,并计算新类与其他类的类间距离,再按最小距离并类,这样每次减少一类,直到所有的样品都成一类为止. 这个过程可以用谱系聚类图给出来. K-means 聚类法的基本思想是先粗略地分一下类,然后按照某种最优原则修改不合理的分类,直至得到较为合理的分类结果为止.

判别分析中我们介绍了距离判别与 Bayes 判别. 距离判别的基本思想是样品和哪个总体的马氏距离最近,就判它属于哪个总体. Bayes 判别总是假定对所研究的对象已有一定的认识,常用先验概率分布来描述这种认识. 然后抽取一个样本,用样本来修正已有的认识,得到后验概率分布. 在此基础上,还可以考虑误判损失,权衡利弊,达到最优判别.

以上不同情形下的分类方法各有利弊,可以在具体问题中选择恰当的方法或对结果进行对比后确定分类.

习题 6

A 组

1. 设有 6 个样品,分别为 $1, 3, 3.2, 6, 6.4, 7.1$,

(1) 请给出样本的距离矩阵;

(2) 采用最短距离法、最长距离法对这 6 个样品做系统聚类分析,并画出谱系聚类图.

2. 设 G_1, G_2 为两个二维总体,从中分别抽取容量为 3 的训练样本如下:

$$
\begin{array}{cc}
x_1 \quad x_2 & x_1 \quad x_2 \\
\quad 3 \quad 7 & \quad 5 \quad 7 \\
G_1: 2 \quad 4 & G_2: 3 \quad 9 \\
\quad 4 \quad 7 & \quad 4 \quad 5
\end{array}
$$

(1) 求两样本的样本均值 $\bar{x}^{(1)}, \bar{x}^{(2)}$ 和样本协方差矩阵 S_1, S_2;

(2) 假定两总体协方差矩阵相等,记为 Σ,用 S_1, S_2 给出 Σ 的无偏估计;

(3) 建立距离判别法的判别准则;

(4) 设有一新样品,用上述判别准则判定所属归类;

(5) 给出上述判别准则的貌似误判率(要求给出计算过程).

B 组

1. 某大学为了了解信息管理与信息系统专业的课程结构,随机抽取 30 人 16 门主要课程的成绩,有英语 X_1、马克思主义政治经济学原理 X_2、管理学原理 X_3、高等数学 X_4、计算机文化基础 X_5、经济学 X_6、体育 X_7、管理信息系统 X_8、概率论与数理统计 X_9、毛泽东思想概论 X_{10}、马克思主义哲学原理 X_{11}、应用统计技术 X_{12}、专业英语 X_{13}、数据结构 X_{14}、运筹学 X_{15}、计算机网络 X_{16}. 统计资料见下表. 要求先对数据进行标准化变换,再采用最长距离法、类平均法、重心法与离差平方和法将 16 项指标分成 5 类.

序号	X_1	X_2	X_3	X_4	X_5	X_6	X_7	X_8	X_9	X_{10}	X_{11}	X_{12}	X_{13}	X_{14}	X_{15}	X_{16}
1	86	83	83	86	76	90	84	87	76	66	84	80	83	62	81	70
2	77	90	79	89	85	72	80	84	92	81	82	87	90	63	76	94

续表

序号	X_1	X_2	X_3	X_4	X_5	X_6	X_7	X_8	X_9	X_{10}	X_{11}	X_{12}	X_{13}	X_{14}	X_{15}	X_{16}
3	60	74	72	87	86	86	62	88	89	82	67	88	90	73	86	84
4	73	78	88	87	85	94	70	89	88	80	79	82	73	54	70	73
5	70	77	90	85	80	81	75	88	83	83	82	85	81	67	90	58
6	62	80	71	87	85	77	80	87	87	86	82	78	83	63	76	72
7	67	64	73	83	85	81	60	85	74	72	56	84	80	36	88	77
8	73	75	79	75	80	90	63	88	81	79	75	80	82	61	84	80
9	77	75	90	89	76	79	50	91	90	81	79	75	84	54	81	88
10	84	90	85	90	74	87	70	93	82	60	91	67	73	50	77	60
11	75	85	78	90	85	85	65	90	82	72	84	74	90	60	73	73
12	64	71	76	90	85	80	82	90	90	84	78	86	81	79	87	82
13	75	75	74	85	74	78	66	83	84	86	73	80	78	72	78	60
14	86	77	89	90	82	90	70	86	81	81	88	81	86	46	83	80
15	69	74	77	80	81	77	82	87	86	61	81	75	81	60	78	66
16	60	76	87	87	80	75	74	82	84	84	70	69	80	64	73	65
17	74	75	81	92	80	80	73	72	92	88	74	87	90	88	90	81
18	64	75	82	83	81	79	64	85	86	92	78	76	84	69	74	85
19	68	91	93	89	92	93	78	91	90	81	83	84	86	88	90	84
20	75	80	78	83	81	82	86	78	94	79	79	93	91	67	85	80
21	72	80	83	86	85	82	72	80	84	86	68	75	84	86	90	80
22	71	75	85	85	86	83	83	79	90	77	69	79	81	62	74	85
23	74	82	74	80	78	76	77	82	80	84	68	65	81	54	81	70
24	78	73	78	83	83	80	67	84	83	63	75	75	84	83	80	57
25	82	82	85	89	87	85	60	80	84	81	83	81	75	62	82	80
26	67	90	91	89	81	87	75	90	90	73	80	71	83	77	75	74
27	69	83	66	89	85	77	70	89	90	86	82	90	85	82	87	90
28	84	82	80	87	78	92	60	89	85	64	81	72	82	50	83	60
29	83	87	84	85	78	87	75	91	90	78	85	85	84	65	83	76
30	63	76	82	80	80	86	75	85	90	85	73	86	82	75	88	70

2. 为了更深入地了解我国人口的文化程度状况,现利用1990年全国人口普查数据对全国30个省、自治区、直辖市进行聚类分析.选用了三个指标:①大学以上文化程度的人口占全部人口的比例(DXBZ);②初中文化程度的人口占全部人口的比例(CZBZ);③文盲、半文盲人口占全部人口的比例(WMBZ),分别用来反映较高、中等、较低文化程度人口的状况.

(1) 计算样本的欧式距离,分别用最长距离法、均值法、重心法和 Ward 法作聚类分析,并画出相应的谱系图.如果将所有样本分为4类,试写出各种方法的分类结果.

(2) 用 K-均值聚类法(共分为4类),给出相应的分类结果.

地区	DXBZ	CZBZ	WMBZ	地区	DXBZ	CZBZ	WMBZ
北京	9.30	30.55	8.70	河南	0.85	26.55	16.15
天津	4.67	29.38	8.92	湖北	1.57	23.16	15.79
河北	0.96	24.69	15.21	湖南	1.14	22.57	12.10
山西	1.38	29.24	11.30	广东	1.34	23.04	10.45
内蒙古	1.48	25.47	15.39	广西	0.79	19.14	10.61
辽宁	2.60	32.32	8.81	海南	1.24	22.53	13.97
吉林	2.15	26.31	10.49	四川	0.96	21.65	16.24
黑龙江	2.14	28.46	10.87	贵州	0.78	14.65	24.27
上海	6.53	31.59	11.04	云南	0.81	13.85	25.44
江苏	1.47	26.43	17.23	西藏	0.57	3.85	44.43
浙江	1.17	23.74	17.46	陕西	1.67	24.36	17.62
安徽	0.88	19.97	24.43	甘肃	1.10	16.85	27.93
福建	1.23	16.87	15.63	青海	1.49	17.76	27.70
江西	0.99	18.84	16.22	宁夏	1.61	20.27	22.06
山东	0.98	25.18	16.87	新疆	1.85	20.66	12.75

6.2

3.下表是某气象监测站前14年气象的实际资料,有两项综合预报因子(气象含义略),其中有春旱的是6个年份的资料,无春旱的是8个年份的资料.今年测到两个指标的数据为 $(23.5,-1.6)$,试对数据作判别分析,并预测今年是否有春旱.

6.3

6.4

春 旱			无 春 旱		
序号	X_1	X_2	序号	X_1	X_2
1	24.8	−2.0	1	22.1	−0.7
2	24.1	−2.4	2	21.6	−1.4
3	26.6	−3.0	3	22.0	−0.8
4	23.5	−1.9	4	22.8	−1.6
5	25.5	−2.1	5	22.7	−1.5
6	27.4	−3.1	6	21.5	−1.0
			7	22.1	−1.2
			8	21.4	−1.3

6.5.1

6.5.2

第7章 主成分分析与因子分析

在实际问题的研究中,进行全面分析往往涉及众多变量,但是变量太多带来计算量大的同时,也会给合理分析与解释问题带来困难.如何用较少的新变量来反映原变量所提供的大部分信息,进而通过对新变量的分析达到解决问题的目的? 主成分分析与因子分析便是在这种需求下产生的处理高维数据的统计方法.

7.1 主成分分析

7.1.1 主成分分析的基本原理

主成分分析是通过构造原变量适当的线性组合,从中选出少数几个作为新变量,这些新变量要包含尽可能多的原变量带有的信息,之后使用这几个新变量来分析和解决问题的方法.那么如何实现呢?

假设目前有广告费 X_1 与产品销量 X_2 两个变量,它们之间的关系如图 7.1 所示,可以看到这两个变量之间存在线性关系.现在我们以 Z_1 为横坐标,以该轴的垂直线 Z_2 为纵坐标,建立一个新的平面直角坐标系,这样所有观测点就都分布在坐标轴 Z_1 周围,即在该方向观测值方差最大,而在坐标轴 Z_2 方向上的方差很小,甚至可以忽略,如此即可将二维问题降为一维问题,实际应用中只保留一个综合变量 Z_1 即可.

设有 n 个观测,每个观测有 p 个变量,记 $\boldsymbol{X} = (X_1, X_2, \cdots, X_p)^{\mathrm{T}}$,均值向量 $E(\boldsymbol{X}) = \boldsymbol{\mu}$,协方差矩阵 $D(\boldsymbol{X}) = \boldsymbol{\Sigma} = (\sigma_{ij})_{p \times p}$.考虑它的线性变换

$$\begin{cases} Z_1 = \boldsymbol{a}_1^{\mathrm{T}} \boldsymbol{X} = a_{11} X_1 + a_{12} X_2 + \cdots + a_{1p} X_p, \\ Z_2 = \boldsymbol{a}_2^{\mathrm{T}} \boldsymbol{X} = a_{21} X_1 + a_{22} X_2 + \cdots + a_{2p} X_p, \\ \qquad\qquad\qquad \cdots \\ Z_p = \boldsymbol{a}_p^{\mathrm{T}} \boldsymbol{X} = a_{p1} X_1 + a_{p2} X_2 + \cdots + a_{pp} X_p. \end{cases} \tag{7.1}$$

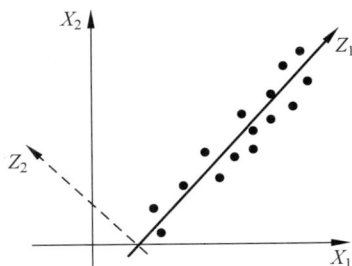

图 7.1 变量散点图

易有

$$Var(Z_i) = Var(\boldsymbol{a}_i^{\mathrm{T}} \boldsymbol{X}) = \boldsymbol{a}_i^{\mathrm{T}} \boldsymbol{\Sigma} \boldsymbol{a}_i, \quad i = 1, 2, \cdots, p,$$

$$Cov(Z_i, Z_j) = Cov(\boldsymbol{a}_i^{\mathrm{T}} \boldsymbol{X}, \boldsymbol{a}_j^{\mathrm{T}} \boldsymbol{X}) = \boldsymbol{a}_i^{\mathrm{T}} \boldsymbol{\Sigma} \boldsymbol{a}_j, \quad i \neq j, i, j = 1, 2, \cdots, p.$$

如果我们希望用 Z_1 代替原来 p 个变量 $X_1, X_2, \cdots, X_p$,这就要求 Z_1 尽可能地反映原 p 个变量的信息.这里的"信息"用 Z 的方差来度量,即 $Var(Z_1)$ 越大,表示 Z_1 所包含的

$X_1, X_2, \cdots, X_p$ 中的信息越多. 但由式(7.1)可知,必须对 $\boldsymbol{a}_1$ 加以限制,否则 $Var(Z_1)$ 无界,最方便的限制是要求 $\boldsymbol{a}_1$ 具有单位长度,即 $\boldsymbol{a}_1^T \boldsymbol{a}_1 = 1$,我们希望在约束条件 $\boldsymbol{a}_1^T \boldsymbol{a}_1 = 1$ 之下,求 $\boldsymbol{a}_1$ 使 $Var(Z_1)$ 达到最大,由此 $\boldsymbol{a}_1$ 所确定的随机变量 Z_1 称为 $X_1, X_2, \cdots, X_p$ 的第一主成分.

如果第一主成分 Z_1 还不足以反映原变量的信息,考虑采用 Z_2,为了有效地反映原变量的信息,Z_1 中已有的信息不应再包含在 Z_2 中,用统计的语言来讲,要求 Z_1 与 Z_2 不相关,即 $\mathrm{Cov}(Z_1, Z_2) = \boldsymbol{a}_1^T \boldsymbol{\Sigma} \boldsymbol{a}_2 = 0$.

于是,在约束条件 $\boldsymbol{a}_2^T \boldsymbol{a}_2 = 1$ 及 $\boldsymbol{a}_1^T \boldsymbol{\Sigma} \boldsymbol{a}_2 = 0$ 之下,求 $\boldsymbol{a}_2$ 使 $Var(Z_2)$ 达到其余的最大,由此 $\boldsymbol{a}_2$ 所确定的随机变量 $Z_2 = \boldsymbol{a}_2^T \boldsymbol{X}$ 称为 $X_1, X_2, \cdots, X_p$ 的第二主成分.

一般地,在约束条件 $\boldsymbol{a}_i^T \boldsymbol{a}_i = 1$ 及 $\mathrm{Cov}(Z_i, Z_j) = \boldsymbol{a}_i^T \boldsymbol{\Sigma} \boldsymbol{a}_j = 0, i \neq j, i, j = 1, 2, \cdots, p$ 之下,求 $\boldsymbol{a}_i$ 使 $Var(Z_i)$ 达到最大,由此 $\boldsymbol{a}_i$ 所确定的 $Z_i = \boldsymbol{a}_i^T \boldsymbol{X}$ 称为 $X_1, X_2, \cdots, X_p$ 的第 i 个主成分. 接下来我们实现上述过程.

已知 p 维随机向量 $\boldsymbol{X}$ 的均值 $E\boldsymbol{X} = \boldsymbol{\mu}$,协方差矩阵 $D(\boldsymbol{X}) = \boldsymbol{\Sigma}$. 求第一主成分 $Z_1 = \boldsymbol{a}_1^T \boldsymbol{X}$ 即为求 $\boldsymbol{a}_1 = (a_{11}, a_{12}, \cdots, a_{1p})^T$,在条件 $\boldsymbol{a}_1^T \boldsymbol{a}_1 = 1$ 下使 $Var(Z_1)$ 达到最大. 这是一个条件极值问题,用拉格朗日乘数法求解. 令

$$\begin{aligned}\varphi(\boldsymbol{a}_1) &= Var(\boldsymbol{a}_1^T \boldsymbol{X}) - \lambda(\boldsymbol{a}_1^T \boldsymbol{a}_1 - 1) \\ &= \boldsymbol{a}_1^T \boldsymbol{\Sigma} \boldsymbol{a}_1 - \lambda(\boldsymbol{a}_1^T \boldsymbol{a}_1 - 1),\end{aligned}$$

因为

$$\begin{cases} \dfrac{\partial \varphi}{\partial \boldsymbol{a}_1} = 2(\boldsymbol{\Sigma} - \lambda \boldsymbol{I}) \boldsymbol{a}_1 = 0, \\[2mm] \dfrac{\partial \varphi}{\partial \lambda} = \boldsymbol{a}_1^T \boldsymbol{a}_1 - 1 = 0, \end{cases}$$

所以

$$\boldsymbol{\Sigma} \boldsymbol{a}_1 = \lambda \boldsymbol{a}_1.$$

求解上述方程组,等价于求解 $\boldsymbol{\Sigma}$ 的特征值与单位特征向量,设 $\lambda = \lambda_1$ 是 $\boldsymbol{\Sigma}$ 的最大特征值,相应的单位特征向量 $\boldsymbol{a}_1$ 即为所求,一般地,求 $\boldsymbol{X}$ 的第 i 个主成分可以通过求解 $\boldsymbol{\Sigma}$ 的第 i 大特征值所对应的单位正交特征向量得到.

定理 7.1 设 $\boldsymbol{\Sigma}$ 是 p 维随机向量 $\boldsymbol{X} = (X_1, X_2, \cdots, X_p)^T$ 的协方差矩阵,$\boldsymbol{\Sigma}$ 的特征值及相应的单位正交特征向量分别为 $\lambda_1 \geqslant \lambda_2 \geqslant \cdots \geqslant \lambda_p \geqslant 0$ 及 $\boldsymbol{a}_1, \boldsymbol{a}_2, \cdots, \boldsymbol{a}_p$,则 $\boldsymbol{X}$ 的第 i 个主成分为

$$Z_i = \boldsymbol{a}_i^T \boldsymbol{X}, \quad i = 1, 2, \cdots, p,$$

并且有

$$Var(Z_i) = Var(\boldsymbol{a}_i^T \boldsymbol{X}) = \boldsymbol{a}_i^T \boldsymbol{\Sigma} \boldsymbol{a}_i = \lambda_i, \quad i = 1, 2, \cdots, p,$$

$$\mathrm{Cov}(Z_i, Z_j) = \mathrm{Cov}(\boldsymbol{a}_i^T \boldsymbol{X}, \boldsymbol{a}_j^T \boldsymbol{X}) = \boldsymbol{a}_i^T \boldsymbol{\Sigma} \boldsymbol{a}_j = 0, \quad i \neq j, i, j = 1, 2, \cdots, p.$$

证明 略(见参考文献[16]).

下面进一步讨论 $X_1, X_2, \cdots, X_p$ 的方差与各主成分方差之间的关系,以确定各主成分所包含的信息占 $X_1, X_2, \cdots, X_p$ 中总信息的比例,可证如下结果.

定理 7.2 设 $Z_k = \boldsymbol{a}_k^T \boldsymbol{X} (k = 1, 2, \cdots, p)$ 为 $\boldsymbol{X}$ 的 k 个主成分,则

$$\sum_{k=1}^{p} Var(X_k) = \sum_{k=1}^{p} \sigma_{kk} = \sum_{k=1}^{p} \lambda_k = \sum_{k=1}^{p} Var(Z_k).$$

主成分 Z_k 与原始变量 X_i 的相关系数为

$$\rho(Z_k, X_i) = \frac{\sqrt{\lambda_k}\, a_{ik}}{\sqrt{\sigma_{ii}}}, \quad (k, i = 1, 2, \cdots, p).$$

并称 $\rho(Z_k, X_i)$ 为因子载荷量.

证明 略(见参考文献[16]).

在解决实际问题时,为了简化问题,通常不是提取 p 个主成分,而是提取 $q(q < p)$ 个主成分就够了.提取主成分个数的原则是这 q 个主成分能够反映出原来 p 个变量的绝大部分方差.

1. 主成分的方差贡献率

要说明主成分的方差贡献率,先要说明特征值 λ_i 的意义.λ_i 是样本观测值在其第 i 个主成分上的方差,λ_i 的值很小,说明这个主成分在分析样本数据时所起的作用不大,可以忽略不计.那么,其小到什么程度才认为无足轻重,可以忽略呢?为此引入方差贡献率.

第 i 个主成分的方差在全部方差中所占的比重 $\lambda_i / \sum_{i=1}^{p} \lambda_i$,称为第 i 个主成分的方差贡献率,它反映了第 i 个主成分综合原来 p 个变量信息的能力.

2. 主成分的累积方差贡献率

前 q 个主成分共有多大的信息综合能力,用这 q 个主成分的方差和在全部方差中所占比重 $\sum_{i=1}^{q} \lambda_i / \sum_{i=1}^{p} \lambda_i$ 来描述,称为前 q 个主成分的累积方差贡献率.

3. 主成分个数的确定

一般来说,取累计方差贡献率达到 80% 以上的前 q 个主成分就可以了,因为它们代表绝大部分的信息;也可以根据特征值 ≥ 1 来选取,或根据实际情况来确定主成分的个数.

7.1.2 主成分分析的步骤及应用

1. 主成分分析的步骤

第一步:确定分析变量,收集数据资料.

第二步:考虑是否需要对原始数据进行标准化.

第三步:对样本数据资料计算协方差矩阵或相关系数阵.

第四步:计算协方差矩阵或相关系数阵的特征值及相应的单位正交特征向量,并按特征值 λ_i 的大小排序.

第五步:计算主成分的贡献率及累计贡献率.

第六步:确定主成分个数.

第七步:将样本数据代入前 q 个主成分的表达式,可分别计算出各单位前 q 个主成分的得分.有了主成分的得分值,则可以在许多分析中使用这些主成分,进一步做综合评估、聚类分析或者回归分析等.

需要说明的是,从协方差矩阵和相关系数阵计算主成分一般是不同的,当变量取值范围彼此相差很大或度量单位不同时,可以考虑标准化,以便使计算结果有合理的解释,避免出现误解.如果没有上述度量单位和数量级的差异,利用从协方差矩阵和相关系数阵出发计算的结果对主成分进行解释或计算方差贡献时,一般不会矛盾.

2. 主成分分析的应用

例 7.1 设总体 $\boldsymbol{X}=(X_1,X_2)^\mathrm{T}$ 的协方差矩阵为 $\boldsymbol{\Sigma}=\begin{bmatrix} 1 & 4 \\ 4 & 100 \end{bmatrix}$,请对其进行主成分分析.

解 如果从 $\boldsymbol{\Sigma}$ 出发求主成分,相应的特征值与单位正交特征向量为

$$\lambda_1=100.16,\quad \boldsymbol{a}_1=(0.040,0.999)^\mathrm{T},$$
$$\lambda_2=0.84,\quad \boldsymbol{a}_2=(0.999,-0.040)^\mathrm{T},$$

两个主成分分别为

$$Z_1=0.040X_1+0.999X_2,\quad Z_2=0.999X_1-0.040X_2,$$

第一主成分 Z_1 的贡献率 $\dfrac{\lambda_1}{\lambda_1+\lambda_2}=\dfrac{100.16}{101}\approx 99.2\%$.

我们看到由于 X_2 的方差很大,它在占据 99.2% 信息量的第一主成分中起非常重要的作用,导致 X_1 的作用微乎其微,系数仅为 0.040.

而如果从 ρ 出发求主成分,相应的特征值与单位正交特征向量为

$$\lambda_1^*=1.4,\quad \boldsymbol{a}_1^*=(0.707,0.707)^\mathrm{T},$$
$$\lambda_2^*=0.6,\quad \boldsymbol{a}_2^*=(0.707,-0.707)^\mathrm{T},$$

两个主成分分别为

$$Z_1^*=0.707X_1+0.707X_2,\quad Z_2^*=0.707X_1-0.707X_2.$$

此时第一主成分 Z_1^* 的贡献率为 $\dfrac{\lambda_1}{\lambda_1+\lambda_2}=\dfrac{1.4}{2}=70\%$.

在实际应用中,当涉及的各变量的变化范围差异较大时,从 ρ 出发求主成分更为合理.

例 7.2 在某中学随机抽取某年级 30 名学生,测量其身高 X_1、体重 X_2、胸围 X_3 和坐高 X_4,数据见表 7.1.试对这 30 名中学生身体 4 项指标数据作主成分分析.

表 7.1　30 名中学生身体 4 项指标数据

序号	X_1	X_2	X_3	X_4	序号	X_1	X_2	X_3	X_4
1	148	41	72	78	16	152	35	73	79
2	139	34	71	76	17	149	47	82	79
3	160	49	77	86	18	145	35	70	77
4	149	36	67	79	19	160	47	74	87
5	159	45	80	86	20	156	44	78	85
6	142	31	66	76	21	151	42	73	82
7	153	43	76	83	22	147	38	73	78
8	150	43	77	79	23	157	39	68	80
9	151	42	77	80	24	147	30	65	75
10	139	31	68	74	25	157	48	80	88
11	140	29	64	74	26	151	36	74	80
12	161	47	78	84	27	144	36	68	76
13	158	49	78	83	28	141	30	67	76
14	140	33	67	77	29	139	32	68	73
15	137	31	66	73	30	148	38	70	78

解 首先用数据框的形式输入数据.之后用 princomp()作主成分分析,cor＝TRUE 选择相关系数阵作主成分分析,summary()列出主成分分析的重要信息,loadings＝TRUE,显示 loadings 的内容,用于输出因子载荷矩阵.

以下是相应的程序.

```
> ＃＃＃用数据框形式输入数据
> student <- data.frame(
+   X1 = c(148,139,160,149,159,142,153,150,151,139,140,161,158,140,137,
+      152,149,145,160,156,151,147,157,147,157,151,144,141,139,148),
+   X2 = c(41,34,49,36,45,31,43,43,42,31,29,47,49,33,31,
+      35,47,35,47,44,42,38,39,30,48,36,36,30,32,38),
+   X3 = c(72,71,77,67,80,66,76,77,77,68,64,78,78,67,66,
+      73,82,70,74,78,73,73,68,65,80,74,68,67,68,70),
+   X4 = c(78,76,86,79,86,76,83,79,80,74,74,84,83,77,73,
+      79,79,77,87,85,82,78,80,75,88,80,76,76,73,78))
> ＃＃＃作主成分分析,并显示分析结果
> student.pr <- princomp(student,cor = TRUE)
> summary(student.pr,loadings = TRUE)
```

得到如下结果:

```
Importance of components:
                          Comp.1       Comp.2      Comp.3      Comp.4
Standard deviation      1.8817805   0.55980636  0.28179594  0.25711844
Proportion of Variance  0.8852745   0.07834579  0.01985224  0.01652747
Cumulative Proportion   0.8852745   0.96362029  0.98347253  1.00000000
```

Standard deviation 一行给出了主成分的标准差,也就是相应特征值 $\lambda_1,\lambda_2,\lambda_3,\lambda_4$ 的开方. Proportion of Variance 给出了方差的贡献率. Cumulative Proportion 给出了方差的累积贡献率.由于在 summary 函数的参数中选取了 loadings＝TRUE,因此列出了 loadings(载荷)的内容,得到

```
Loadings:
     Comp.1   Comp.2   Comp.3   Comp.4
X1   0.497    0.543    0.450    0.506
X2   0.515   -0.210    0.462   -0.691
X3   0.481   -0.725   -0.175    0.461
X4   0.507    0.368   -0.744   -0.232
```

即主成分表达式为
$$Z_1^* = 0.497X_1^* + 0.515X_2^* + 0.481X_3^* + 0.507X_4^*,$$
$$Z_2^* = 0.543X_1^* - 0.210X_2^* - 0.725X_3^* + 0.368X_4^*.$$

由于前两个主成分的累积贡献率已经达到 96％,另外两个主成分可以舍去,达到降维的目的.

第 1 主成分对应系数的符号相同,其值在 0.5 左右,它反映了中学生身材的魁梧程度,我们称第 1 主成分为大小因子.第 2 主成分是高度与围度的博弈,得分值大的学生表明该学生身材"瘦高",而得分值小的学生表明该学生身材"矮胖",因此,称第 2 主成分为体形因子.

我们看一下各样本的主成分的得分值(用 predict()函数).

```
> ##计算主成分得分
> predict(student.pr)
```

运行得到如下结果:

	Comp.1	Comp.2	Comp.3	Comp.4
[1,]	− 0.06990950	− 0.23813701	0.35509248	− 0.266120139
[2,]	− 1.59526340	− 0.71847399	− 0.32813232	− 0.118056646
[3,]	2.84793151	0.38956679	0.09731731	− 0.279482487
[4,]	− 0.75996988	0.80604335	0.04945722	− 0.162949298
[5,]	2.73966777	0.01718087	− 0.36012615	0.358653044
[6,]	− 2.10583168	0.32284393	− 0.18600422	− 0.036456084
[7,]	1.42105591	− 0.06053165	− 0.21093321	− 0.044223092
[8,]	0.82583977	− 0.78102576	0.27557798	0.057288572
[9,]	0.93464402	− 0.58469242	0.08814136	0.181037746
[10,]	− 2.36463820	− 0.36532199	− 0.08840476	0.045520127
[11,]	− 2.83741916	0.34875841	− 0.03310423	− 0.031146930
[12,]	2.60851224	0.21278728	0.33398037	0.210157574
[13,]	2.44253342	− 0.16769496	0.46918095	− 0.162987830
[14,]	− 1.86630669	0.05021384	− 0.37720280	− 0.358821916
[15,]	− 2.81347421	− 0.31790107	0.03291329	− 0.222035112
[16,]	− 0.06392983	0.20718448	− 0.04334340	0.703533624
[17,]	1.55561022	− 1.70439674	0.33126406	0.007551879
[18,]	− 1.07392251	− 0.06763418	− 0.02283648	0.048606680
[19,]	2.52174212	0.97274301	− 0.12164633	− 0.390667991
[20,]	2.14072377	0.02217881	− 0.37410972	0.129548960
[21,]	0.79624422	0.16307887	− 0.12781270	− 0.294140762
[22,]	− 0.28708321	− 0.35744666	0.03962116	0.080991989
[23,]	0.25151075	1.25555188	0.55617325	0.109068939
[24,]	− 2.05706032	0.78894494	0.26552109	0.388088643
[25,]	3.08596855	− 0.05775318	− 0.62110421	− 0.218939612
[26,]	0.16367555	0.04317932	− 0.24481850	0.560248997
[27,]	− 1.37265053	0.02220972	0.23378320	− 0.257399715
[28,]	− 2.16097778	0.13733233	− 0.35589739	0.093123683
[29,]	− 2.40434827	− 0.48613137	0.16154441	− 0.007914021
[30,]	− 0.50287468	0.14734317	0.20590831	− 0.122078819

从第 1 主成分来看,较大的几个值是 25 号样品、3 号样品和 5 号样品,因此说明这几个学生身材魁梧;而 11 号样品、15 号样品和 29 号样品的值较小,说明这几个学生身材瘦小.

从第 2 主成分来看,较大的几个值是 23 号样品、19 号样品和 4 号样品,因此说明这几个学生属于"瘦高"型;而 17 号样品、8 号样品和 2 号样品的值较小,说明这几个学生身材属于"矮胖"型.

画出主成分的碎石图(见图 7.2).

```
> ##做碎石图
> screeplot(student.pr,type = "lines")
```

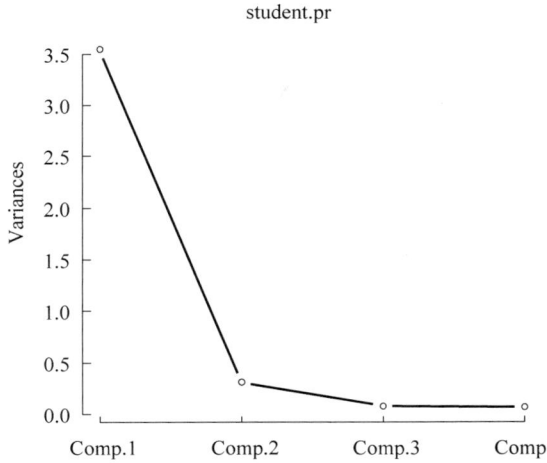

图 7.2 30 名中学生身体指标数据主成分的碎石图

可以看到,选取两个主成分是较为恰当的. 还可以画出关于第 1 主成分和第 2 主成分得分的散点图(见图 7.3). 程序如下:

```
> ###画第一主成分与第二主成分的得分图
> biplot(student.pr,choices = 1:2,scale = 1,pc.biplot = FALS
```

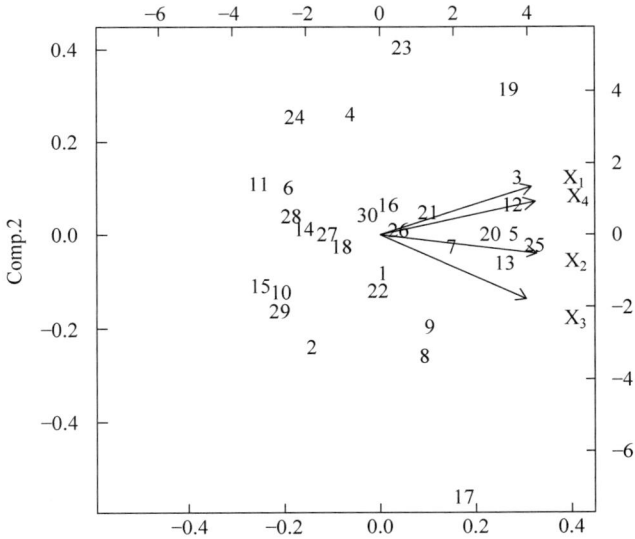

图 7.3 第 1 主成分和第 2 主成分得分图

由图 7.3 可以看出,25 号学生属于高大魁梧型,11 号学生和 15 号学生属于身材瘦小型,23 号学生属于瘦高型,17 号学生属于矮胖型,26 号学生属于正常体形等,其他学生的体形可以同样解读.

7.2 因子分析

7.2.1 因子分析的数学模型

因子分析是主成分分析的推广,是由 Charles Spearman 在研究智力测验得分过程中提出的,于 1904 年首次发表.因子分析在某种程度上可以被看成主成分分析的推广和发展,它对问题的研究更加深入,主要研究相关系数阵或协方差矩阵的内部依赖关系,它将多个变量综合为少数几个因子,以再现原始变量与因子之间的相关关系.它是多元统计分析中降维的一种方法.

例如,为了解学生的学习能力,观测了 n 个学生 p 个科目的成绩,即分数,用 X_1, $X_2,\cdots,X_p$ 表示 p 个科目,如高等数学、线性代数、概率论与数理统计、英语……我们对这些资料进行归纳分析,可以看出各个科目由两部分组成:

$$X_i = a_i F + \varepsilon_i, \quad (i = 1,2,\cdots,p).$$

F 是 $X_1,X_2,\cdots,X_p$ 共有的因子,它表示智力高低;ε_i 是变量 X_i 特有的特殊因子.这就是一个最简单的因子模型.

进一步可以把这个简单因子模型推广到多个因子的情况,即全体科目所共有的因子有 m 个,如数学推导因子、记忆因子、计算因子等.分别记为 $F_1,F_2,\cdots,F_m$,即

$$X_i = a_{i1}F_1 + a_{i2}F_2 + \cdots + a_{im}F_m + \varepsilon_i \quad (i = 1,2,\cdots,p).$$

用这 m 个不可观测的相互独立的公共因子即潜在因子 $F_1,F_2,\cdots,F_m$ 和一个特殊因子 ε_i 来描述原始可测的相关变量 $X_1,X_2,\cdots,X_p$,并可以解释、分析学生的学习能力.

因子分析的主要应用有两方面:一是寻求基本结构,简化观测系统,将具有错综复杂关系的变量或样品综合为少数几个不可观测的、相互独立的因子,以再现因子与原变量之间的内在联系;二是用于分类或排序,对 p 个变量或 n 个样品进行相应分析.

1. 正交因子模型

设 $\boldsymbol{X} = (x_1,x_2,\cdots x_p)^{\mathrm{T}}$ 是可观测的随机向量,$E(\boldsymbol{X}) = \boldsymbol{\mu}$,$D(\boldsymbol{X}) = \boldsymbol{\Sigma}$,假定随机向量 $\boldsymbol{X}$ 满足以下的模型:

$$\begin{cases} X_1 - \mu_1 = a_{11}F_1 + a_{12}F_2 + \cdots + a_{1m}F_m + \varepsilon_1 \\ X_2 - \mu_2 = a_{21}F_1 + a_{22}F_2 + \cdots + a_{2m}F_m + \varepsilon_2 \\ \cdots \\ X_p - \mu_p = a_{p1}F_1 + a_{p2}F_2 + \cdots + a_{pm}F_m + \varepsilon_p \end{cases},$$

其中:$\boldsymbol{F} = (F_1,F_2,\cdots,F_m)^{\mathrm{T}}$,$(m<p)$ 是不可观测的随机向量,$E(\boldsymbol{F}) = \boldsymbol{0}$,$D(\boldsymbol{F}) = \boldsymbol{I}_m$,$\boldsymbol{\varepsilon} = (\varepsilon_1,\varepsilon_2,\cdots\varepsilon_p)^{\mathrm{T}}$ 与 $\boldsymbol{F}$ 互不相关,$E(\boldsymbol{\varepsilon}) = \boldsymbol{0}$,$D(\boldsymbol{\varepsilon}) = \mathrm{diag}(\sigma_1^2,\sigma_2^2,\cdots,\sigma_p^2) = \boldsymbol{D}$,则称模型为正交因子模型.

用矩阵表示为

$$\begin{bmatrix} X_1 - \mu_1 \\ \vdots \\ X_p - \mu_p \end{bmatrix} = \begin{bmatrix} a_{11} & \cdots & a_{1m} \\ \vdots & & \vdots \\ a_{p1} & \cdots & a_{pm} \end{bmatrix} \begin{bmatrix} F_1 \\ \vdots \\ F_m \end{bmatrix} + \begin{bmatrix} \varepsilon_1 \\ \vdots \\ \varepsilon_p \end{bmatrix},$$

即
$$\boldsymbol{X}-\boldsymbol{\mu}=\boldsymbol{A}\boldsymbol{F}+\boldsymbol{\varepsilon}.$$

称 $F_j(j=1,2,\cdots,m,m<p)$ 为公共因子,一般对 $\boldsymbol{X}$ 的每一个分量 X_i 都有作用; ε_i $(i=1,2,\cdots,p)$ 为特殊因子,表示 X_i 中不能被公因子解释的部分,而且各特殊因子之间及特殊因子与所有公共因子之间都是互不相关的;称 a_{ij} 为因子载荷,它是第 i 个指标在第 j 个公因子上的系数, $\boldsymbol{A}=(a_{ij})_{p\times m}$ 是待估的系数矩阵,称因子载荷矩阵.一般假定原始变量、公共因子和特殊因子均已标准化,即均值为 0,方差为 1. 故可知

$$\begin{aligned}\mathrm{Cov}(\boldsymbol{X},\boldsymbol{F})&=E(\boldsymbol{X}-E(\boldsymbol{X}))(\boldsymbol{F}-E(\boldsymbol{F}))^{\mathrm{T}}=E(\boldsymbol{X}-E(\boldsymbol{X}))\boldsymbol{F}^{\mathrm{T}}\\&=E(\boldsymbol{A}\boldsymbol{F}+\boldsymbol{\varepsilon})\boldsymbol{F}^{\mathrm{T}}=\boldsymbol{A}E(\boldsymbol{F}\boldsymbol{F}^{\mathrm{T}})+E(\boldsymbol{\varepsilon}\boldsymbol{F}^{\mathrm{T}})=\boldsymbol{A}.\end{aligned} \tag{7.2}$$

2. 因子载荷矩阵中的几个统计特征

1)因子载荷 a_{ij} 的统计意义

由式(7.2)可知
$$\mathrm{Cov}(X_i,F_j)=a_{ij},$$

即因子载荷 a_{ij} 是变量 X_i 与公共因子 F_j 的相关系数,即载荷矩阵中第 i 行第 j 列的元素, a_{ij} 反映了变量 X_i 与公共因子 F_j 的相关程度. $|a_{ij}|\leqslant 1$,绝对值越接近 1,表明公共因子 F_j 与变量 X_i 的相关性越强.同时,因子载荷 a_{ij} 也反映了公共因子 F_j 对原始变量 X_i 的重要作用和程度.

2)变量共同度的统计意义

若将因子分析模型 $X_i=a_{i1}F_1+\cdots+a_{im}F_m+\varepsilon_i$ 两边求方差,则得
$$D(X_i)=a_{i1}^2D(F_1)+\cdots+a_{im}^2D(F_m)+D(\varepsilon_i).$$
由于 $\boldsymbol{X}$ 和 $\boldsymbol{F}$ 已标准化了,所以有
$$1=\sum_{j=1}^{m}a_{ij}^2+\sigma_i^2. \tag{7.3}$$

记 $h_i^2=\sum_{j=1}^{m}a_{ij}^2(i=1,2,\cdots,p)$,称 h_i^2 为变量 X_i 的共同度,它是因子载荷矩阵的第 i 行的元素的平方和.由式(7.3)可知,原始变量的方差可由两部分解释:第一部分是变量共同度 h_i^2,是全部公共因子对变量 X_i 的总方差的贡献,体现了全部公共因子对变量 X_i 的解释贡献程度. h_i^2 接近 1,则说明该变量的几乎全部原始信息都可以被所选取的公共因子解释.第二部分是特殊因子的方差 σ_i^2,仅与变量 X_i 本身的变化有关,它反映了变量 X_i 的方差中不能由全体公共因子解释说明的比例, σ_i^2 越小,说明变量 X_i 的信息损失得越少.

3)公共因子方差贡献的统计意义

公共因子 F_j 的方差贡献是因子载荷矩阵中各列元素的平方和,记为
$$q_j^2=\sum_{i=1}^{p}a_{ij}^2 \quad (j=1,2,\cdots,m).$$

q_j^2 与 h_i^2 不同, q_j^2 表示第 j 个公因子 F_j 对所有分量 $X_1,X_2,\cdots,X_p$ 的总影响,称为公共因子 F_j 对 $\boldsymbol{X}$ 的贡献,它是衡量公共因子相对重要性的指标,即反映了公共因子 F_j 对原始变量的解释能力.该值越高,说明相应公共因子的重要性越高.因此我们把 $\boldsymbol{A}$ 矩阵的各列

平方和都计算出来,使相应的贡献有顺序:

$$q_1^2 \geqslant q_2^2 \geqslant \cdots \geqslant q_m^2.$$

我们就能够以此为依据,提炼出最有影响的公共因子.以上问题的实现都建立在因子载荷矩阵 $\boldsymbol{A}$ 的基础上,接下来我们首先给出载荷矩阵 $\boldsymbol{A}$ 的估计方法.

7.2.2　因子载荷矩阵的估计方法

要建立实际问题的因子分析模型,关键是根据样本数据估计因子载荷矩阵 $\boldsymbol{A}$,对 $\boldsymbol{A}$ 的估计方法有很多种,如主成分分析法、最大似然估计法、主轴因子法、最小二乘法和广义最小二乘法等.下面重点介绍主成分分析法的原理.

用主成分分析的方法确定因子载荷矩阵,是在进行因子分析之前对数据进行一次主成分分析,然后把前面几个主成分作为初始公共因子,具体方法如下.

先计算样本协方差矩阵 $\boldsymbol{S} = \hat{\boldsymbol{\Sigma}}$,并求 $\boldsymbol{S}$ 的特征值 $\lambda_1 \geqslant \lambda_2 \geqslant \cdots \geqslant \lambda_p \geqslant 0$ 及对应的单位正交特征向量 $\boldsymbol{l}_1, \boldsymbol{l}_2, \cdots, \boldsymbol{l}_p$,这时 $\boldsymbol{S}$ 有谱分解式:

$$\boldsymbol{S} = \sum_{i=1}^{p} \lambda_i \boldsymbol{l}_i \boldsymbol{l}_i^{\mathrm{T}}.$$

由于因子分析的目的是减少变量个数,因此公共因子个数 m 一般应小于变量个数 p(即 $m < p$),此时最后 $m - p$ 个特征值应较小,$\boldsymbol{S}$ 可近似地分解为

$$\boldsymbol{S} \approx \sum_{i=1}^{m} \lambda_i \boldsymbol{l}_i \boldsymbol{l}_i^{\mathrm{T}} + \boldsymbol{D} = (\sqrt{\lambda_1}\,\boldsymbol{l}_1, \cdots, \sqrt{\lambda_m}\,\boldsymbol{l}_m) \begin{bmatrix} \sqrt{\lambda_1}\,\boldsymbol{l}_1^{\mathrm{T}} \\ \vdots \\ \sqrt{\lambda_m}\,\boldsymbol{l}_m^{\mathrm{T}} \end{bmatrix} + \begin{bmatrix} \sigma_1^2 & & 0 \\ & \ddots & \\ 0 & & \sigma_p^2 \end{bmatrix} = \boldsymbol{A}\boldsymbol{A}^{\mathrm{T}} + \boldsymbol{D}.$$

当略去特殊因子时,

$$\boldsymbol{S} \approx \boldsymbol{A}\boldsymbol{A}^{\mathrm{T}} = (\sqrt{\lambda_1}\,\boldsymbol{l}_1, \cdots, \sqrt{\lambda_m}\,\boldsymbol{l}_m) \begin{bmatrix} \sqrt{\lambda_1}\,\boldsymbol{l}_1^{\mathrm{T}} \\ \vdots \\ \sqrt{\lambda_m}\,\boldsymbol{l}_m^{\mathrm{T}} \end{bmatrix}.$$

所以因子载荷矩阵 $\boldsymbol{A}$ 的第 j 列应为 $\sqrt{\lambda_j}\,\boldsymbol{l}_j$,即载荷矩阵 $\boldsymbol{A}$ 的样本估计量为

$$\begin{cases} \hat{\boldsymbol{A}} = (\sqrt{\lambda_1}\,\boldsymbol{l}_1, \cdots, \sqrt{\lambda_m}\,\boldsymbol{l}_m) \overset{\text{def}}{=\!=} (a_{ij})_{p \times m}, \\ \sigma_i^2 = s_{ii} - \sum_{t=1}^{m} a_{it}^2 \quad (i = 1, 2, \cdots, p), \end{cases} \tag{7.4}$$

式(7.4)给出的 $\boldsymbol{A}$ 和 $\boldsymbol{D}$ 就是因子模型的一个解,载荷矩阵 $\boldsymbol{A}$ 中的第 j 列和 $\boldsymbol{X}$ 的第 j 列主成分的系数相差一个倍数 $\sqrt{\lambda_j}$($j = 1, 2, \cdots, m$),故式(7.4)给出的这个解常称为因子模型的主成分解.

当相关变量所取单位不同时,我们常常先将变量标准化,标准化后样本协方差矩阵 $\boldsymbol{S}$ 就是原始变量的样本相关系数阵 $\boldsymbol{R}$,再进行载荷矩阵的估计即可.

实际应用时通常根据公共因子的累积贡献率在 80% 以上,决定所取公共因子的个数.

7.2.3　因子旋转

因子分析的目的不仅是求出公共因子,还要知道每个公共因子的实际意义,以便对实际问题作出科学的分析.但由前述介绍的估计方法所求出的公因子解,初始因子载荷阵并不满足"简单结构准则",即各个公共因子的典型代表变量不很突出,因而容易使公共因子的意义含混不清,不利于对因子进行解释.为此必须对因子载荷阵施行旋转变换,使各因子载荷的平方按列向 0 和 1 两极转化,达到其结构简化的目的.这种变换因子载荷阵的方法称为因子旋转,而旋转变换的方法主要有正交旋转、斜交旋转等.接下来我们介绍常用的方差最大正交旋转法.

方差最大正交旋转法从初始因子载荷矩阵的每一列出发,使和每个因子有关的载荷的平方的方差最大.

先考虑两个因子的平面正交旋转,设因子的载荷矩阵为

$$\boldsymbol{A} = \begin{bmatrix} a_{11} & a_{12} \\ a_{21} & a_{22} \\ \vdots & \vdots \\ a_{p1} & a_{p2} \end{bmatrix},$$

则因子分析模型为

$$\begin{cases} X_1 = a_{11}F_1 + a_{12}F_2, \\ X_2 = a_{21}F_1 + a_{22}F_2, \\ \quad\quad\quad \vdots \\ X_p = a_{p1}F_1 + a_{p2}F_2. \end{cases}$$

设旋转矩阵为 $\boldsymbol{T} = \begin{bmatrix} \cos\varphi & -\sin\varphi \\ \sin\varphi & \cos\varphi \end{bmatrix},$

则

$$\boldsymbol{B} = \boldsymbol{AT} = \boldsymbol{A}\begin{bmatrix} \cos\varphi & -\sin\varphi \\ \sin\varphi & \cos\varphi \end{bmatrix} = \begin{bmatrix} a_{11}\cos\varphi + a_{12}\sin\varphi & -a_{11}\sin\varphi + a_{12}\cos\varphi \\ \vdots & \vdots \\ a_{p1}\cos\varphi + a_{p2}\sin\varphi & -a_{p1}\sin\varphi + a_{p2}\cos\varphi \end{bmatrix} \stackrel{\text{def}}{=\!=} \begin{bmatrix} b_{11} & b_{12} \\ \vdots & \vdots \\ b_{p1} & b_{p2} \end{bmatrix}.$$

方差最大正交旋转法的目的是希望通过因子旋转,使每个因子上的载荷尽量拉开距离,一部分的载荷趋于 ± 1,另一部分趋于 0.这实际上就是希望将所有指标分成两部分,一部分主要与第一公共因子有关,另一部分主要与第二公共因子有关,这也就是要求 $(b_{11}^2, b_{21}^2, \cdots, b_{p1}^2)$ 和 $(b_{12}^2, b_{22}^2, \cdots, b_{p2}^2)$ 两组数据的方差 V_1 和 V_2 尽可能地大.正交旋转的角度 φ 必须满足使

$$V = V_1 + V_2 = \frac{1}{p^2}\left\{ \sum_{j=1}^{2}\left[p\sum_{i=1}^{p}\frac{b_{ij}^4}{h_i^4} - \left(\sum_{i=1}^{p}\frac{b_{ij}^2}{h_i^2}\right)^2 \right] \right\},$$

达到最大值.这里取 b_{ij}^2 是为了消除符号不同的影响,除以 h_i^2 是为了消除各个变量对公因子依赖程度不同的影响.

令 $\dfrac{\mathrm{d}V}{\mathrm{d}\varphi} = 0$ 则有 $\tan 4\varphi = \dfrac{D - 2AB/P}{C - (A^2 - B^2)/P}$,式中,

$$A = \sum_{i=1}^{p} \mu_i, \quad B = \sum_{i=1}^{p} v_i, \quad C = \sum_{i=1}^{p} (\mu_i^2 - v_i^2), \quad D = 2\sum_{i=1}^{p} \mu_i v_i,$$

$$\mu_i = \left(\frac{a_{i1}}{h_i}\right)^2 - \left(\frac{a_{i2}}{h_i}\right)^2, \quad v_i = 2\frac{a_{i1} a_{i2}}{h_i^2}.$$

如果公共因子有 $m > 2$,则需逐次取 2 个公共因子全部配对进行上述旋转,共需旋转 C_m^2 次算作一个循环,如循环完毕得出的因子载荷矩阵还没有达到目的,则可以进行第二轮 C_m^2 次配对旋转,依次进行,直到符合实际要求为止.

7.2.4 因子得分

我们已经讨论了如何从样本协方差矩阵或相关系数阵出发,来获得公共因子和因子载荷阵,并给出公共因子的实际背景,当我们获得公共因子和因子载荷阵以后,我们应当反过来考察每一个样品的公共因子的估计,即所谓因子得分.因子得分可用于模型的诊断,也可作进一步对问题进行排序、分类等.比如当关于企业经济效益的因子模型建立起来之后,我们希望知道每一个企业经济效益的优劣,或者把各个企业归类.

但请注意,因子得分的计算并不是通常意义下的参数估计,而是对不可观测的随机向量 F 取值的估计.设公共因子由原始变量表示的线性组合为

$$F_j = \beta_{j1} X_1 + \cdots + \beta_{jp} X_p, \quad (j = 1, 2, \cdots, m). \tag{7.5}$$

称式(7.5)为因子得分函数.

由于方程的个数少于变量的个数(即 $m < p$),所以只能在最小二乘意义下对因子得分函数的系数进行估计.设公共因子可以对 p 个变量做回归,即建立回归方程为

$\hat{F}_j = b_{j1} X_1 + \cdots + b_{jp} X_p (j = 1, 2, \cdots, m)$,若变量和公共因子均已标准化,则有 $b_{j0} = 0$.由最小二乘估计,可以推导得到

$$\hat{F} = A^{\mathrm{T}} R^{-1} X.$$

其中,R 为原变量的样本相关系数阵.此方法是由汤普森(1939)提出的,也称汤普森因子得分,或称回归法.其他常用的给出因子得分的方法还有加权最小二乘法.

7.2.5 因子分析的步骤及其他

1. 步骤

第一步:确定分析变量,收集数据资料.

第二步:对原始数据进行标准化.

第三步:计算所选变量的相关系数矩阵.

第四步:提取公共因子.

第五步:因子旋转.

第六步:计算公共因子得分.

有了公共因子得分值,则可以在许多分析中使用这些公共因子进一步做综合评估、聚类分析以及回归分析等.

2. 主成分分析和因子分析的异同

主成分分析和因子分析都是用于将多个相关变量简化为少数几个综合指标的多元统

计分析方法.主成分分析法可以看作对原始数据的协方差矩阵或相关系数阵变换而来,不要求数据矩阵有特定的结构形式.而因子分析假定数据阵有特定的模型,且满足特定的条件.

对于每一个原始数据矩阵而言,其主成分系数矩阵是唯一的,也不要求各个主成分具有实际含义.因子分析可以看作主成分分析法的扩展,但因子载荷中包含特殊因子的影响,同时因子载荷不是唯一的,这种不唯一有利于对因子载荷进一步简化,使各公因子具有明确的实际意义.

在应用范围上,可以直接把主成分分析法包括到因子分析法中.尤其要考察变量间的内部结构,因子分析法更合适,通过因子旋转可以使得到的公因子更容易解释.

例 7.3　对 55 个国家和地区的男子径赛记录作统计,每位运动员记录 8 项指标:100m 跑 X_1、200m 跑 X_2、400m 跑 X_3、800m 跑 X_4、1500m 跑 X_5、5000m 跑 X_6、10000m 跑 X_7、马拉松 X_8.这 8 项指标的相关系数矩阵 $\boldsymbol{R}$ 见表 7.2.取 $m=2$,试对问题进行因子分析.

表 7.2　男子径赛记录 8 项指标相关系数阵

	X_1	X_2	X_3	X_4	X_5	X_6	X_7	X_8
X_1	1.000							
X_2	0.923	1.000						
X_3	0.841	0.851	1.000					
X_4	0.756	0.807	0.870	1.000				
X_5	0.700	0.775	0.835	0.918	1.000			
X_6	0.619	0.695	0.779	0.864	0.928	1.000		
X_7	0.633	0.697	0.787	0.869	0.935	0.975	1.000	
X_8	0.520	0.596	0.705	0.806	0.866	0.932	0.943	1.000

解　输入相关矩阵,用已编写的函数 factor.analy1(),即主成分法估计因子载荷矩阵和其他相关指标.

```
> ###输入相关系数矩阵
> x<-c(1.000,
+     0.923,1.000,
+     0.841,0.851,1.000,
+     0.756,0.807,0.870,1.000,
+     0.700,0.775,0.835,0.918,1.000,
+     0.619,0.695,0.779,0.864,0.928,1.000,
+     0.633,0.697,0.787,0.869,0.935,0.975,1.000,
+     0.520,0.596,0.705,0.806,0.866,0.932,0.943,1.000)
> names<-c("X1","X2","X3","X4","X5","X6","X7","X8")
> R<-matrix(0,nrow=8,ncol=8,dimnames=list(names,names))
> for (i in 1:8){
+     for (j in 1:i){
+         R[i,j]<-x[(i-1)*i/2+j];R[j,i]<-R[i,j]
+     }
+   }
> ###应用主成分法估计因子载荷阵与其他指标
> source("C:\\Users\\Administrator\\Desktop\\factor.analy1.R")
> fa<-factor.analy1(R, m = 2)
> fa
```

得到如下结果：

```
$method
[1] "Principal Component Method"
$loadings(因子载荷矩阵)
          Factor 1        Factor 2
X₁    - 0.8171700    - 0.53109531
X₂    - 0.8672869    - 0.43271347
X₃    - 0.9151671    - 0.23251311
X₄    - 0.9487413    - 0.01184826
X₅    - 0.9593762      0.13147503
X₆    - 0.9376630      0.29267677
X₇    - 0.9439737      0.28707618
X₈    - 0.8798085      0.41117192
```

可以看到所有变量在 Factor1 上都有较高的负向载荷，且载荷值较为接近. 公共因子的实际含义含混不清，不利于对因子进行解释，为此考虑后续对因子进行旋转.

```
$var
         common       specific
X₁    0.9498290    0.05017099
X₂    0.9394274    0.06057257
X₃    0.8915931    0.10840689
X₄    0.9002505    0.09974954
X₅    0.9376883    0.06231171
X₆    0.9648716    0.03512837
X₇    0.9734990    0.02650100
X₈    0.9431254    0.05687460
```

这里展示了每个变量的方差分解情况，分为公因子方差（common）和特殊因子方差（specific）两部分. 公因子方差表示每个变量的方差能够被提取的公因子所解释的比例. X_1 的公共子方差为 0.9498290，这意味着 X_1 的方差有 94.98% 可以由提取的公因子来解释，剩下的 5.02% 是无法由这两个公因子解释的特殊方差（specific）. 从整体来看，所有变量的公因子方差都较高，说明这两个提取的因子能够较好地解释各个径赛项目指标的共性方差.

接下来对因子载荷矩阵施行旋转变化，使因子载荷的每一列元素的平方按列向 0 或 1 两级转化，达到结构简化的目的. 这里我们应用 varimax() 得到方差最大的因子载荷矩阵.

```
> ###进行方差最大的正交旋转
> vml <- varimax(fa$loadings, normalize = F)
> vml
```

得到如下结果：

```
$loadings
Loadings:(旋转后的因子载荷矩阵)
     Factor1   Factor2
X₁   - 0.299   - 0.913
```

X_2	-0.399	-0.869
X_3	-0.561	-0.736
X_4	-0.711	-0.610
X_5	-0.812	-0.516
X_6	-0.906	-0.377
X_7	-0.912	-0.382
X_8	-0.913	-0.265

从变量在 Factor1 上的载荷来看，X_5(1500m 跑)、X_6(5000m 跑)、X_7(10000m 跑)和 X_8(马拉松)有较高的负向载荷.这表明 Factor1 可能与长距离径赛项目相关,且取值为负,意味着在该因子上,数值负向越高,运动员在长距离项目上的表现越好,可称 Factor1 为耐力因子.

变量 X_1(100m 跑)、X_2(200m 跑)在 Factor2 上有较高的负向载荷,而随着径赛项目距离的增加,载荷绝对值逐渐减小.这可能暗示 Factor2 与短距离径赛项目相关,且同样取值为负,表示在这个因子上数值负向越高,运动员在短距离项目上的表现越好,可称 Factor2 为速度因子.

	Factor1	Factor2
SS loadings	4.215	3.127
Proportion Var	0.527	0.391
Cumulative Var	0.527	0.918

结果中 SS loadings 为公因子贡献,Proportion Var 为公因子贡献率,Factor1 的贡献率为 52.7%,Factor2 的贡献率为 39.1%.说明 Factor1 在解释径赛项目指标的变异性方面比 Factor2 更重要.Cumulative Var 为累积贡献率,两个因子的累积贡献率为 91.8%,这意味着选取的两个公因子能够较好地概括 8 项径赛指标的绝大部分信息.后续可以考虑使用两个实际含义明确的公因子,对运动员进行分类或排序.

例 7.4 现有 48 名应聘者应聘某公司的某职位,公司为这些应聘者的 15 项指标打分,这 15 项指标分别是:求职信的形式(FL)、外貌(APP)、专业能力(AA)、讨人喜欢(LA)、自信心(SC)、洞察力(LC)、诚实(HON)、推销能力(SMS)、经验(EXP)、驾驶水平(DRV)、事业心(AMB)、理解能力(GSP)、潜在能力(POT)、交际能力(KJ)和适应性(SUIT).每项分数是从 0 到 10 分,0 分最低,10 分最高.每位求职者的 15 项指标列在表 7.3 中.请对问题进行因子分析.

表 7.3 48 名应聘者 15 项指标得分

ID	FL	APP	AA	LA	SC	LC	HON	SMS	EXP	DRV	AMB	GSP	POT	KJ	SUIT
1	6	7	2	5	8	7	8	5	3	8	9	7	5	7	10
2	9	10	5	8	10	9	9	10	5	9	9	8	8	8	10
3	7	8	3	6	9	8	9	7	4	9	9	8	6	8	10
4	5	6	8	5	6	5	9	2	8	4	5	8	7	6	5
5	6	8	8	8	4	4	9	5	8	5	5	8	8	7	7
6	7	7	7	6	8	7	10	5	9	6	5	8	6	6	6
7	9	9	8	8	8	8	8	8	10	8	10	8	9	8	10
8	9	9	9	8	9	9	8	8	10	9	10	9	9	9	10

续表

ID	FL	APP	AA	LA	SC	LC	HON	SMS	EXP	DRV	AMB	GSP	POT	KJ	SUIT
9	9	9	7	8	8	8	8	5	9	8	9	8	8	8	10
10	4	7	10	2	10	10	7	10	3	10	10	10	9	3	10
11	4	7	10	0	10	8	3	9	5	9	10	8	10	2	5
12	4	7	10	4	10	10	7	8	2	8	8	10	10	3	7
13	6	9	8	10	5	4	9	4	4	4	5	4	7	6	8
14	8	9	8	9	6	3	8	2	5	2	6	6	7	5	6
15	4	8	8	7	5	4	10	2	7	5	3	6	6	4	6
16	6	9	6	7	8	9	8	9	8	8	7	6	8	6	10
17	8	7	7	7	9	5	8	6	6	7	8	6	6	7	8
18	6	8	8	4	8	8	6	4	3	3	6	7	2	6	4
19	6	7	8	4	7	8	5	4	4	2	6	8	3	5	4
20	4	8	7	8	8	9	10	5	2	6	7	9	8	8	9
21	3	8	6	8	8	8	10	5	3	6	7	8	8	5	8
22	9	8	7	8	9	10	10	10	3	10	8	10	8	10	8
23	7	10	7	9	5	9	10	10	3	9	9	10	9	10	8
24	9	8	7	10	8	10	10	10	2	9	7	9	9	10	8
25	6	9	7	7	4	5	9	3	2	4	4	4	4	5	4
26	7	8	7	8	5	4	8	2	3	4	5	6	5	5	6
27	2	10	7	9	8	9	10	5	3	5	6	7	6	4	5
28	6	3	5	3	5	3	5	0	0	3	3	0	0	5	0
29	4	3	4	3	3	0	0	0	0	4	4	0	0	5	0
30	4	6	5	6	9	4	10	3	1	3	3	2	2	7	3
31	5	5	4	7	8	4	10	3	2	5	5	3	4	8	3
32	3	3	5	7	7	9	10	3	2	5	3	7	5	5	2
33	2	3	5	7	7	9	10	3	2	2	3	6	4	5	2
34	3	4	6	4	3	3	8	1	1	3	3	3	2	5	2
35	6	7	4	3	3	0	9	0	1	0	2	3	1	5	3
36	9	8	5	5	6	6	8	2	2	2	4	5	6	6	3
37	4	9	6	4	10	8	8	9	1	3	9	7	5	3	2
38	4	9	6	6	9	9	7	9	1	2	10	8	5	5	2
39	10	6	9	10	9	10	10	10	10	10	8	10	10	10	10
40	10	6	9	10	9	10	10	10	10	10	10	10	10	10	10
41	10	7	8	0	2	1	2	0	10	2	0	3	0	0	10
42	10	3	8	0	1	1	0	0	10	0	0	0	0	0	10
43	3	4	9	8	2	4	5	3	6	2	1	3	3	3	8
44	7	7	7	6	9	8	8	6	8	8	10	8	8	6	5
45	9	6	10	9	7	7	10	2	1	5	5	7	8	4	5
46	9	8	10	10	7	9	10	3	1	5	7	9	9	4	4
47	0	7	10	3	5	0	10	0	0	2	2	0	0	0	0
48	0	6	10	1	5	0	10	0	0	2	2	0	0	0	0

解 读取数据(数据保存在数据文件 applicant.data 中),首先计算相关矩阵,

```
> ###计算相关矩阵
> rt <- read.table("C:\\Users\\Administrator\\Desktop\\applicant.data")
> cor(rt)
```

相关矩阵为

	FL	APP	AA	LA	SC	LC	HON	SMS	EXP	DRV	AMB	GSP	POT	KJ	SUIT
FL	1.000														
APP	0.239	1.000													
AA	0.044	0.123	1.000												
LA	0.306	0.380	0.002	1.000											
SC	0.092	0.431	0.001	0.302	1.000										
LC	0.228	0.371	0.077	0.483	0.808	1.000									
HON	−0.107	0.354	−0.030	0.645	0.410	0.356	1.000								
SMS	0.271	0.490	0.055	0.362	0.800	0.818	0.240	1.000							
EXP	0.548	0.141	0.266	0.141	0.015	0.147	−0.156	0.255	1.000						
DRV	0.346	0.341	0.094	0.393	0.704	0.698	0.280	0.815	0.337	1.000					
AMB	0.285	0.550	0.044	0.347	0.842	0.758	0.215	0.860	0.195	0.780	1.000				
GSP	0.338	0.506	0.198	0.503	0.721	0.883	0.386	0.782	0.299	0.714	0.784	1.000			
POT	0.367	0.507	0.290	0.606	0.672	0.777	0.416	0.754	0.348	0.788	0.769	0.876	1.000		
KJ	0.467	0.284	−0.323	0.685	0.482	0.527	0.448	0.563	0.215	0.613	0.547	0.549	0.539	1.000	
SUIT	0.586	0.384	0.140	0.327	0.250	0.416	0.003	0.558	0.693	0.623	0.435	0.528	0.574	0.396	1.000

可以看到某些变量间的相关性较强,在此基础上调用函数 factanal() 进行因子分析.

```
> ###进行因子分析
> rt <- read.table("C:\\Users\\Administrator\\Desktop\\applicant.data")
> factanal(~., factors = 5, data = rt)
```

```
Call:
factanal(x = ~.,factors = 5,data = rt)
Uniquenesses: (特殊方差)
   FL   APP    AA    LA    SC    LC   HON   SMS   EXP   DRV   AMB   GSP   POT    KJ  SUIT
0.439 0.597 0.509 0.197 0.118 0.005 0.292  0.14 0.365 0.223 0.098 0.119 0.084 0.005 0.267
```

可以看到提取 5 个因子的情况下,对原始变量方差解释力度普遍较大,也有个别变量如 FL、APP、AA 的特殊方差较大.

```
Loadings: (因子载荷矩阵)

      Factor1  Factor2  Factor3  Factor4  Factor5
FL    0.127    0.722    0.102   − 0.117
APP   0.451    0.134    0.270    0.206    0.258
AA             0.129                      0.686
LA    0.222    0.246    0.827
SC    0.917             0.167
LC    0.851    0.125    0.279            − 0.42
HON   0.228  − 0.220    0.777
SMS   0.880    0.266    0.111
EXP            0.773             0.171
DRV   0.754    0.393    0.199             0.114
```

AMB	**0.909**	0.187	0.112		0.165
GSP	**0.783**	0.295	0.354	0.148	−0.181
POT	**0.717**	0.362	0.446	0.267	
KJ	0.418	0.399	0.563	−0.585	
SUIT	0.351	**0.764**		0.148	

通过方差最大正交旋转,可以看到变量在各个因子上的载荷分布变得更加清晰,每个变量倾向于在少数几个因子上有相对突出的载荷,而在其他因子上载荷较小或接近 0,这种情况相较于未旋转的因子载荷矩阵,更有利于我们区分不同因子所代表的实际意义,有助于更准确地从各个潜在维度去理解和评价应聘者的情况,因子载荷解释见表 7.4.

表 7.4　因子载荷解释

公因子	载荷大的相关变量	因子含义
F_1	X_5 自信心(SC)、X_6 洞察力(LC)、X_8 推销能力(SMS)、X_{10} 驾驶水平(DRV)、X_{11} 事业心(AMB)、X_{12} 理解能力(GSP)、X_{13} 潜在能力(POT)	职业核心能力
F_2	X_1 求职信的形式(FL)、X_9 经验(EXP)、X_{15} 适应性(SUIT)	总结经验的能力
F_3	X_4 讨人喜欢(LA)、X_7 诚实(HON)	获得好感的能力
F_4	X_3 专业能力(AA)	专业就业能力
F_5	X_2 外貌(APP)、X_6 洞察力(LC)	外貌

其中 F_5 的系数普遍较小,说明这个因子相对次要.

	Factor1	Factor2	Factor3	Factor4	Factor5
SS loadings	5.490	2.507	2.188	1.028	0.331
Proportion Var	0.366	0.167	0.146	0.069	0.022
Cumulative Var	0.366	0.533	0.679	0.748	0.770

Factor1 的 SS loadings 为 5.490,是所有因子中对原始变量方差解释力度相对最大的,说明它在整个潜在结构中对变量变异情况的影响较大.第二行 Proportion Var(解释方差占总方差的比例)中 Factor1 解释的方差占总方差的比例为 0.366,意味着该因子能够解释约 36.6% 的原始变量总方差;Factor2 可解释约 16.7% 的方差,以此类推.第三行为 Cumulative Var(累计解释方差),5 个因子的累计贡献率达到了 77%,也说明还有约 23% 的方差未被这 5 个因子所涵盖,提示可能存在其他潜在因素或者需要更多的因子来进一步充分解释数据的变异性.

下面计算 48 名应聘者的因子得分. factanal() 函数给出了两种方法,scores = "regression" 表示采用回归法,若 scores = "Bartlett" 则采用加权最小二乘. fa \$ scores 将给出 48 名应聘者在 5 个公共因子方面的得分情况.

```
> ###应用回归法给出因子得分
> rt <- read.table("C:\\Users\\Administrator\\Desktop\\applicant.data")
> fa <- factanal(~., factors = 5, data = rt, scores = "regression")
> fa $ scores
```

表 7.5　第 1 公因子(职业核心能力)得分排序

排名	ID	Factor1	排名	ID	Factor1	排名	ID	Factor1	排名	ID	Factor1
1	10	1.8430	13	1	0.8007	25	46	0.1554	37	13	−0.8384
2	11	1.7811	14	7	0.7039	26	6	0.0032	38	5	−0.8468
3	12	1.4037	15	39	0.6870	27	32	−0.1737	39	28	−0.9485
4	37	1.3212	16	16	0.6703	28	33	−0.2563	40	15	−0.9486
5	38	1.2374	17	24	0.5858	29	45	−0.3091	41	48	−1.0998
6	2	1.1162	18	9	0.4554	30	31	−0.3980	42	47	−1.1826
7	44	0.9608	19	21	0.4025	31	30	−0.4841	43	34	−1.1832
8	23	0.9319	20	20	0.3729	32	36	−0.5149	44	29	−1.2136
9	22	0.9277	21	27	0.3721	33	4	−0.5234	45	43	−1.6014
10	40	0.9238	22	17	0.3084	34	14	−0.7650	46	35	−1.6650
11	8	0.8961	23	18	0.2956	35	26	−0.7816	47	41	−1.7407
12	3	0.8794	24	19	0.1843	36	25	−0.7987	48	42	−1.9467

这里我们以 Factor1(职业核心能力)从高到低对求职者进行排序(见表 7.5),可以看到 48 名人员的打分情况,其余几个因子可以同样处理.为直观起见,画出 48 位应聘者在第 1、第 2 公共因子下的散点图(见图 7.4).

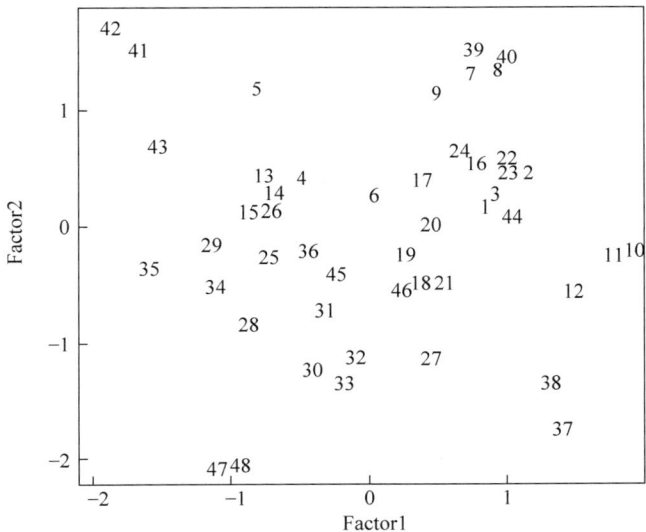

图 7.4　第 1 公共因子与第 2 公共因子得分图

```
> ###画出第1与第2公共因子的得分图
> plot(fa$scores[, 1:2], type = "n")
> text(fa$scores[, 1:2])
```

由前面分析可知,第 1 公共因子主要表现求职者的职业核心能力,第 2 公共因子主要表现求职者总结经验的能力.公司可以选择两者得分都比较高的应聘者,如 39、40、7、8、9 号和 2 号应聘者.如偏重职业核心能力,则选取第 1 公共因子得分较大的应聘者.如偏重总结经验的能力,则可以考虑第 2 公共因子得分较大的应聘者.公司也可以根据情况,画出第 2、

3 公共因子等其他因子得分的散点图以供参考.

小结

本章介绍了主成分分析与因子分析两种多元统计方法.

主成分分析是通过构造原变量适当的线性组合,并从这些组合中挑选出尽可能多的包含原变量信息的少数几个作为新变量,之后使用这几个新变量来分析和解决问题的方法.

因子分析在某种程度上可以被看成主成分分析的推广和发展,它对问题的研究更加深入,主要研究相关系数阵或协方差矩阵的内部依赖关系,它将多个变量综合为少数几个因子,以再现原始变量与因子之间的相关关系. 它也是多元统计分析中降维的一种方法.

习题 7

A 组

1. 设总体 $\boldsymbol{X} = [X_1, X_2]^T$ 协方差矩阵 $\boldsymbol{\Sigma} = \begin{bmatrix} 5 & 2 \\ 2 & 2 \end{bmatrix}$,请变换协方差矩阵 $\boldsymbol{\Sigma}$ 为相关矩阵 $\boldsymbol{\rho}$,求其标准化变量的主成分 Y_1^* 和 Y_2^* 及第一主成分 Y_1^* 的贡献率.

2. 设总体 $\boldsymbol{X} = [X_1, X_2]^T$ 相关系数阵 $\boldsymbol{\Sigma} = \begin{bmatrix} 1 & \rho \\ \rho & 1 \end{bmatrix}$, $(\rho > 0)$, (1)求变量的主成分 Y_1^* 和 Y_2^* 及主成分 Y_1^* 的贡献率;(2)问 ρ 多大时才能使第一主成分的累积贡献率在 90% 以上.

3. 总体 $\boldsymbol{X}$ 的协方差矩阵 $\boldsymbol{\Sigma} = \begin{bmatrix} 1 & -2 & 0 \\ -2 & 4 & 0 \\ 0 & 0 & 4 \end{bmatrix}$,试求其主成分,并求解保留几个主成分可以使累计贡献率在 85% 以上.

B 组

1. 我们选取了天津市 16 个区市县的 8 项指标:GDP(亿元)X_1,区级一般公共预算收入(亿元)X_2,规模以上工业企业总资产贡献率(%)X_3,固定资产投资(不含农户)比上年增长(%)X_4,限额以上批发和零售业商品销售额(亿元)X_5,城镇非私营单位从业人员(万人)X_6,企业电子商务销售额(亿元)X_7,外贸进出口总额(亿元)X_8.指标数据来源于天津市统计年鉴 2023 年,数据见下表.请使用主成分分析法对数据进行分析.

地 区	X_1	X_2	X_3	X_4	X_5	X_6	X_7	X_8
和平区	690.65	33.97	1.3	15.9	1364.76	16.18	320.72	175.55
河东区	449.92	33.11	4.1	0.6	819.11	9.71	64.43	43.2
河西区	1129.62	50.57	5.4	8.5	1597.62	15.42	89.31	147.17
南开区	725.66	33.94	7.8	−41.9	1089.64	18.45	98.54	156.8
河北区	382.42	21.57	2.8	7	532.01	5.49	205.11	22.94
红桥区	180.77	15.96	5.9	2.2	202.88	3.13	11.93	27.82
东丽区	687.49	50.52	7.9	−3	1759	11.22	302.8	138.52

续表

地 区	X_1	X_2	X_3	X_4	X_5	X_6	X_7	X_8
西青区	946.61	67.15	7.2	−11.8	823.37	15.89	80.88	323.08
津南区	553.69	50.38	5.3	−35.2	1331.51	7.19	26.73	126.32
北辰区	709.01	52.87	7.3	−5.4	1758.04	11.28	262.46	264.85
武清区	890.44	88.36	5.4	−10.2	1951.78	18.42	440.4	342.93
宝坻区	444.12	30.19	4.4	−39	650.66	5.84	92.71	40.78
滨海新区	6981.86	505.41	15	−3.2	28998.91	87.31	4850.47	6300.84
宁河区	323.51	14.54	5.2	−48.3	501.63	4.48	48.68	49.95
静海区	476.53	37.93	4.1	−3.6	1922.73	6.03	57.02	189.28
蓟州区	279.33	20.54	3.2	−28	98.3	4.6	22.75	4.65

2. 现希望对 2023 年中国 31 个省、自治区、直辖市经济发展基本情况的八项指标进行分析. 具体采用的指标有: GDP(亿元)X_1、人均消费支出(元)X_2、固定资产投资比上年增长情况(%)X_3、城镇登记失业人数(万人)X_4、货物周转量(亿吨千米)X_5、居民消费价格指数(上年=100)X_6、工业生产者出厂价格指数(上年=100)X_7、工业增加值(亿元)X_8,数据见下表.

（1）请使用主成分分析法对数据进行降维；

（2）请使用因子分析法对数据进行综合分析.

地 区	X_1	X_2	X_3	X_4	X_5	X_6	X_7	X_8
北京	43760.7	50897	4.9	35.5	1062.60	100.4	99.2	5008.5
天津	16737.3	37586	−16.4	42.8	2785.84	100.4	96.4	5359
河北	43944.1	27906	6.3	9.3	14796.92	100.6	94.7	13968.7
山西	25698.2	24524	−6.6	26.4	6877.42	99.9	91.3	12263.3
内蒙古	24627.0	32249	19.8	26.2	5556.14	100.6	92.1	9889.8
辽宁	30209.4	29091	4	55.9	4685.93	100.1	96.6	10220.2
吉林	13531.2	26677	0.3	24.2	2012.99	99.9	98.1	3705
黑龙江	15883.9	25882	−14.8	15.1	1942.22	100.6	95.7	3963.6
上海	47218.7	54919	13.8	76.3	32789.82	100.3	99.7	10846.2
江苏	128222.2	40461	5.2	64.7	13232.13	100.4	96.7	49244.6
浙江	82553.2	47762	6.1	47.2	15062.29	100.3	97.3	29412.1
安徽	47050.6	27900	4	16.6	12097.76	100.2	96.6	14021.1
福建	54355.1	37674	2.5	25.1	12230.9	100	98.2	18548.3
江西	32200.1	27733	−5.9	36.5	5348.05	100.3	96.6	11180.7
山东	92068.7	30251	5.2	33.1	15043.18	100.1	96.5	29191.2
河南	59132.4	25570	2.1	65.8	12228.82	99.8	97.4	16915
湖北	55803.6	31500	5	42.7	8593.36	100.1	97.4	16357
湖南	50012.9	31035	−3.1	18.2	3036.90	100.2	98.5	14567.1
广东	135673.2	39333	2.5	114.6	29304.37	100.4	98.5	48712.9
广西	27202.4	24427	−15.5	21	5589.03	99.8	97	6918.3

续表

地　区	X_1	X_2	X_3	X_4	X_5	X_6	X_7	X_8
海南	7551.2	28930	1.1	11.2	11713.20	100.3	97.3	861.4
重庆	30145.8	31531	4.3	34.9	3928.52	99.7	97.8	8333.4
四川	60132.9	29280	2.4	83.1	3434.43	100	97.6	16705.2
贵州	20913.3	27693	−5.7	26.5	1468.67	99.7	98.1	5682.8
云南	30021.1	28338	−10.6	38.6	2062.09	100.3	96.7	7202.8
西藏	2392.7	28858	35.1	0.7	161.55	99.9	101.1	252.3
陕西	33786.1	27303	0.2	19.5	4478.08	100.1	94.9	13258.7
甘肃	11863.8	27044	5.9	20.5	4245.68	100.5	95.9	3389.6
青海	3799.1	25373	−7.5	2.7	803.38	100.5	96.3	1272.4
宁夏	5315.0	27076	5.5	16.9	946.62	100.4	92.7	2130.1
新疆	19125.9	26134	12.4	18.3	2843.32	100	93.5	6434.7

部分习题答案

习题 1

A 组

1. 0.8302.

2. (1) $P(X_1 = x_1, X_2 = x_2, \cdots, X_n = x_n) = \dfrac{\mathrm{e}^{-n\lambda} \lambda^{\sum\limits_{i=1}^{n} x_i}}{\prod\limits_{i=1}^{n} x_i !}$;

(2) $E(\overline{X}) = \lambda$; $D(\overline{X}) = \dfrac{\lambda}{n}$; $E(S^2) = \dfrac{n-1}{n}\lambda$; $ES^{*2} = \lambda$.

3. $a = \dfrac{1}{20}, b = \dfrac{1}{100}$.

4. 区间长度 $L = \sum\limits_{i=1}^{8} \dfrac{(x_i - \mu)^2}{4}$; $E(L) = 2\sigma^2$; $D(L) = \sigma^4$.

5. (1) $a = \dfrac{3}{2}$;

   (2) $b = 2$.

6. $a = \sqrt{\dfrac{n-1}{n+1}}$; $b = n - 1$.

B 组

1. 略.

2. 样本频率分布:

X	0	1	2	3	4
m	6	7	3	2	2
p	0.3	0.35	0.15	0.1	0.1

经验分布函数:

$$F_n(x)=\begin{cases}0, & x<0,\\ 0.3, & 0\leqslant x<1,\\ 0.65, & 1\leqslant x<2,\\ 0.8, & 2\leqslant x<3,\\ 0.9, & 3\leqslant x<4,\\ 1, & x\geqslant 4.\end{cases}$$

3. 顺序统计量：$-4.20,-4.00,-2.10,-2.10,-0.10,-0.00,-0.00,1.20,1.20,$ $2.01,2.22,3.20,3.21$；

样本中位数：0；

极差：7.41；

增加一个样本后的中位数：0.6.

4. 0.4308.

5. $F_n(x)=\begin{cases}0, & x<1,\\ 0.15, & 1\leqslant x<2,\\ 0.36, & 2\leqslant x<3,\\ 0.61, & 3\leqslant x<4,\\ 0.81, & 4\leqslant x<5,\\ 0.93, & 5\leqslant x<6,\\ 1, & x\geqslant 6.\end{cases}$

习题 2

A 组

1. 矩估计：$\hat{\theta}=\dfrac{1}{\overline{X}}$；最大似然估计：$\hat{\theta}=\dfrac{1}{\overline{X}}$.

2. 矩估计：$\begin{cases}\hat{a}=\overline{X}-\sqrt{3}S\\ \hat{b}=\overline{X}+\sqrt{3}S\end{cases}$；最大似然估计：$\begin{cases}\hat{a}=\min\{X_1,X_2,\cdots,X_n\}\\ \hat{b}=\max\{X_1,X_2,\cdots,X_n\}\end{cases}$.

3. 略.

4. $n>1$ 时，$\hat{\theta}_1$ 更有效.

5. $(19.5721,20.0279)$.

6. $(-4.0079,-3.3921)$.

7. (1) $(2.3951,3.4049)$；(2) $(2.3520,3.4480)$；(3) $(0.1531,3.9872)$.

8. 略.

9. 0.1735.

B 组

1. (1) 14.95；(2) $(14.754,15.146)$；(3) $(14.713,15.187)$；(4) $(0.0199,0.3069)$.

2. (1) $(2.1209,2.1291)$；(2) $(2.1175,2.1325)$.

3. 数学期望 μ 的置信区间：$(12.0298,12.1302)$.

　　标准差 σ 的置信区间：$(0.0397,0.1221)$.

4. $(-6.43, 17.43)$.

习题 3

A 组

1. $\alpha = 0.0328, \beta = 0.6331$.

2. 答：可以认为这批矿砂的(平均)镍含量超过 3.235%.

3. (1) 方差 σ^2 和过去相比无显著变化.

　　(2) 均值 μ 和过去相比有显著变化.

4. 答：$W = \{\chi^2 < \chi^2_{1-\alpha/2}(n)\} \bigcup \{\chi^2 > \chi^2_{\alpha/2}(n)\}$.

5. 答：甲、乙两台机床加工产品的直径无显著差异.

6. (1) 两种作物产量的波动性无显著差异.

　　(2) 两种作物的产量有显著差异.

　　(3) 两种作物平均产量之差的置信区间为 $(10.5379, 29.4621)$.

B 组

1. 答：次品服从二项分布.

2. 答：该四面体不均匀.

3. 答：该赌徒不是无辜的.

4. 答：路过的汽车数服从泊松分布.

5. 答：雷暴雨的次数 X 服从泊松分布.

6. 答：儿童的智力与营养之间有关联.

7. 答：这批铸件不需要转包.

8. 答：A 品牌显示器的零售价格比 B 品牌显示器的零售价格低.

习题 4

A 组

1. 施肥方案对农作物的收获量有显著影响.

2. 储藏方法对粮食的含水率没有显著影响.

3. 不同学院学生的考试成绩有显著差异.

4. 不同品种的茶叶中叶酸含量有显著差异.

B 组

1. 肥料品种对小麦产量没有显著影响；土壤种类对小麦产量有极显著影响；肥料品种与土壤种类的交互作用对小麦产量有显著影响.

2. 含铜量对钢冲击值有极显著影响；温度对钢冲击值有极显著影响；含铜量与温度的交互作用对钢冲击值没有显著影响.

3. 黄豆粉与蛋白胨的含量对微生物的适宜培养条件有极显著影响；KH_2PO_4 的含量对微生物的适宜培养条件有显著影响；黄豆粉与蛋白胨的含量与 KH_2PO_4 的含量的交互作用对微生物的适宜培养条件有显著影响.

习题 5

A 组

1. （1）最小二乘估计：$\hat{\beta}_0=1.1464, \hat{\beta}_1=0.0649$；

（2）残差平方和为 0.1460,标准差 σ 的无偏估计为 0.1351,子样相关系数为 0.9565；

（3）线性回归显著；

（4）3.2611,(2.4720,4.0503).

2. 经验回归直线：$\hat{y}=8.2+0.024x$；样本相关系数为 0.9897,残差平方和为 1.2 及 $\hat{\sigma}$ 为 0.6325；线性回归显著；当 $x_0=45$ 时,y_0 的预测值为 19,预测区间为 $[16.7723, 21.2278]$.

3. 经验回归方程为 $\hat{y}=14.4481+0.1054x$.

B 组

1. 经验回归方程为 $\hat{y}=\dfrac{x}{-0.0363+1.0264x}$.

2. 经验回归方程为 $\hat{y}=\exp(1.7035+0.1347x)$.

3. 经验回归方程为 $\hat{y}=-2.8565+0.0687x_1+0.1838x_2$.

4. 经验回归方程为 $\hat{y}=397.0874-110.75x_1+15.5833x_2-0.0583x_3$,预测值为 271.183.

习题 6

A 组

1.

（1）距离矩阵为 $\boldsymbol{D}=$

$$
\begin{array}{c}
 & \begin{array}{cccccc} 1 & 2 & 3 & 4 & 5 & 6 \end{array} \\
\begin{array}{c} 1 \\ 2 \\ 3 \\ 4 \\ 5 \\ 6 \end{array}
\begin{bmatrix}
0 & & & & & \\
2 & 0 & & & & \\
2.2 & 0.2 & 0 & & & \\
5 & 3 & 2.8 & 0 & & \\
5.4 & 3.4 & 3.2 & 0.4 & 0 & \\
6.1 & 4.1 & 3.9 & 1.1 & 0.7 & 0
\end{bmatrix}
\end{array}.
$$

（2）最短距离法、最长距离法谱系聚类图分别为

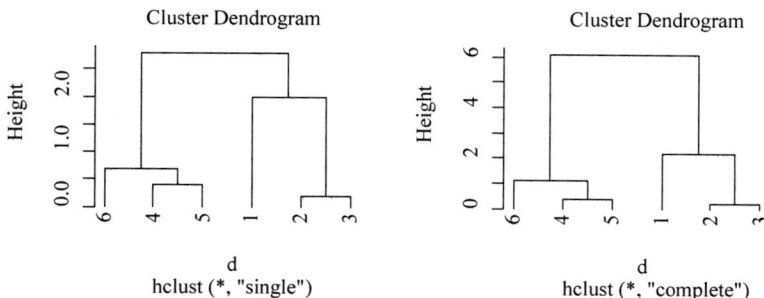

2. (1) $\bar{\boldsymbol{x}}^{(1)}=\begin{bmatrix}3\\6\end{bmatrix},\bar{\boldsymbol{x}}^{(2)}=\begin{bmatrix}5\\8\end{bmatrix},\boldsymbol{S}_1=\dfrac{1}{2}\begin{bmatrix}2&3\\3&6\end{bmatrix},\boldsymbol{S}_2=\dfrac{1}{2}\begin{bmatrix}2&1\\1&2\end{bmatrix};$

(2) $\hat{\boldsymbol{\Sigma}}=\dfrac{(n_1-1)\boldsymbol{S}_1+(n_2-1)\boldsymbol{S}_2}{n_1+n_2-2}=\begin{bmatrix}1&1\\1&2\end{bmatrix},\hat{\boldsymbol{\Sigma}}^{-1}=\begin{bmatrix}2&-1\\-1&1\end{bmatrix};$

(3) $\hat{W}(\boldsymbol{x})=(\boldsymbol{x}-\hat{\boldsymbol{\mu}})\hat{\boldsymbol{\Sigma}}^{-1}(\hat{\boldsymbol{\mu}}_1-\hat{\boldsymbol{\mu}}_2)=-2(x_1-4)$，判别准则为 $\begin{cases}\boldsymbol{x}\in G_1 & \hat{W}(\boldsymbol{x})\geqslant 0,\\ \boldsymbol{x}\in G_2 & \hat{W}(\boldsymbol{x})<0.\end{cases}$

(4) $\boldsymbol{x}_0=(x_1,x_2)^{\mathrm{T}}=(2,6)^{\mathrm{T}},\hat{W}(\boldsymbol{x}_0)=4\geqslant 0$，判定属于 G_1;

(5) 貌似误判率为 $1/6\approx 16.7\%$.

习题 7

A 组

1. 相关系数阵为 $\rho=\begin{bmatrix}1&\dfrac{\sqrt{2}}{\sqrt{5}}\\[2mm]\dfrac{\sqrt{2}}{\sqrt{5}}&1\end{bmatrix}$，标准化变量的主成分 $\begin{cases}Y_1^*=\dfrac{1}{\sqrt{2}}X_1+\dfrac{1}{\sqrt{2}}X_2,\\[2mm]Y_2^*=\dfrac{1}{\sqrt{2}}X_1-\dfrac{1}{\sqrt{2}}X_2,\end{cases}$ 第一主成分 Y_1^* 的贡献率为 81.62%.

2. (1) 变量的主成分为 $\begin{cases}Y_1^*=\dfrac{1}{\sqrt{2}}X_1+\dfrac{1}{\sqrt{2}}X_2\\[2mm]Y_2^*=\dfrac{1}{\sqrt{2}}X_1-\dfrac{1}{\sqrt{2}}X_2\end{cases}$，$Y_1^*$ 的贡献率为 $\dfrac{\lambda_1}{\lambda_1+\lambda_2}=\dfrac{1+\rho}{2}$;

(2) $\rho>0.8$ 时才能使第一主成分的累积贡献率在 90% 以上.

3. 主成分为 $Z_1=-\dfrac{1}{\sqrt{5}}X_1+\dfrac{2}{\sqrt{5}}X_2,Z_2=X_3,Z_3=\dfrac{2}{\sqrt{5}}X_1+\dfrac{1}{\sqrt{5}}X_2$；保留 2 个主成分可以使累计贡献率在 85% 以上.

参 考 文 献

［1］　陈希孺.数理统计学简史［M］.哈尔滨：哈尔滨工业大学出版社,2021.

［2］　袁卫,李惠.治学报国:民国时期的统计留学生［J］.统计研究,2021,38(7)：153-160.

［3］　茆诗松,程依明,濮晓龙.概率论与数理统计教程［M］.3 版.北京：高等教育出版社,2019.

［4］　王松桂,陈敏,陈丽萍.线性统计模型：线性回归与方差分析［M］.北京：高等教育出版社,1999.

［5］　易正俊.数理统计及其工程应用［M］.北京：清华大学出版社,2014.

［6］　魏宗舒,等.概率论与数理统计教程［M］.3 版.北京：高等教育出版社,2020.

［7］　汪荣鑫.数理统计［M］.西安：西安交通大学出版社,1986.

［8］　盛骤,谢式千,潘承毅,等.概率论与数理统计［M］.5 版.北京：高等教育出版社,2019.

［9］　邓文丽,王静龙.非参数统计分析［M］.3 版.北京：高等教育出版社,2025.

［10］　王星,褚挺进.非参数统计［M］.2 版.北京：清华大学出版社,2014.

［11］　茆诗松,吕晓玲.数理统计学［M］.2 版.北京：中国人民大学出版社,2011.

［12］　于寅.高等工程数学［M］.3 版.武汉：华中科技大学出版社,2012.

［13］　孙荣恒.应用数理统计［M］.3 版.北京：科学出版社,2014.

［14］　王玲玲,周纪芗.常用统计方法［M］.上海：华东师范大学出版社,2010.

［15］　王万中.试验的设计与分析［M］.北京：高等教育出版社,2004.

［16］　梅长林,周家良.实用统计方法［M］.北京：科学出版社,2009.

［17］　高惠璇.应用多元统计分析［M］.北京：北京大学出版社,2005.

［18］　薛毅,陈立萍.统计建模与 R 软件［M］.2 版.北京：清华大学出版社,2021.

［19］　王淑芬.应用统计学［M］.4 版.北京：北京大学出版社,2024.

附录　概率论基础知识

概率论是统计学特别是数理统计的重要数学基础. 为了帮助大家学好数理统计学, 特在附录中介绍概率论的一些基本概念、定义、定理、公式, 以供复习或查阅.

1. 事件

事件是概率论研究的对象. 事件可分为必然事件 S, 不可能事件 $\varnothing$, 随机事件 A, B, C 三类. 事件的关系与运算如下.

(1) 事件的包含与相等: 若事件 A 发生必导致事件 B 发生, 则称事件 A 包含于事件 B, 记作 $A \subset B$. 若 $A \subset B$ 且 $B \subset A$, 则称事件 A 与事件 B 相等, 记作 $A = B$.

(2) 和事件: 事件 A 与事件 B 至少有一个发生, 称为事件 A 与 B 的和事件, 记作 $A \cup B$. 和事件运算可推广到 $\bigcup\limits_{i=1}^{n} A_i$ 和 $\bigcup\limits_{i=1}^{+\infty} A_i$.

(3) 积事件: 事件 A 与事件 B 同时发生所构成的事件, 称为事件 A 与 B 的积事件, 记作 $A \cap B$ 或 AB. 和事件运算可推广到 $\bigcap\limits_{i=1}^{n} A_i$ 与 $\bigcap\limits_{i=1}^{+\infty} A_i$.

(4) 差事件: 事件 A 发生但事件 B 不发生所构成的事件, 称为 A 与 B 的差事件, 记作 $A - B$.

(5) 事件的互不相容: 事件 A 与事件 B 不可能同时发生, 则称事件 A 与 B 互不相容, 记作 $AB = \varnothing$.

(6) 对立事件: 事件 $\overline{A}$ 发生意味着事件 A 不发生, 则称 $\overline{A}$ 为 A 的对立事件.

(7) 完备事件组: 事件组 $A_1, A_2, \cdots, A_n$ 如满足如下两个条件: ① $A_1, A_2, \cdots, A_n$ 两两不相容; ② $\bigcup\limits_{i=1}^{n} A_i = S$, 则称为完备事件组.

2. 概率的定义与性质

概率是概率论中最基本的概念. 事件 A 的概率是 A 发生可能性大小的度量, 记为 $P(A)$. 在概率论中, 概率的定义有很多种 (概率的频率定义、公理化定义和几何定义等), 下面介绍概率的频率定义、概率的公理化定义以及概率的性质.

(1) 概率的频率定义: 进行大量重复实验时, 事件 A 发生的频率具有稳定性. 频率的稳定值 p 称为事件 A 的概率, 记作 $P(A)$.

(2) 概率的公理化定义：对随机试验的每一个事件 A 赋予一个实数与之对应，记为 $P(A)$，称为事件 A 的概率，若集合函数 $P(A)$ 满足下列条件：

① 非负性：对任一事件 A，有 $P(A) \geqslant 0$；

② 规范性：对于必然事件 S，有 $P(S) = 1$；

③ 可列可加性：设 $A_1, A_2, \cdots, A_n \cdots$ 是两两不相容的事件，即对 $i, j = 1, 2, \cdots, n, \cdots$ 有 $A_i A_j = \varnothing, i \neq j$，则 $P\left(\bigcup\limits_{i=1}^{+\infty} A_i\right) = \sum\limits_{I=1}^{+\infty} P(A_i)$，亦即

$$P(A_1 \bigcup A_2 \bigcup \cdots \bigcup A_n \bigcup \cdots) = P(A_1) + P(A_2) + \cdots + P(A_n) + \cdots$$

(3) 古典概型：若随机试验满足下述两个条件：

① 其样本空间只包含有限个元素 n；

② 试验中每个基本事件发生的可能性相同.

称这种试验为等可能随机试验或古典概型. 如果事件 A 只可能出现包含 k 种基本结果，则事件 A 的概率为 $P(A) = k/n$.

(4) 概率的性质：

① $P(\varnothing) = 0$.

② 若 $A_1, A_2, \cdots, A_n$ 两两相不相容，则 $P\left(\bigcup\limits_{k=1}^{n} A_k\right) = \sum\limits_{k=1}^{n} P(A_k)$，即

$$P(A_1 \bigcup A_2 \bigcup \cdots \bigcup A_n) = P(A_1) + P(A_2) + \cdots + P(A_n).$$

③ 设 A、B 是两个事件，若 $B \subset A$，则 $P(A-B) = P(A) - P(B)$；

又由 $P(A-B) \geqslant 0$，知 $P(A) \geqslant P(B)$.

④ 对于任一个事件 A，$P(A) \leqslant 1$.

⑤ 对于任一个事件 A，$P(\overline{A}) = 1 - P(A)$.

⑥（加法公式）对任两事件 A、B，有 $P(A \bigcup B) = P(A) + P(B) - P(AB)$.

3. 条件概率、事件的独立性

1）条件概率

(1) 定义：设 A、B 是两个事件，且 $P(A) > 0$，则称 $P(B|A) = \dfrac{P(AB)}{P(A)}$ 为在事件 A 发生的条件下事件 B 发生的条件概率.

(2) 乘法公式：若 $P(A) > 0$，则 $P(AB) = P(B|A)P(A)$；若 $P(B) > 0$，则 $P(AB) = P(A|B)P(B)$.

推广：设 A, B, C 为事件，且 $P(A) > 0, P(AB) > 0$，则

$$P(ABC) = P(A)P(B|A)P(C|AB).$$

2）全概率公式和贝叶斯公式

设试验 E 的样本空间为 S，A 为 E 的事件，$B_1, B_2, \cdots, B_n$ 为一个完备事件组，且 $P(B_i) > 0(i = 1, 2, \cdots, n)$，则

(1) $P(A) = \sum_{i=1}^{n} P(A \mid B_i) P(B_i)$ —— 全概率公式；

(2) 又若 $P(A) > 0$，则 $P(B_i \mid A) = \dfrac{P(A \mid B_i) P(B_i)}{\sum\limits_{j=1}^{n} P(A \mid B_j) P(B_j)}$ —— 贝叶斯公式．

3) 独立事件的概念与定理

(1) 两个事件的独立：若 A、B 是两事件，如果满足 $P(AB) = P(A)P(B)$，则称事件 A、B 相互独立，简称 A、B 独立．

(2) 定理：

定理 1 设 A、B 是两事件，且 $P(A) > 0$，$P(B) > 0$，则
$$A、B \text{ 相互独立} \Leftrightarrow P(B \mid A) = P(B) \text{ 或 } P(A \mid B) = P(A).$$

定理 2 设 A、B 相互独立，则 $\overline{A}$ 与 B，A 与 $\overline{B}$，$\overline{A}$ 与 $\overline{B}$ 均相互独立．

(3) 多个事件的独立：若 A、B、C 是三事件，满足下列等式
$$\begin{cases} P(AB) = P(A)P(B); \\ P(AC) = P(A)P(C); \\ P(BC) = P(B)P(C); \\ P(ABC) = P(A)P(B)P(C). \end{cases}$$

则称 A、B、C 三事件相互独立．

设 $A_1, A_2, \cdots, A_n$ 是 n 个事件，如果 $P(A_{i_1} A_{i_2} \cdots A_{i_k}) = P(A_{i_1}) P(A_{i_2}) \cdots P(A_{i_k})$（其中 $2 \leqslant k \leqslant n, 1 \leqslant i_1, i_2, \cdots, i_k \leqslant n$），则称事件 $A_1, A_2, \cdots, A_n$ 相互独立．

4) 伯努利概型

在一定条件下进行 n 次独立重复试验，每次试验只有两种可能：A 与 $\overline{A}$，记 $P(A) = p$，$P(\overline{A}) = 1 - p = q (0 < p < 1)$，则 n 次独立重复试验中，事件 A 恰好发生 $k (0 \leqslant k \leqslant n)$ 次的概率为 $P_n(k) = C_n^k p^k q^{n-k}$，$k = 0, 1, 2, \cdots, n$．

4. 随机变量及其概率分布

随机变量是概率论中重要的基本概念，主要讨论它的概率分布．

1) 随机变量及其分布函数

(1) 随机变量：若存在一个变量，它依试验结果的改变而取不同的数值，则称此变量为随机变量．由于试验结果的出现是随机的，故表示随机试验结果的量——随机变量的取值也是随机的．随机变量用 $X, Y, Z, \cdots$ 表示，它的概率分布一般可用分布函数表示．

(2) 分布函数的定义：对随机变量 X，称 $F(x) = P\{X \leqslant x\}$，$\forall x \in \mathbf{R}$，为 X 的分布函数．显然，$P\{a < X \leqslant b\} = F(b) - F(a)$．

(3) 分布函数的性质：

$F(-\infty) = 0$；$F(+\infty) = 1$；$F(x)$ 单调非降；$F(x)$ 右连续．

2) 离散型随机变量及其分布律

(1) 定义：$P\{X = x_i\} = p_i$，$i = 1, 2, \cdots, n, \cdots$ 或用如下表格表示

X_i	x_1	x_2	$\cdots$	x_i	$\cdots$
P_i	p_1	p_2	$\cdots$	p_i	$\cdots$

（2）性质：$p_i \geqslant 0$；$\sum\limits_{i=1}^{+\infty} p_i = 1$；$P\{a < X \leqslant b\} = \sum\limits_{a < x_i \leqslant b} p_i$；

$$F(x) = \begin{cases} 0, & x < x_1; \\ p_1, & x_1 \leqslant x < x_2; \\ p_1 + p_2, & x_2 \leqslant x < x_3; \\ p_1 + p_2 + p_3, & x_3 \leqslant x < x_4; \\ \cdots \end{cases}$$

3）连续型随机变量及其分布密度

（1）定义：若随机变量 X 的分布函数 $F(x)$ 满足 $F(x) = \int_{-\infty}^{x} f(t)\mathrm{d}t$，$\forall x \in R$，则称 $f(x)$ 为 X 的分布密度.

（2）性质：$f(x) \geqslant 0$；$\int_{-\infty}^{+\infty} f(x)\mathrm{d}x = 1$.

注：① 若 $f(x)$ 在点 x 处连续，则 $F'(x) = f(x)$.

② 连续型随机变量的分布函数连续.

③ $P\{a < X \leqslant b\} = \int_a^b f(t)\mathrm{d}t$.

4）几类常见的概率分布

（1）二项分布：设随机试验中 $P(A) = p \in (0,1)$，将试验独立重复 n 次，记事件 A 出现次数为 X，则称 X 服从以 n，p 为参数的二项分布，记为 $X \sim b(n,p)$. 分布律为 $P\{X=k\} = C_k^n p^k q^{n-k}$，$k=0,1,\cdots,n$. (0-1)分布是二项分布当 $n=1$ 时的特例.

（2）泊松分布：分布律为 $P\{X=k\} = \dfrac{\lambda^k e^{-\lambda}}{k!}$，$k=0,1,2,\cdots$，其中 $\lambda > 0$，记作 $X \sim P(\lambda)$.

（3）几何分布：设随机试验中 $P(A) = p \in (0,1)$，将试验独立重复进行，直至事件 A 第一次出现为止，记所需试验次数为 X，则称 X 服从以 p 为参数的几何分布，记为 $X \sim Ge(p)$. 分布律为 $P\{X=k\} = (1-p)^{k-1}p$，$k=1,2,\cdots$.

（4）均匀分布：$X \sim U(a,b)$，$f(x) = \begin{cases} \dfrac{1}{b-a}, & a \leqslant x \leqslant b, \\ 0, & \text{其他}. \end{cases}$

（5）指数分布：$X \sim \text{Exp}(\theta)$，$f(x) = \begin{cases} \theta e^{-\theta x}, & x > 0 \\ 0, & \text{其他}. \end{cases}$ 其中参数 $\theta > 0$.

（6）正态分布：$X \sim N(\mu, \sigma^2)$，$f(x) = \dfrac{1}{\sqrt{2\pi}\sigma} e^{-\frac{(x-\mu)^2}{2\sigma^2}}$，$-\infty < x < +\infty$.

注：① 当 $\mu = 0$，$\sigma = 1$ 时，$X \sim N(0,1)$，称为标准正态分布，分布密度、分布函数分别记作 $\varphi(x) = \dfrac{1}{\sqrt{2\pi}} e^{-\frac{x^2}{2}}$ 和 $\Phi(x) = \dfrac{1}{\sqrt{2\pi}} \int_{-\infty}^{x} e^{-\frac{t^2}{2}}\mathrm{d}t$.

② $x>0$ 时,$\varphi(x)$可以查表求值;且 $\Phi(-x)=1-\Phi(x)$.

③ 若 $X\sim N(\mu,\sigma^2)$,则$\dfrac{X-\mu}{\sigma}\sim N(0,1)$,且 $F(x)=\Phi\left(\dfrac{x-\mu}{\sigma}\right)$.

5. 多维随机变量及其分布,随机变量的独立性

n 个随机变量 $X_1,X_2,\cdots,X_n$ 的全体$(X_1,X_2,\cdots,X_n)$,称为 n 维随机变量.需要指出,随机变量的各分量是有次序的.这里着重讨论二维随机变量(X,Y)及其概率分布.

1) 联合分布函数和边缘分布函数

(1) 联合分布函数:对于二维随机变量(X,Y),$\forall x,y\in \boldsymbol{R}$,称函数 $F(x,y)=P\{X\leqslant x,Y\leqslant y\}$为$(X,Y)$的联合分布函数.

(2) 性质:

① $F(x,y)$对 x,y 均为单调非降;

② $F(x,y)$对 x,y 均为右连续;

③ $F(-\infty,-\infty)=0,F(-\infty,y)=0,F(x,-\infty)=0,F(+\infty,+\infty)=1$.

(3) 边缘分布函数和联合分布函数的关系:
$$F_X(x)=F(x,+\infty),\quad F_Y(y)=F(+\infty,y).$$

2) 联合分布律和边缘分布律

(1) 联合分布律:
$$P\{X=x_i,Y=y_j\}=p_{ij},\quad i,j=1,2,\cdots,\quad p_{ij}\geqslant 0;\ \sum_{i=1}^{+\infty}\sum_{j=1}^{+\infty}p_{ij}=1.$$

(2) 边缘分布律:
$$\begin{cases}P\{X=x_i\}=\displaystyle\sum_{j=1}^{+\infty}p_{ij}=p_{i\cdot},\quad i=1,2,\cdots,\\[2mm]P\{Y=y_j\}=\displaystyle\sum_{i=1}^{+\infty}p_{ij}=p_{\cdot j},\quad j=1,2,\cdots.\end{cases}$$

3) 联合分布密度和边缘分布密度

(1) 定义:若对(X,Y) 有 $F(x,y)=\displaystyle\int_{-\infty}^{x}\int_{-\infty}^{y}f(u,v)\mathrm{d}u\,\mathrm{d}v$,其中 $f(x,y)\geqslant 0$,则称 $f(x,y)$ 为(X,Y) 的联合分布密度.

(2) 性质:① $\displaystyle\int_{-\infty}^{+\infty}\int_{-\infty}^{+\infty}f(x,y)\mathrm{d}x\,\mathrm{d}y=1$.

② 若 $f(x,y)$ 在点(x,y) 处连续,则$\dfrac{\partial^2}{\partial x\partial y}F(x,y)=f(x,y)$.

③ $P\{(X,Y)\in G\}=\displaystyle\iint_{G}f(x,y)\mathrm{d}x\,\mathrm{d}y$.

(3) 联合分布密度和边缘分布密度的关系:
$$f_X(x)=\int_{-\infty}^{+\infty}f(x,y)\mathrm{d}y;\quad f_Y(y)=\int_{-\infty}^{+\infty}f(x,y)\mathrm{d}x.$$

(4) 二维正态随机变量：设二维正态随机变量(X,Y)的概率密度为

$$f(x,y)=\frac{1}{2\pi\sigma_1\sigma_2\sqrt{1-\rho^2}}\cdot$$

$$\exp\left\{\frac{-1}{2(1-\rho^2)}\left[\frac{(x-\mu_1)^2}{\sigma_1^2}-2\rho\frac{(x-\mu_1)(y-\mu_2)}{\sigma_1\sigma_2}+\frac{(y-\mu_2)^2}{\sigma_2^2}\right]\right\},$$

$$-\infty<x<+\infty,\ -\infty<y<+\infty,$$

其中，$\mu_1,\mu_2,\sigma_1,\sigma_2,\rho$ 都是常数，且 $\sigma_1>0,\sigma_2>0,-1<\rho<1$，称 (X,Y) 为服从参数 μ_1,μ_2，σ_1,σ_2,ρ 的二维正态分布，记为 $(X,Y)\sim N(\mu_1,\mu_2,\sigma_1^2,\sigma_2^2,\rho)$.

① 若 $(X,Y)\sim N(\mu_1,\mu_2,\sigma_1^2,\sigma_2^2,\rho)$，则 $X\sim N(\mu_1,\sigma_1^2),Y\sim N(\mu_2,\sigma_2^2)$.

② 若 $(X,Y)\sim N(\mu_1,\mu_2,\sigma_1^2,\sigma_2^2,\rho)$，则 X,Y 独立 $\Leftrightarrow\rho=0\Leftrightarrow X,Y$ 不相关.

4）随机变量的独立性

(1) 定义：对于 (X,Y)，$\forall x,y\in R$，有

$$P\{X\leqslant x,Y\leqslant y\}=P\{X\leqslant x\}P\{Y\leqslant y\}.$$

事件 $\{X\leqslant x\}$ 与 $\{Y\leqslant y\}$ 相互独立，则称 X,Y 相互独立.

(2) 判定：

① 随机变量 X,Y 相互独立 $\Leftrightarrow$ 对 $\forall x,y\in R,F(x,y)=F_X(x)F_Y(y)$.

② 离散型随机变量 X,Y 相互独立 $\Leftrightarrow$ 对 $\forall i,j=1,2,\cdots,p_{ij}=p_i.\cdot p_{.j}$.

③ 连续型随机变量 X,Y 相互独立 $\Leftrightarrow f(x,y)=f_X(x)f_Y(y)$ 几乎处处成立.

6. 随机变量函数的概率分布

1）一维随机变量函数的概率分布

问题：对于随机变量 X，连续函数 $g(x)$，$Y=g(X)$ 是一个随机变量，当已知随机变量 X 的分布时，求 $Y=g(X)$ 的分布.

(1) 对离散型随机变量 X，依 X,Y 取值的对应关系，可求 $Y=g(X)$ 的分布.

(2) 对连续型 X，有两种方法：

① 定理：若 $y=g(x)$ 是单值函数，$x=h(y)$ 是其反函数且有一阶连续导数，则 $f_Y(y)=f_X(h(y))|h'(y)|$.

② 分布函数法：先用定义求 $F_Y(y)$，再对 y 求导得到 $f_Y(y)$.

2）二维随机变量函数的概率分布

(1) X,Y 独立时，求 $X+Y$ 的分布：

设 X,Y 的概率密度分别为 $f_X(x),f_Y(y)$，且 X,Y 相互独立，则 $Z=X+Y$ 的概率密度为 $f_Z(z)=\int_{-\infty}^{+\infty}f_X(x)f_Y(z-x)\mathrm{d}x=\int_{-\infty}^{+\infty}f_X(z-y)f_Y(y)\mathrm{d}y$.

由上述卷积公式可推得：若 $X\sim N(\mu_1,\sigma_1^2),Y\sim N(\mu_2,\sigma_2^2)$，且 X,Y 相互独立，则 $X+Y\sim N(\mu_1+\mu_2,\sigma_1^2+\sigma_2^2)$.

上述结论又可推广为：若 $X\sim N(\mu_i,\sigma_i^2),i=1,2,\cdots,n$，且 $X_1,X_2,\cdots,X_n$ 相互独立，$\alpha_1,\alpha_2,\cdots,\alpha_n$ 是不全为 0 的数，则

$$\alpha_1 X_1 + \alpha_2 X_2 + \cdots + \alpha_n X_n \sim N\left(\sum_{i=1}^{n} \alpha_i \mu_i, \sum_{i=1}^{n} \alpha_i^2 \sigma_i^2\right)$$

（2）X,Y 独立时，求 X/Y 的分布：

设 X,Y 的概率密度分别为 $f_X(x), f_Y(y)$，且 X,Y 相互独立，则 $Z = X/Y$ 的概率密度为 $f_Z(z) = \displaystyle\int_{-\infty}^{+\infty} |y| f_X(yz) f_Y(y) \mathrm{d}y$.

7. 随机变量的数字特征

1）随机变量的数学期望

（1）离散型：设 $P\{X = x_i\} = p_i$, $i = 1,2,\cdots,n,\cdots$，若 $\displaystyle\sum_{k=1}^{+\infty} |x_k| p_k$ 收敛，则称数 $\displaystyle\sum_{k=1}^{+\infty} x_k p_k$ 为 X 的数学期望（均值），记 $E(X) = \displaystyle\sum_{k=1}^{+\infty} x_k p_k$.

（2）连续型：设 X 的分布密度为 $f(x)$，如果 $\displaystyle\int_{-\infty}^{+\infty} |x| f(x) \mathrm{d}x$ 收敛，则称数 $\displaystyle\int_{-\infty}^{+\infty} x f(x) \mathrm{d}x$ 为 X 的数学期望（均值），记 $E(X) = \displaystyle\int_{-\infty}^{+\infty} x f(x) \mathrm{d}x$.

2）随机变量的方差

$D(X) = E[X - E(X)]^2$ 如果存在，称为 X 的方差.

（1）用定义计算：

离散型：$D(X) = \displaystyle\sum_{k=1}^{+\infty} (x_k - E(x))^2 p_k$；

连续型：$E(X) = \displaystyle\int_{-\infty}^{+\infty} (x - E(x))^2 f(x) \mathrm{d}x$.

（2）用公式计算：$D(X) = E(X^2) - E^2(X)$.

注：$\sqrt{D(X)}$ 称为 X 的标准差，与 X 有相同的量纲.

3）一些常见概率分布的数学期望和方差

（1）二项分布：$X \sim b(n,p)$；$E(X) = np, D(X) = np(1-p)$.

（2）泊松分布：$X \sim P(\lambda)$；$E(X) = \lambda, D(X) = \lambda$.

（3）几何分布：$X \sim Ge(p)$；$E(X) = \dfrac{1}{p}, D(X) = \dfrac{1-p}{p^2}$.

（4）均匀分布：$X \sim U(a,b)$；$E(X) = \dfrac{a+b}{2}, D(X) = \dfrac{1}{12}(b-a)^2$.

（5）指数分布：$X \sim Exp(\theta)$；$E(X) = \dfrac{1}{\theta}, D(X) = \dfrac{1}{\theta^2}$.

（6）正态分布：$X \sim N(\mu, \sigma^2)$；$E(X) = \mu, D(X) = \sigma^2$.

4）随机变量的矩

设 X 是随机变量，$k \in N$，以下数学期望均存在，则称

（1）$E(X^k)$ 为 X 的 k 阶原点矩；

(2) $E[X-E(X)]^k$ 为 X 的 k 阶中心矩.

8. 随机变量函数的数学期望,期望与方差的性质

1）一维随机变量函数的数学期望

(1) 离散型:

设 $P\{X=x_i\}=p_i$，$i=1,2,\cdots,n,\cdots,Y=g(X)$，则 $E(Y)=E(g(X))=\sum\limits_{k=1}^{+\infty}g(x_k)p_k$.

(2) 连续型:

设 X 的分布密度为 $f(x)$，$Y=g(X)$，则 $E(Y)=E(g(X))=\int_{-\infty}^{+\infty}g(x)f(x)\mathrm{d}x$.

2）二维随机变量函数的数学期望

(1) 离散型：设 $P\{X=x_i,Y=y_j\}=p_{ij}$，$i,j=1,2,\cdots,n,\cdots,Z=g(X,Y)$，则

$$E(Z)=E(g(X,Y))=\sum\limits_{i=1}^{+\infty}\sum\limits_{j=1}^{+\infty}g(x_i,y_j)p_{ij}.$$

(2) 连续型：设 (X,Y) 的联合分布密度为 $f(x,y)$，$Z=g(X,Y)$，则

$$E(Z)=E(g(X,Y))=\int_{-\infty}^{+\infty}\int_{-\infty}^{+\infty}g(x,y)f(x,y)\mathrm{d}x\mathrm{d}y.$$

3）期望与方差的性质

(1) $E(C)=C,D(C)=0$，其中 C 为常数.

(2) $E(CX)=CE(X)$，其中 C 为常数.

(3) 对任意 X,Y，有 $E(X+Y)=E(X)+E(Y)$.

(4) 对相互独立的 X,Y，有 $E(XY)=E(X)E(Y)$.

4）随机变量的标准化

若 $E(X),D(X)$ 存在，且 $Y=\dfrac{X-E(X)}{\sqrt{D(X)}}$，必有 $E(Y)=0,D(Y)=1$，称 Y 是 X 的标准化变量，由 X 求 Y 的过程称为将 X 标准化.

补充定理：设 $X_1,X_2,\cdots,X_n$ 相互独立，且 $g_1(\,\cdot\,),g_2(\,\cdot\,),\cdots,g_k(\,\cdot\,)$ 是连续函数，

$$\begin{cases}Y_1=g_1(X_1,X_2,\cdots,X_{n_1});\\ Y_2=g_2(X_{n_1+1},X_{n_1+2},\cdots,X_{n_1+n_2});\\ \vdots\\ Y_k=g_k(X_{n_1+n_2+\cdots+n_{k-1}+1},X_{n_1+n_2+\cdots+n_{k-1}+2},\cdots,X_n).\end{cases}$$

则 $Y_1,Y_2,\cdots,Y_k$ 相互独立.

9. 二维随机变量的数字特征,n 维正态分布

二维随机变量 (X,Y) 的数字特征有 $E(X)$、$E(Y)$、$D(X)$、$D(Y)$，以及协方差和相关系数,另外还有矩.

1）协方差、相关系数

(1) 定义:

$\mathrm{Cov}(X,Y)=E\{[X-E(X)][Y-E(Y)]\}$ 称为随机变量 X 与 Y 的协方差;

$\rho_{XY}=\dfrac{\mathrm{Cov}(X,Y)}{\sqrt{D(X)D(Y)}}$ 称为随机变量 X 与 Y 的相关系数,无量纲.

注：若$(X,Y)\sim N(\mu_1,\mu_2,\sigma_1^2,\sigma_2^2,\rho)$,则 $X\sim N(\mu_1,\sigma_1^2),Y\sim N(\mu_2,\sigma_2^2)$,故

$$E(X)=\mu_1,E(Y)=\mu_2,D(X)=\sigma_1^2,D(Y)=\sigma_2^2,$$

经计算还有$\mathrm{Cov}(X,Y)=\rho\sigma_1\sigma_2$,从而$\rho_{XY}=\rho$.

（2）性质：

① $\mathrm{Cov}(X,X)=D(X)$.

② $\mathrm{Cov}(X,Y)=\mathrm{Cov}(Y,X)$.

③ $\mathrm{Cov}(aX,bY)=ab\mathrm{Cov}(Y,X)$.

④ $\mathrm{Cov}(X_1+X_2,Y)=\mathrm{Cov}(X_1,Y)+\mathrm{Cov}(X_2,Y)$.

⑤ $|\rho_{XY}|\leqslant1$,且$|\rho_{XY}|=1\Leftrightarrow$存在常数$a,b$使$P\{Y=aX+b\}=1$.

（3）计算公式：

$$\mathrm{Cov}(X,Y)=E(XY)-E(X)E(Y).$$

（4）独立与不相关：

① 当$\rho_{XY}=0$时,称X,Y不相关.

② X,Y独立$\Rightarrow X,Y$不相关；反之X,Y不相关不能推出X,Y独立.

③ X,Y不相关$\Rightarrow D(X+Y)=D(X)+D(Y)$.

一般情况下,$D(X+Y)=D(X)+D(Y)+2\mathrm{Cov}(X,Y)$.

（5）二维正态分布变量的独立与不相关：

若$(X,Y)\sim N(\mu_1,\mu_2,\sigma_1^2,\sigma_2^2,\rho)$,则$X,Y$独立$\Leftrightarrow\rho=0\Leftrightarrow X,Y$不相关.

2）二维随机变量的矩

对非负整数n,k有

$E(X^nY^k)$——(X,Y)的$n+k$阶混合原点矩；

$E\{[X-E(X)]^n[Y-E(Y)]^k\}$——$(X,Y)$的$n+k$阶混合中心矩.

3）n维正态分布

（1）协方差矩阵：对于$(X_1,X_2,\cdots,X_n)$,令$b_{ij}=\mathrm{Cov}(X_i,X_j)$,记

$$\boldsymbol{B}=(b_{ij})_{n\times n}=\begin{pmatrix}b_{11}&b_{12}&\cdots&b_{1n}\\b_{21}&b_{22}&\cdots&b_{2n}\\\vdots&\vdots&&\vdots\\b_{n1}&b_{n2}&\cdots&b_{nn}\end{pmatrix},$$

则称$\boldsymbol{B}$为$(X_1,X_2,\cdots,X_n)$的协方差矩阵.其中,

$$\begin{cases}b_{ii}=\mathrm{Cov}(X_i,X_i)=D(X_i)=\sigma_i^2,\\b_{ij}=\mathrm{Cov}(X_i,X_j)=\mathrm{Cov}(X_j,X_i)=b_{ji}.\end{cases}$$

故协方差矩阵是以$D(X_i)=\sigma_i^2$为主对角元的对称阵.

二维正态分布的随机变量(X_1,X_2)的协方差矩阵为$\boldsymbol{B}=\begin{bmatrix}\sigma_1^2&\rho\sigma_1\sigma_2\\\rho\sigma_1\sigma_2&\sigma_2^2\end{bmatrix}$,可以验证,

(X_1,X_2)的联合密度函数可表示为$f(\boldsymbol{x})=\dfrac{1}{2\pi|\boldsymbol{B}|^{\frac{1}{2}}}e^{-\frac{1}{2}(\boldsymbol{x}-\boldsymbol{\mu})^T\boldsymbol{B}^{-1}(\boldsymbol{x}-\boldsymbol{\mu})}$,其中$\boldsymbol{x}=(x_1,x_2)^T,\boldsymbol{\mu}=(\mu_1,\mu_2)^T$.

（2）n 维正态分布随机变量：

对于$(X_1, X_2, \cdots, X_n)$，记 $\boldsymbol{x} = (x_1, x_2, \cdots, x_n)^{\mathrm{T}}$，$\boldsymbol{\mu} = (\mu_1, \mu_2, \cdots, \mu_n)^{\mathrm{T}}$，其中 $\mu_i = E(X_i), i = 1, 2, \cdots, n$，$\boldsymbol{B}$ 是协方差矩阵，若$(X_1, X_2, \cdots, X_n)$的联合密度函数为 $f(\boldsymbol{x}) = \dfrac{1}{(2\pi)^{\frac{n}{2}} |\boldsymbol{B}|^{\frac{1}{2}}} e^{-\frac{1}{2}(\boldsymbol{x}-\boldsymbol{\mu})^{\mathrm{T}} \boldsymbol{B}^{-1}(\boldsymbol{x}-\boldsymbol{\mu})}$，则说明$(X_1, X_2, \cdots, X_n)$服从 n 维正态分布.

（3）n 维正态分布随机变量的性质：

① 若$(X_1, X_2, \cdots, X_n)$是 n 维正态变量，则 $X_i \sim N(E(X_i), D(X_i)), i = 1, 2, \cdots, n$. 反之，若 $X_1, X_2, \cdots, X_n$ 均为正态变量，且相互独立，则$(X_1, X_2, \cdots, X_n)$是 n 维正态变量.

② n 维正态变量具有线性变换不变性. 即若$(X_1, X_2, \cdots, X_n)$是 n 维正态变量，$Y_1, Y_2, \cdots, Y_k$ 均为 $X_i (i = 1, 2, \cdots, n)$的线性函数，则$(Y_1, Y_2, \cdots, Y_k)$是 k 维正态变量.

③ 若$(X_1, X_2, \cdots, X_n)$是 n 维正态变量，则

$$X_1, X_2, \cdots, X_n \text{ 相互独立} \Leftrightarrow X_1, X_2, \cdots, X_n \text{ 两两不相关}.$$

10. 大数定律、中心极限定理

1）切比雪夫不等式

切比雪夫不等式：设随机变量 X 存在数学期望 $E(X) = \mu$，方差 $D(X) = \sigma^2$，则对 $\forall \varepsilon > 0$，成立不等式：$P\{|X - \mu| < \varepsilon\} \geqslant 1 - \dfrac{\sigma^2}{\varepsilon^2}$ 或表示为 $P\{|X - \mu| \geqslant \varepsilon\} \leqslant \dfrac{\sigma^2}{\varepsilon^2}$.

连续变量情形下的证明：

$$P\{|X - \mu| \geqslant \varepsilon\} = \int_{|x-\mu| \geqslant \varepsilon} f(x)\,\mathrm{d}x \leqslant \int_{|x-\mu| \geqslant \varepsilon} \frac{(x-\mu)^2}{\varepsilon^2} f(x)\,\mathrm{d}x$$

$$\leqslant \int_{-\infty}^{+\infty} \frac{(x-\mu)^2}{\varepsilon^2} f(x)\,\mathrm{d}x = \frac{1}{\varepsilon^2} \int_{-\infty}^{+\infty} (x-\mu)^2 f(x)\,\mathrm{d}x = \frac{\sigma^2}{\varepsilon^2}.$$

2）随机变量序列的依概率收敛

（1）数列 $x_n \to a (n \to +\infty)$：$\lim\limits_{n \to +\infty} x_n = a$.

（2）随机变量序列 $X_n \xrightarrow{P} a (n \to +\infty)$：

对于任意 $\varepsilon > 0$，都有

$$\lim_{n \to +\infty} P\{|X_n - a| < \varepsilon\} = 1.$$

则称随机变量序列$\{X_n\}$依概率收敛于常数 a，记 $X_n \xrightarrow{P} a$.

直观含义：当 $n \to +\infty$ 时，X_n 与常数 a 充分接近几乎是必然的.

（3）依概率收敛的性质：

① 当 $n \to +\infty$ 时，$X_n \xrightarrow{P} a$，$Y_n \xrightarrow{P} b$，$g(x, y)$ 在点(a, b)处连续，则随机变量序列 $g(X_n, Y_n) \xrightarrow{P} g(a, b)(n \to +\infty)$.

② 当 $n \to +\infty$ 时，$X_n \xrightarrow{P} c$，数列 $a_n \to 1$，则随机变量序列 $a_n X_n \xrightarrow{P} c (n \to +\infty)$.

③ 当 $n \to +\infty$ 时，$X_n \xrightarrow{P} c$，c 非负，则随机变量序列 $\sqrt{X_n} \xrightarrow{P} \sqrt{c}(n \to +\infty)$.

3）大数定律

（1）切比雪夫大数定律：

设随机变量 $X_1, X_2, \cdots, X_n$ 相互独立且具有相同的数学期望和方差，$E(X_k) = \mu$，$D(X_k) = \sigma^2$，$(k=1,2,\cdots)$，令 $Y_n = \dfrac{1}{n} \sum\limits_{k=1}^{n} X_k$，$(n=1,2,\cdots)$，则 $Y_n \xrightarrow{P} \mu$．

分析：Y_n 是随机变量序列 $X_1, X_2, \cdots, X_n, \cdots$ 中前 n 个的算术平均值，当 $n=1,2,\cdots$ 时，构成新的随机变量序列．在切比雪夫大数定律条件下，这一算术平均值序列依概率收敛于 $E(X_k) = \mu$．该定律描述了算术平均值的稳定性．

（2）伯努利大数定律：

（频率的稳定性）　设事件 A 在每次试验中发生的概率为 p，将试验独立重复 n 次，事件 A 发生了 n_A 次，即 $n_A \sim b(n,p)$，则 $\dfrac{n_A}{n} \xrightarrow{P} p (n \to +\infty)$，即 $\lim\limits_{n \to +\infty} P \left\{ \left| \dfrac{n_A}{n} - p \right| < \varepsilon \right\} = 1$．

（3）辛钦大数定律：

设随机变量 $X_1, X_2, \cdots, X_n, \cdots$ 相互独立且具有相同的分布，具有数学期望 $E(X_k) = \mu$，$(k=1,2,\cdots)$，则对 $\forall \varepsilon > 0$ 有 $\lim\limits_{n \to +\infty} P \left\{ \left| \dfrac{1}{n} \sum\limits_{i=1}^{n} X_i - \mu \right| < \varepsilon \right\} = 1$．

4）中心极限定理

（1）独立同分布的中心极限定理：

设随机变量 $X_1, X_2, \cdots, X_n, \cdots$ 独立同分布，具有期望 $E(X_k) = \mu$，方差 $D(X_k) = \sigma^2 > 0$，$(k=1,2,\cdots)$，考虑 $\sum\limits_{k=1}^{n} X_k$ 的标准化变量：

$$Y_n = \frac{\sum\limits_{k=1}^{n} X_k - E\left(\sum\limits_{k=1}^{n} X_k\right)}{\sqrt{D\left(\sum\limits_{k=1}^{n} X_k\right)}} = \frac{\sum\limits_{k=1}^{n} X_k - n\mu}{\sqrt{n}\,\sigma}.$$

设 Y_n 的分布函数为 $F_n(x)$，则对 $\forall x \in \mathbf{R}$，有

$$\lim_{n \to +\infty} F_n(x) = \lim_{n \to +\infty} P \left\{ \frac{\sum\limits_{k=1}^{n} X_k - n\mu}{\sqrt{n}\,\sigma} \leqslant x \right\} = \int_{-\infty}^{x} \frac{1}{\sqrt{2\pi}} \mathrm{e}^{-t^2/2} \mathrm{d}t = \Phi(x).$$

注：在定理的条件下，当 n 很大时，随机变量 $\dfrac{\sum\limits_{k=1}^{n} X_k - n\mu}{\sqrt{n}\,\sigma} \overset{近似}{\sim} N(0,1)$，解题时，上述近似关系常用．

进一步，将上式左端改写为 $\dfrac{\dfrac{1}{n}\sum\limits_{k=1}^{n} X_k - \mu}{\sigma/\sqrt{n}} = \dfrac{\overline{X} - \mu}{\sigma/\sqrt{n}}$，于是定理结果可写成：当 n 充分大时，$\dfrac{\overline{X} - \mu}{\sigma/\sqrt{n}} \overset{近似}{\sim} N(0,1)$ 或 $\overline{X} \overset{近似}{\sim} N(\mu, \sigma^2/n)$．

这是独立同分布中心极限定理结果的另一种形式．此结果是数理统计中大样本统计推断的基础．

（2）李雅普诺夫中心极限定理：

设随机变量 $X_1, X_2, \cdots, X_n, \cdots$ 相互独立且有数学期望和方差：

$$E(X_k) = \mu_k, \quad D(X_k) = \sigma_k^2 > 0, \quad (k = 1, 2, \cdots).$$

记 $B_n^2 = \sum_{k=1}^{n} \sigma_k^2$，若存在正数 δ，使当 $n \to +\infty$ 时 $\frac{1}{B_n^{2+\delta}} \sum_{k=1}^{n} E[|X_k - \mu_k|^{2+\delta}] \to 0$，则随

机变量之和 $\sum_{k=1}^{n} X_k$ 的标准化变量 $Z_n = \dfrac{\sum\limits_{k=1}^{n} X_k - E\left(\sum\limits_{k=1}^{n} X_k\right)}{\sqrt{D\left(\sum\limits_{k=1}^{n} X_k\right)}} = \dfrac{\sum\limits_{k=1}^{n} X_k - \sum\limits_{k=1}^{n} \mu_k}{B_n}$ 的分布函数

$F_n(x)$ 对于任意 $x \in \mathbf{R}$，满足

$$\lim_{n \to +\infty} F_n(x) = \lim_{n \to +\infty} P\left\{\frac{\sum\limits_{k=1}^{n} X_k - \sum\limits_{k=1}^{n} \mu_k}{B_n} \leqslant x\right\} = \int_{-\infty}^{x} \frac{1}{\sqrt{2\pi}} e^{-t^2/2} \, \mathrm{d}t = \Phi(x).$$

注：在定理的条件下，当 n 很大时，随机变量 $Z_n = \dfrac{\sum\limits_{k=1}^{n} X_k - \sum\limits_{k=1}^{n} \mu_k}{B_n} \overset{\text{近似}}{\sim} N(0,1)$ 或

$\sum\limits_{k=1}^{n} X_k = B_n Z_n + \sum\limits_{k=1}^{n} \mu_k \overset{\text{近似}}{\sim} N\left(\sum\limits_{k=1}^{n} \mu_k, B_n^2\right)$.

（3）棣莫弗-拉普拉斯中心极限定理：

设随机变量 $\eta_n \sim b(n, p)(n = 1, 2, \cdots), 0 < p < 1$，则对任意 $x \in \mathbf{R}$，有

$$\lim_{n \to +\infty} P\left\{\frac{\eta_n - np}{\sqrt{np(1-p)}} \leqslant x\right\} = \int_{-\infty}^{x} \frac{1}{\sqrt{2\pi}} e^{-t^2/2} \, \mathrm{d}t = \Phi(x)$$

注：在定理的条件下，当 n 很大时，随机变量 $\dfrac{\eta_n - np}{\sqrt{np(1-p)}} \overset{\text{近似}}{\sim} N(0,1)$.

附表　常用数理统计表

附表 1　标准正态分布数表

$$\Phi(u) = P\{x \leqslant u\} = \int_{-\infty}^{u} \frac{1}{\sqrt{2\pi}} e^{-\frac{x^2}{2}} \mathrm{d}x$$

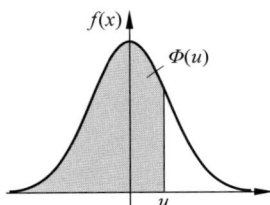

u	0.00	0.01	0.02	0.03	0.04	0.05	0.06	0.07	0.08	0.09
0.0	0.5000	0.5040	0.5080	0.5120	0.5160	0.5199	0.5239	0.5279	0.5319	0.5359
0.1	0.5398	0.5438	0.5478	0.5517	0.5557	0.5596	0.5636	0.5675	0.5714	0.5753
0.2	0.5793	0.5832	0.5871	0.5910	0.5948	0.5987	0.6026	0.6064	0.6103	0.6141
0.3	0.6179	0.6217	0.6255	0.6293	0.6331	0.6368	0.6406	0.6443	0.6480	0.6517
0.4	0.6554	0.6591	0.6628	0.6664	0.6700	0.6736	0.6772	0.6808	0.6844	0.6879
0.5	0.6915	0.6950	0.6985	0.7019	0.7054	0.7088	0.7123	0.7157	0.7190	0.7224
0.6	0.7257	0.7291	0.7324	0.7357	0.7389	0.7422	0.7454	0.7486	0.7517	0.7549
0.7	0.7580	0.7611	0.7642	0.7673	0.7703	0.7734	0.7764	0.7794	0.7823	0.7852
0.8	0.7881	0.7910	0.7939	0.7967	0.7995	0.8023	0.8051	0.8078	0.8106	0.8133
0.9	0.8159	0.8186	0.8212	0.8238	0.8264	0.8289	0.8315	0.8340	0.8365	0.8389
1.0	0.8413	0.8438	0.8461	0.8485	0.8508	0.8531	0.8554	0.8577	0.8599	0.8621
1.1	0.8643	0.8665	0.8686	0.8708	0.8729	0.8749	0.8770	0.8790	0.8810	0.8830
1.2	0.8849	0.8869	0.8888	0.8907	0.8925	0.8944	0.8962	0.8980	0.8997	0.9015
1.3	0.9032	0.9049	0.9066	0.9082	0.9099	0.9115	0.9131	0.9147	0.9162	0.9177
1.4	0.9192	0.9207	0.9222	0.9236	0.9251	0.9265	0.9279	0.9292	0.9306	0.9319
1.5	0.9332	0.9345	0.9357	0.9370	0.9382	0.9394	0.9406	0.9418	0.9430	0.9441
1.6	0.9452	0.9463	0.9474	0.9484	0.9495	0.9505	0.9515	0.9525	0.9535	0.9545
1.7	0.9554	0.9564	0.9573	0.9582	0.9591	0.9599	0.9608	0.9616	0.9625	0.9633
1.8	0.9641	0.9648	0.9656	0.9664	0.9671	0.9678	0.9686	0.9693	0.9700	0.9706

续表

u	0.00	0.01	0.02	0.03	0.04	0.05	0.06	0.07	0.08	0.09
1.9	0.9713	0.9719	0.9726	0.9732	0.9738	0.9744	0.9750	0.9756	0.9762	0.9767
2.0	0.9772	0.9778	0.9783	0.9788	0.9793	0.9798	0.9803	0.9808	0.9812	0.9817
2.1	0.9821	0.9826	0.9830	0.9834	0.9838	0.9842	0.9846	0.9850	0.9854	0.9857
2.2	0.9861	0.9864	0.9868	0.9871	0.9874	0.9878	0.9889	0.9881	0.9887	0.9890
2.3	0.9893	0.9896	0.9898	0.9901	0.9904	0.9906	0.9909	0.9911	0.9913	0.9916
2.4	0.9918	0.9920	0.9922	0.9925	0.9927	0.9929	0.9931	0.9932	0.9934	0.9936
2.5	0.9938	0.9940	0.9941	0.9943	0.9945	0.9946	0.9948	0.9949	0.9951	0.9952
2.6	0.9953	0.9955	0.9956	0.9957	0.9959	0.9960	0.9961	0.9962	0.9963	0.9964
2.7	0.9965	0.9966	0.9967	0.9968	0.9969	0.9970	0.9971	0.9972	0.9973	0.9974
2.8	0.9974	0.9975	0.9976	0.9977	0.9977	0.9978	0.9979	0.9979	0.9980	0.9981
2.9	0.9981	0.9982	0.9982	0.9983	0.9984	0.9984	0.9985	0.9985	0.9986	0.9986
3.0	0.9987	0.9990	0.9993	0.9995	0.9997	0.9998	0.9999	0.9999	0.9999	1.0000

附表 2 χ^2 分布上侧分位数表

$$p\{\chi^2 > \chi_\alpha^2(n)\} = \alpha$$

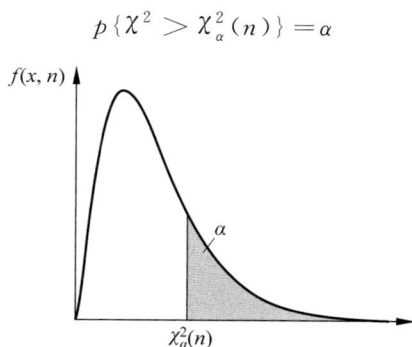

n	α												
	0.995	0.99	0.975	0.95	0.90	0.75	0.50	0.25	0.10	0.05	0.025	0.01	0.005
1	0.000	0.000	0.001	0.004	0.016	0.102	0.455	1.323	2.706	3.841	5.024	6.635	7.879
2	0.010	0.020	0.051	0.103	0.211	0.575	1.386	2.773	4.605	5.991	7.378	9.210	10.597
3	0.072	0.115	0.216	0.352	0.584	1.213	2.366	4.108	6.251	7.815	9.348	11.345	12.838
4	0.207	0.297	0.484	0.711	1.064	1.923	3.357	5.385	7.779	9.488	11.143	13.277	14.860
5	0.412	0.554	0.831	1.145	1.610	2.675	4.351	6.626	9.236	11.071	12.833	15.086	16.750
6	0.676	0.872	1.237	1.635	2.204	3.455	5.348	7.841	10.645	12.592	14.449	16.812	18.548
7	0.989	1.239	1.690	2.167	2.833	4.255	6.346	9.037	12.017	14.067	16.013	18.475	20.278
8	1.344	1.646	2.180	2.733	3.490	5.071	7.344	10.219	13.362	15.507	17.535	20.090	21.955
9	1.735	2.088	2.700	3.325	4.168	5.899	8.343	11.389	14.684	16.919	19.023	21.666	23.589
10	2.156	2.588	3.247	3.940	4.865	6.737	9.342	12.549	15.987	18.307	20.483	23.209	25.188

续表

n	\multicolumn{13}{c}{α}
	0.995	0.99	0.975	0.95	0.90	0.75	0.50	0.25	0.10	0.05	0.025	0.01	0.005
11	2.603	3.053	3.816	4.575	5.578	7.584	10.341	13.701	17.275	19.675	21.920	24.725	26.757
12	3.074	3.571	4.404	5.226	6.304	8.438	11.340	14.845	18.549	21.026	23.337	26.217	28.299
13	3.565	4.107	5.009	5.892	7.042	9.299	12.339	15.984	19.812	22.362	24.736	27.688	29.819
14	4.075	4.660	5.629	6.571	7.790	10.165	13.339	17.117	21.064	23.685	26.119	29.141	31.319
15	4.601	5.229	6.262	7.261	8.547	11.037	14.338	18.245	22.307	24.996	27.488	30.578	32.801
16	5.142	5.812	6.908	7.962	9.312	11.912	15.337	19.369	23.542	26.296	28.845	32.000	34.267
17	5.697	6.408	7.564	8.672	10.085	12.792	16.337	20.489	24.769	27.587	30.191	33.409	35.718
18	6.265	7.015	8.231	9.390	10.865	13.675	17.336	21.605	25.989	28.869	31.526	34.805	37.156
19	6.844	7.633	8.907	10.117	11.651	14.562	18.336	22.718	27.204	30.144	32.852	36.191	38.582
20	7.434	8.260	9.591	10.851	12.443	15.452	19.337	23.828	28.412	31.410	34.170	37.566	39.997
21	8.034	8.897	10.283	11.591	13.240	16.344	20.335	24.935	29.615	32.671	35.479	38.932	41.401
22	8.643	9.542	10.982	12.338	14.042	17.240	21.334	26.039	30.813	33.924	36.781	40.289	42.796
23	9.260	10.196	11.699	13.091	14.848	18.137	22.334	27.141	32.007	35.172	38.076	41.638	44.181
24	9.886	10.856	12.401	13.848	15.659	19.037	23.333	28.241	33.196	36.415	39.364	42.980	45.559
25	10.520	11.524	13.120	14.611	16.473	19.939	24.333	29.339	34.382	37.652	40.646	44.314	46.928
26	11.160	12.198	13.844	15.379	17.292	20.843	25.332	30.435	35.563	38.885	41.923	45.642	48.290
27	11.808	12.879	14.573	16.151	18.114	21.749	26.332	31.528	36.741	40.113	43.194	46.963	49.645
28	12.461	13.565	15.308	16.928	18.939	22.657	27.331	32.620	37.916	41.337	44.461	48.278	50.993
29	13.121	14.257	16.047	17.708	19.768	23.567	28.331	33.711	39.087	42.557	45.722	49.588	52.336
30	13.787	14.954	16.791	18.493	20.599	24.478	29.336	34.800	40.256	43.773	46.979	50.892	53.672
31	14.458	15.665	17.539	19.281	21.434	25.390	30.336	35.887	41.422	44.985	48.232	52.191	55.003
32	15.134	16.362	18.291	20.072	22.271	26.304	31.335	36.973	42.585	46.194	49.480	53.486	56.328
33	15.815	17.074	19.047	20.867	23.110	27.219	32.335	38.058	43.745	47.400	50.725	54.776	57.648
34	16.501	17.789	19.806	21.664	23.952	28.136	33.334	39.141	44.903	48.602	51.966	56.061	58.964
35	17.192	18.509	20.569	22.465	24.797	29.054	34.334	40.223	46.059	49.802	53.203	57.342	60.275
36	17.887	19.233	21.336	23.269	25.643	29.973	35.333	41.304	47.212	50.998	54.437	58.619	61.581
37	18.586	19.960	22.106	24.075	26.492	30.893	36.333	42.383	48.363	52.192	55.668	59.892	62.883
38	19.289	20.691	22.878	24.884	27.343	31.815	37.332	43.462	49.513	53.384	56.896	61.162	64.181
39	19.996	21.426	23.654	25.695	28.196	32.737	38.332	44.539	50.660	54.572	58.120	62.428	65.476
40	20.707	22.164	24.433	26.509	29.051	33.660	39.331	45.616	51.805	55.758	59.342	63.691	66.766
41	21.421	22.906	25.215	27.326	29.907	34.585	40.331	46.692	52.949	56.942	60.561	64.950	68.053
42	22.138	23.650	25.999	28.144	30.765	35.510	41.330	47.766	54.090	58.124	61.777	66.206	69.336
43	22.859	24.398	26.785	18.965	31.625	36.436	42.330	48.840	55.230	59.304	62.990	67.459	70.616
44	23.584	25.148	27.575	29.787	32.487	37.363	43.329	49.913	56.369	60.481	64.201	68.710	71.893
45	24.311	25.901	28.366	30.612	33.350	38.291	44.329	50.985	57.505	61.656	65.410	69.957	73.166

附表 3 t 分布上侧分位数表

$$P\{T > t_\alpha(x)\} = \alpha$$

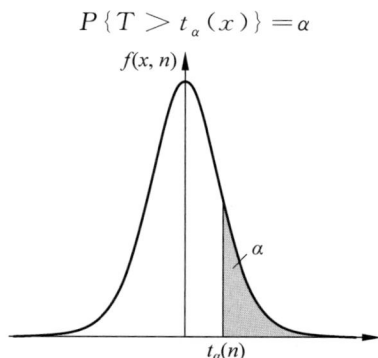

n	$\alpha=0.25$	$\alpha=0.10$	$\alpha=0.05$	$\alpha=0.025$	$\alpha=0.01$	$\alpha=0.005$
1	1.0000	3.0777	6.3138	12.7062	31.8207	63.6574
2	0.8165	1.8856	2.9200	4.3027	6.9646	9.9248
3	0.7649	1.6377	2.3534	3.1824	4.5407	5.8409
4	0.7407	1.5332	2.1318	2.7764	3.7469	4.6041
5	0.7267	1.4759	2.0150	2.5706	3.3647	4.0322
6	0.7176	1.4398	1.9432	2.4469	3.1429	3.7074
7	0.7111	1.4149	1.8946	2.3646	2.9980	3.4995
8	0.7064	1.3968	1.8595	2.3060	2.8965	3.3554
9	0.7027	1.3830	1.8331	2.2622	2.8214	3.2498
10	0.6998	1.3722	1.8125	2.2281	2.7638	3.1693
11	0.6974	1.3634	1.7959	2.2010	2.7181	3.1058
12	0.6955	1.3562	1.7823	2.1788	2.6810	3.0545
13	0.6938	1.3502	1.7709	2.1604	2.6503	3.0123
14	0.6924	1.3450	1.7613	2.1448	2.6245	2.9768
15	0.6912	1.3406	1.7531	2.1315	2.6025	2.9467
16	0.6901	1.3368	1.7459	2.1199	2.5835	2.9208
17	0.6892	1.3334	1.7396	2.1098	2.5669	2.8982
18	0.6884	1.3304	1.7341	2.1009	2.5524	2.8784
19	0.6876	1.3277	1.7291	2.0930	2.5395	2.8609
20	0.6870	1.3253	1.7247	2.0860	2.5280	2.8453
21	0.6864	1.3232	1.7207	2.0796	2.5177	2.8314
22	0.6858	1.3212	1.7171	2.0739	2.5083	2.8188
23	0.6853	1.3195	1.7139	2.0687	2.4999	2.8073
24	0.6848	1.3178	1.7109	2.0639	2.4922	2.7969
25	0.6844	1.3163	1.7081	2.0595	2.4851	2.7874
26	0.6840	1.3150	1.7056	2.0555	2.4786	2.7787
27	0.6837	1.3137	1.7033	2.0518	2.4727	2.7707

续表

n	$\alpha=0.25$	$\alpha=0.10$	$\alpha=0.05$	$\alpha=0.025$	$\alpha=0.01$	$\alpha=0.005$
28	0.6834	1.3125	1.7011	2.0484	2.4671	2.7633
29	0.6830	1.3114	1.6991	2.0452	2.4620	2.7564
30	0.6828	1.3104	1.6973	2.0423	2.4573	2.7500
31	0.6825	1.3095	1.6955	2.0395	2.4528	2.7440
32	0.6822	1.3086	1.6939	2.0369	2.4487	2.7385
33	0.6820	1.3077	1.6924	2.0345	2.4448	2.7333
34	0.6818	1.3070	1.6909	2.0322	2.4411	2.7284
35	0.6816	1.3062	1.6896	2.0301	2.4377	2.7238
36	0.6814	1.3055	1.6883	2.0281	2.4345	2.7195
37	0.6812	1.3049	1.6871	2.0262	2.4314	2.7154
38	0.6810	1.3042	1.6860	2.0244	2.4286	2.7116
39	0.6808	1.3036	1.6849	2.0227	2.4258	2.7079
40	0.6807	1.3031	1.6839	2.0211	2.4233	2.7045
41	0.6805	1.3025	1.6829	2.0195	2.4208	2.7012
42	0.6804	1.3020	1.6820	2.0181	2.4185	2.6981
43	0.6802	1.3016	1.6811	2.0167	2.4163	2.6951
44	0.6801	1.3011	1.6802	2.0154	2.4141	2.6923
45	0.6800	1.3006	1.6794	2.0141	2.4121	2.6896
$+\infty$	0.674	1.282	1.645	1.960	2.326	2.576

附表 4　F 分布上侧分位数表

$$P\{F>F_\alpha(m,n)\}=\alpha$$

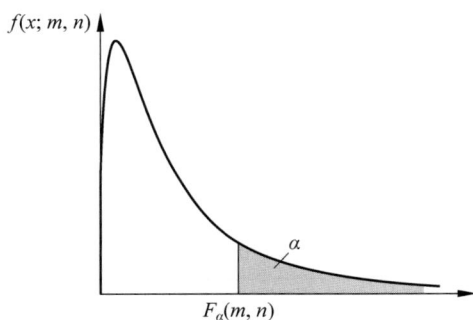

$\alpha=0.01$

n	m									
	1	2	3	4	5	6	8	12	24	$+\infty$
1	4052	4999	5403	5625	5764	5859	5982	6106	6235	6366
2	98.50	99.00	99.17	99.25	99.30	99.33	99.37	99.42	99.46	99.50
3	34.12	30.82	29.46	28.71	28.24	27.91	27.49	27.05	26.60	26.13

n	m									
	1	2	3	4	5	6	8	12	24	$+\infty$
4	21.20	18.00	16.69	15.98	15.52	15.21	14.80	14.37	13.93	13.46
5	16.26	13.27	12.06	11.39	10.97	10.67	10.29	9.89	9.47	9.02
6	13.75	10.92	9.78	9.15	8.75	8.47	8.10	7.72	7.31	6.88
7	12.25	9.55	8.45	7.85	7.46	7.19	6.84	6.47	6.07	5.65
8	11.26	8.65	7.59	7.01	6.63	6.37	6.03	5.67	5.28	4.86
9	10.56	8.02	6.99	6.42	6.06	5.80	5.47	5.11	4.73	4.31
10	10.04	7.56	6.55	5.99	5.64	5.39	5.06	4.71	4.33	3.91
11	9.65	7.21	6.22	5.67	5.32	5.07	4.74	4.40	4.02	3.60
12	9.33	6.93	5.95	5.41	5.06	4.82	4.50	4.16	3.78	3.36
13	9.07	6.70	5.74	5.21	4.86	4.62	4.30	3.96	3.59	3.17
14	8.86	6.51	5.56	5.04	4.69	4.46	4.14	3.80	3.43	3.00
15	8.68	6.36	5.42	4.89	4.56	4.32	4.00	3.67	3.29	2.87
16	8.53	6.23	5.29	4.77	4.44	4.20	3.89	3.55	3.18	2.75
17	8.40	6.11	5.18	4.67	4.34	4.10	3.79	3.46	3.08	2.65
18	8.29	6.01	5.09	4.58	4.25	4.01	3.71	3.37	3.00	2.57
19	8.18	5.93	5.01	4.50	4.17	3.94	3.63	3.30	2.92	2.49
20	8.10	5.85	4.94	4.43	4.10	3.87	3.56	3.23	2.86	2.42
21	8.02	5.78	4.87	4.37	4.04	3.81	3.51	3.17	2.80	2.36
22	7.95	5.72	4.82	4.31	3.99	3.76	3.45	3.12	2.75	2.31
23	7.88	5.66	4.76	4.26	3.94	3.71	3.41	3.07	2.70	2.26
24	7.82	5.61	4.72	4.22	3.90	3.67	3.36	3.03	2.66	2.21
25	7.77	5.57	4.68	4.18	3.85	3.63	3.32	2.99	2.62	2.17
26	7.72	5.53	4.64	4.14	3.82	3.59	3.29	2.96	2.58	2.13
27	7.68	5.49	4.60	4.11	3.78	3.56	3.26	2.93	2.55	2.10
28	7.64	5.45	4.57	4.07	3.75	3.53	3.23	2.90	2.52	2.06
29	7.60	5.42	4.54	4.04	3.73	3.50	3.20	2.87	2.49	2.03
30	7.56	5.39	4.51	4.02	3.70	3.47	3.17	2.84	2.47	2.01
40	7.31	5.18	4.31	3.83	3.51	3.29	2.99	2.66	2.29	1.80
60	7.08	4.98	4.13	3.65	3.34	3.12	2.82	2.50	2.12	1.60
120	6.85	4.79	3.95	3.48	3.17	2.96	2.66	2.34	1.95	1.38
$+\infty$	6.63	4.61	3.78	3.32	3.02	2.80	2.51	2.18	1.79	1.00

$$\alpha = 0.025$$

n	m									
	1	2	3	4	5	6	8	12	24	$+\infty$
1	647.8	799.5	864.2	899.6	921.8	937.1	956.7	976.7	997.2	1018
2	38.51	39.00	39.17	39.25	39.30	39.33	39.37	39.41	39.46	39.50
3	17.44	16.04	15.44	15.10	14.88	14.73	14.54	14.34	14.12	13.90
4	12.22	10.65	9.98	9.60	9.36	9.20	8.98	8.75	8.51	8.26
5	10.01	8.43	7.76	7.39	7.15	6.98	6.76	6.52	6.28	6.02
6	8.81	7.26	6.60	6.23	5.99	5.82	5.60	5.37	5.12	4.85

续表

n	m									
	1	2	3	4	5	6	8	12	24	$+\infty$
7	8.07	6.54	5.89	5.52	5.29	5.12	4.90	4.67	4.42	4.14
8	7.57	6.06	5.42	5.05	4.82	4.65	4.43	4.20	3.95	3.67
9	7.21	5.71	5.08	4.72	4.48	4.32	4.10	3.87	3.61	3.33
10	6.94	5.46	4.83	4.47	4.24	4.07	3.85	3.62	3.37	3.08
11	6.72	5.26	4.63	4.28	4.04	3.88	3.66	3.43	3.17	2.88
12	6.55	5.10	4.47	4.12	3.89	3.73	3.51	3.28	3.02	2.72
13	6.41	4.97	4.35	4.00	3.77	3.60	3.39	3.15	2.89	2.60
14	6.30	4.86	4.24	3.89	3.66	3.50	3.29	3.05	2.79	2.49
15	6.20	4.77	4.15	3.80	3.58	3.41	3.20	2.96	2.70	2.40
16	6.12	4.69	4.08	3.73	3.50	3.34	3.12	2.89	2.63	2.32
17	6.04	4.62	4.01	3.66	3.44	3.28	3.06	2.82	2.56	2.25
18	5.98	4.56	3.95	3.61	3.38	3.22	3.01	2.77	2.50	2.19
19	5.92	4.51	3.90	3.56	3.33	3.17	2.96	2.72	2.45	2.13
20	5.87	4.46	3.86	3.51	3.29	3.13	2.91	2.68	2.41	2.09
21	5.83	4.42	3.82	3.48	3.25	3.09	2.87	2.64	2.37	2.04
22	5.79	4.38	3.78	3.44	3.22	3.05	2.84	2.60	2.33	2.00
23	5.75	4.35	3.75	3.41	3.18	3.02	2.81	2.57	2.30	1.97
24	5.72	4.32	3.72	3.38	3.15	2.99	2.78	2.54	2.27	1.94
25	5.69	4.29	3.69	3.35	3.13	2.97	2.75	2.51	2.24	1.91
26	5.66	4.27	3.67	3.33	3.10	2.94	2.73	2.49	2.22	1.88
27	5.63	4.24	3.65	3.31	3.08	2.92	2.71	2.47	2.19	1.85
28	5.61	4.22	3.63	3.29	3.06	2.90	2.69	2.45	2.17	1.83
29	5.59	4.20	3.61	3.27	3.04	2.88	2.67	2.43	2.15	1.81
30	5.57	4.18	3.59	3.25	3.03	2.87	2.65	2.41	2.14	1.79
40	5.42	4.05	3.46	3.13	2.90	2.74	2.53	2.29	2.01	1.64
60	5.29	3.93	3.34	3.01	2.79	2.63	2.41	2.17	1.88	1.48
120	5.15	3.80	3.23	2.89	2.67	2.52	2.30	2.05	1.76	1.31
$+\infty$	5.02	3.69	3.12	2.79	2.57	2.41	2.19	1.94	1.64	1.00

$$\alpha = 0.05$$

n	m									
	1	2	3	4	5	6	8	12	24	$+\infty$
1	161.4	199.5	215.7	224.6	230.2	234.0	238.9	243.9	249.0	254.3
2	18.51	19.00	19.16	19.25	19.30	19.33	19.37	19.41	19.45	19.50
3	10.13	9.55	9.28	9.13	9.01	8.94	8.85	8.74	8.64	8.53
4	7.71	6.94	6.59	6.39	6.26	6.16	6.04	5.91	5.77	5.63
5	6.61	5.79	5.41	5.19	5.05	4.95	4.82	4.68	4.53	4.36
6	5.99	5.14	4.76	4.53	4.39	4.28	4.15	4.00	3.84	3.67
7	5.59	4.74	4.35	4.12	3.97	3.87	3.73	3.57	3.41	3.23
8	5.32	4.46	4.07	3.84	3.69	3.58	3.44	3.28	3.12	2.93
9	5.12	4.26	3.86	3.63	3.48	3.37	3.23	3.07	2.90	2.71
10	4.96	4.10	3.71	3.48	3.33	3.22	3.07	2.91	2.74	2.54

n	\multicolumn{10}{c}{m}
	1	2	3	4	5	6	8	12	24	+∞
11	4.84	3.98	3.59	3.36	3.20	3.09	2.95	2.79	2.61	2.40
12	4.75	3.88	3.49	3.26	3.11	3.00	2.85	2.69	2.51	2.30
13	4.67	3.81	3.41	3.18	3.02	2.92	2.77	2.60	2.42	2.21
14	4.60	3.74	3.34	3.11	2.96	2.85	2.70	2.53	2.35	2.13
15	4.54	3.68	3.29	3.06	2.90	2.79	2.64	2.48	2.29	2.07
16	4.49	3.63	3.24	3.01	2.85	2.74	2.59	2.42	2.24	2.01
17	4.45	3.59	3.20	2.96	2.81	2.70	2.55	2.38	2.19	1.96
18	4.41	3.55	3.16	2.93	2.77	2.66	2.51	2.34	2.15	1.92
19	4.38	3.52	3.13	2.90	2.74	2.63	2.48	2.31	2.11	1.88
20	4.35	3.49	3.10	2.87	2.71	2.60	2.45	2.28	2.08	1.84
21	4.32	3.47	3.07	2.84	2.68	2.57	2.42	2.25	2.05	1.81
22	4.30	3.44	3.05	2.82	2.66	2.55	2.40	2.23	2.03	1.78
23	4.28	3.42	3.03	2.80	2.64	2.53	2.37	2.20	2.01	1.76
24	4.26	3.40	3.01	2.78	2.62	2.51	2.36	2.18	1.98	1.73
25	4.24	3.39	2.99	2.76	2.60	2.49	2.34	2.16	1.96	1.71
26	4.23	3.37	2.98	2.74	2.59	2.47	2.32	2.15	1.95	1.69
27	4.21	3.35	2.96	2.73	2.57	2.46	2.30	2.13	1.93	1.67
28	4.20	3.34	2.95	2.71	2.56	2.44	2.29	2.12	1.91	1.65
29	4.18	3.33	2.93	2.70	2.54	2.43	2.28	2.10	1.90	1.64
30	4.17	3.32	2.92	2.69	2.53	2.42	2.27	2.09	1.89	1.62
40	4.08	3.23	2.84	2.61	2.45	2.34	2.18	2.00	1.79	1.51
60	4.00	3.15	2.76	2.53	2.37	2.25	2.10	1.92	1.70	1.39
120	3.92	3.07	2.68	2.45	2.29	2.17	2.02	1.83	1.61	1.25
+∞	3.84	2.99	2.60	2.37	2.21	2.10	1.94	1.75	1.52	1.00

$\alpha=0.10$

n	\multicolumn{10}{c}{m}
	1	2	3	4	5	6	8	12	24	+∞
1	39.86	49.50	53.59	55.83	57.24	58.20	59.44	60.71	62.00	63.33
2	8.53	9.00	9.16	9.24	9.29	9.33	9.37	9.41	9.45	9.49
3	5.54	5.46	5.39	5.32	5.31	5.28	5.25	5.22	5.18	5.13
4	4.54	4.32	4.19	4.11	4.05	4.01	3.95	3.90	3.83	3.76
5	4.06	3.78	3.62	3.52	3.45	3.40	3.34	3.27	3.19	3.10
6	3.78	3.46	3.29	3.18	3.11	3.05	2.98	2.90	2.82	2.72
7	3.59	3.26	3.07	2.96	2.88	2.83	2.75	2.67	2.58	2.47
8	3.46	3.11	2.92	2.81	2.73	2.67	2.59	2.50	2.40	2.29
9	3.36	3.01	2.81	2.69	2.61	2.55	2.47	2.38	2.28	2.16
10	3.29	2.92	2.73	2.61	2.52	2.46	2.38	2.28	2.18	2.06
11	3.23	2.86	2.66	2.54	2.45	2.39	2.30	2.21	2.10	1.97
12	3.18	2.81	2.61	2.48	2.39	2.33	2.24	2.15	2.04	1.90
13	3.14	2.76	2.56	2.43	2.35	2.28	2.20	2.10	1.98	1.85

n	\multicolumn{10}{c}{m}
	1	2	3	4	5	6	8	12	24	+∞
14	3.10	2.73	2.52	2.39	2.31	2.24	2.15	2.05	1.94	1.80
15	3.07	2.70	2.49	2.36	2.27	2.21	2.12	2.02	1.90	1.76
16	3.05	2.67	2.46	2.33	2.24	2.18	2.09	1.99	1.87	1.72
17	3.03	2.64	2.44	2.31	2.22	2.15	2.06	1.96	1.84	1.69
18	3.01	2.62	2.42	2.29	2.20	2.13	2.04	1.93	1.81	1.66
19	2.99	2.61	2.40	2.27	2.18	2.11	2.02	1.91	1.79	1.63
20	2.97	2.59	2.38	2.25	2.16	2.09	2.00	1.89	1.77	1.61
21	2.96	2.57	2.36	2.23	2.14	2.08	1.98	1.87	1.75	1.59
22	2.95	2.56	2.35	2.22	2.13	2.06	1.97	1.86	1.73	1.57
23	2.94	2.55	2.34	2.21	2.11	2.05	1.95	1.84	1.72	1.55
24	2.93	2.54	2.33	2.19	2.10	2.04	1.94	1.83	1.70	1.53
25	2.92	2.53	2.32	2.18	2.09	2.02	1.93	1.82	1.69	1.52
26	2.91	2.52	2.31	2.17	2.08	2.01	1.92	1.81	1.68	1.50
27	2.90	2.51	2.30	2.17	2.07	2.00	1.91	1.80	1.67	1.49
28	2.89	2.50	2.29	2.16	2.06	2.00	1.90	1.79	1.66	1.48
29	2.89	2.50	2.28	2.15	2.06	1.99	1.89	1.78	1.65	1.47
30	2.88	2.49	2.28	2.14	2.05	1.98	1.88	1.77	1.64	1.46
40	2.84	2.44	2.23	2.09	2.00	1.93	1.83	1.71	1.57	1.38
60	2.79	2.39	2.18	2.04	1.95	1.87	1.77	1.66	1.51	1.29
120	2.75	2.35	2.13	1.99	1.90	1.82	1.72	1.60	1.45	1.19
+∞	2.71	2.30	2.08	1.94	1.85	1.77	1.67	1.55	1.38	1.00

附表 5　Wilcoxon 秩和检验临界值表

$$P(W \leqslant d_\alpha)=\alpha$$

m	n	\multicolumn{4}{c}{α}	m	n	\multicolumn{4}{c}{α}
		0.05	0.025	0.01	0.005			0.05	0.025	0.01	0.005
3	3	6	—	—	—	7	6	29	27	25	24
4	3	6	—	—	—		7	39	36	34	32
	4	11	10	—	—	8	2	4	3	—	—
5	2	3	—	—	—		3	9	8	6	—
	3	7	6	—	—		4	15	14	12	11
	4	12	11	10	—		5	23	21	19	17
	5	19	17	16	15		6	31	29	27	25
6	2	3	—	—	—		7	41	38	35	34
	3	8	7	—	—		8	51	49	45	43
	4	13	12	11	10	9	2	4	3	—	—
	5	20	18	17	16		3	10	8	7	6
	6	28	26	24	23		4	16	14	13	11
7	2	3	—	—	—		5	24	22	20	18
	3	8	7	6	—		6	33	31	28	26
	4	14	13	11	10		7	43	40	37	35
	5	21	20	18	16		8	54	51	47	45

m	n	0.05	0.025	0.01	0.005	m	n	0.05	0.025	0.01	0.005
9	9	66	62	59	56	13	4	20	18	15	13
10	2	4	3	—	—		5	30	27	24	22
	3	10	9	7	6		6	40	37	33	31
	4	17	15	13	12		7	52	48	44	41
	5	26	23	21	19		8	64	60	56	53
	6	35	32	29	27		9	78	73	68	65
	7	45	42	39	37		10	92	88	82	79
	8	56	53	49	47		11	108	103	97	93
	9	69	65	61	58		12	125	119	113	109
	10	82	78	74	71		13	142	136	130	125
11	2	4	3	—	—	14	2	6	4	3	—
	3	11	9	7	6		3	13	11	8	7
	4	18	16	14	12		4	21	19	16	14
	5	27	24	22	20		5	31	28	25	22
	6	37	34	20	28		6	42	38	34	32
	7	47	44	40	38		7	54	50	45	43
	8	59	55	51	49		8	67	62	58	54
	9	72	68	63	61		9	81	76	71	67
	10	86	81	77	73		10	96	91	85	81
	11	100	96	91	87		11	112	106	100	96
12	2	5	4	—	—		12	129	123	116	112
	3	11	10	8	7		13	147	141	134	129
	4	19	17	15	13		14	166	160	152	147
	5	28	26	23	21	15	2	6	4	3	—
	6	38	35	32	30		3	13	11	9	8
	7	49	46	42	40		4	22	20	17	15
	8	62	58	53	51		5	33	29	26	23
	9	75	71	66	63		6	44	40	36	33
	10	89	84	79	76		7	56	52	47	44
	11	104	99	94	90		8	69	65	60	56
	12	120	115	109	105		9	84	79	73	69
13	2	5	4	3	—		11	104	99	94	90
	3	12	10	8	7		12	120	115	109	105

续表

m	n	α 0.05	α 0.025	α 0.01	α 0.005	m	n	α 0.05	α 0.025	α 0.01	α 0.005
15	10	99	94	88	84		13	156	150	142	136
	11	116	110	103	99		14	176	169	161	155
	12	133	127	120	115		15	197	190	181	175
	13	152	145	138	133		16	219	211	202	196
	14	171	164	156	151	17	2	6	5	3	—
	15	192	184	176	171		3	15	12	10	8
16	2	6	4	3	—		4	25	21	18	16
	3	14	12	9	8		5	35	32	28	25
	4	24	21	17	15		6	47	43	39	36
	5	34	30	27	24		7	61	56	51	47
	6	46	42	37	34		8	75	70	64	60
	7	58	54	49	46		9	90	84	78	74
	8	72	67	62	58		10	106	100	93	89
	9	87	82	76	72		11	123	117	110	105
	10	103	97	91	86		12	142	135	127	122
	11	120	113	107	102		13	161	154	146	140
	12	138	131	124	119		14	182	174	165	159

注：①有两个样本，Wilcoxon 秩和检验临界值表中的秩和 W 是容量比较小的那一个样本的秩和，用 n 表示容量比较小的那一个样本的样本容量，用 m 表示容量比较大的那一个样本的样本容量；②令 $c_a = n(N+1) - d_a$，其中 $N = m + n$，则 $P(W_y \geqslant c_a) = \alpha$.

附表 6　常用的完备型正交表

1. $L_4(2^3)$

试验号	列号 1	列号 2	列号 3
1	1	1	1
2	1	2	2
3	2	1	1
4	2	2	1

注：任意两列间的交互作用出现于另一列.

2. $L_8(2^7)$

试验号	列号 1	列号 2	列号 3	列号 4	列号 5	列号 6	列号 7
1	1	1	1	1	1	1	1
2	1	1	1	2	2	2	2

续表

试验号	列号						
	1	2	3	4	5	6	7
3	1	2	2	1	1	2	2
4	1	2	2	2	2	1	1
5	2	1	2	1	2	1	2
6	2	1	2	2	1	2	1
7	2	2	1	1	2	2	1
8	2	2	1	2	1	1	2

3. $L_8(2^7)$ 的两两交互作用列表

试验号	列号					
	1	2	3	4	5	6
7	6	5	4	3	2	1
6	7	4	5	2	3	
5	4	7	6	1		
4	5	6	7			
3	2	1				
2	3					

4. $L_{16}(2^{15})$

试验号	列号														
	1	2	3	4	5	6	7	8	9	10	11	12	13	14	15
1	1	1	1	1	1	1	1	1	1	1	1	1	1	1	1
2	1	1	1	1	1	1	1	2	2	2	2	2	2	2	2
3	1	1	1	2	2	2	2	1	1	1	1	2	2	2	2
4	1	1	1	2	2	2	2	2	2	2	2	1	1	1	1
5	1	2	2	1	1	2	2	1	1	2	2	1	1	2	2
6	1	2	2	1	1	2	2	2	2	1	1	2	2	1	1
7	1	2	2	2	2	1	1	1	1	2	2	2	2	1	1
8	1	2	2	2	2	1	1	2	2	1	1	1	1	2	2
9	2	1	2	1	2	1	2	1	2	1	2	1	2	1	2
10	2	1	2	1	2	1	2	2	1	2	1	2	1	2	1
11	2	1	2	2	1	2	1	1	2	1	2	2	1	2	1
12	2	1	2	2	1	2	1	2	1	2	1	1	2	1	2
13	2	2	1	1	2	2	1	1	2	2	1	1	2	2	1
14	2	2	1	1	2	2	1	2	1	1	2	2	1	1	2
15	2	2	1	2	1	1	2	1	2	2	1	2	1	1	2
16	2	2	1	2	1	1	2	2	1	1	2	1	2	2	1

5. $L_{16}(2^{15})$ 的两两交互作用列表

试验号	列号														
	1	2	3	4	5	6	7	8	9	10	11	12	13	14	15
1	(1)	3	2	5	4	7	6	9	8	11	10	13	12	15	14
2		(2)	1	6	7	4	5	10	11	8	9	14	15	12	13
3			(3)	7	6	5	4	11	10	9	8	15	14	13	12
4				(4)	1	2	3	12	13	14	15	8	9	10	11
5					(5)	3	2	13	12	15	14	9	8	10	11
6						(6)	1	14	15	12	13	10	11	8	9
7							(7)	15	14	13	12	11	10	9	8
8								(8)	1	2	3	4	5	6	7
9									(9)	3	2	5	4	7	6
10										(10)	1	6	7	4	5
11											(11)	7	6	5	4
12												(12)	1	2	3
13													(13)	3	2
14														(14)	1

6. $L_9(3^4)$

试验号	列号			
	1	2	3	4
1	1	1	1	1
2	1	2	2	2
3	1	3	3	3
4	2	1	2	3
5	2	2	3	1
6	2	3	1	2
7	3	1	3	2
8	3	2	1	3
9	3	3	2	1

注:任意两列间的交互作用出现于另外两列.